汽车故障诊断与排除技巧丛书

汽车典型故障与维修技术精解500例

主　编　熊荣华　曹登华

副主编　李兆冉　熊　锴

参　编　顾小冬　周　燕　李建华　陈立华　王　立
　　　　姚威鹏　李　雄　包　强　杨　冲

机械工业出版社

本书通过采用对汽车维修中500个问题进行解答的方式来编排，这些问题主要分布在汽车发动机、底盘和电器系统中，都是编者多年来作为专家、教师在工作中遇到和接受汽车维修技术人员咨询过程中收集和整理的。它们都比较典型，也有一定的深度和难度。在问题解答中，本书注意抓住要点，思路清晰，直截了当，直奔主题，简洁明了，易于理解，在编排上也特意将各篇中同类问题或故障放在一起，方便读者比较学习。

　　本书不仅适合汽车维修技术人员阅读，还适合广大大中专院校的师生阅读和参考，汽车维修服务行业的其他从业人员和广大车主阅读此书也会有很多收获。

图书在版编目（CIP）数据

汽车典型故障与维修技术精解500例/熊荣华，曹登华主编 . —北京：机械工业出版社，2018.1 （2019.6重印）
（汽车故障诊断与排除技巧丛书）
ISBN 978-7-111-59347-8

Ⅰ.①汽… Ⅱ.①熊… ②曹… Ⅲ.①汽车－故障诊断②汽车－车辆修理 Ⅳ.①U472.4

中国版本图书馆 CIP 数据核字（2018）第 044889 号

机械工业出版社（北京市百万庄大街 22 号　邮政编码 100037）
策划编辑：齐福江　责任编辑：齐福江　张丹丹
责任校对：刘秀芝　封面设计：张　静
责任印制：郜　敏
北京圣夫亚美印刷有限公司印刷
2019 年 6 月第 1 版第 2 次印刷
184mm×260mm · 16 印张 · 373 千字
3001—4900 册
标准书号：ISBN 978-7-111-59347-8
定价：59.00 元

电话服务　　　　　　　　　　　　网络服务

客服电话：010-88361066　　　机 工 官 网：www.cmpbook.com
　　　　　010-88379833　　　机 工 官 博：weibo.com/cmp1952
　　　　　010-68326294　　　金 书 网：www.golden-book.com
封面无防伪标均为盗版　　　机工教育服务网：www.cmpedu.com

前　　言

　　本书编者长期从事汽车维修工作和汽车维修职业教育工作，有着丰富的一线工作经验，非常注重汽车故障诊断与维修技术的学习思考与研究，理论基础扎实，实践经验丰富，善于理论联系实际，在长期工作中解决了不少疑难杂症，并以研究疑难杂症为乐。工作之余，编者还作为杂志社和电台专家解决维修技术人员、车主遇到的各类问题，把自己的知识和经验奉献出来帮助广大汽车维修从业人员提高技术水平。提高汽车维修服务行业的水平是编者的心愿，基于此，受机械工业出版社之邀，特写作此书，以飨读者。

　　全书共分为发动机篇、传动系统篇、行驶系统篇、转向系统篇、制动系统篇、空调篇、电器仪表篇、安全防盗篇等9篇。武汉五一车务熊荣华总工程师和湖北交通职业技术学院的曹登华老师共同完成了全部的组稿、统稿等工作。

　　本书由熊荣华、曹登华担任主编，李兆冉、熊锴担任副主编，参编人员有顾小冬、周燕、李建华、陈立华、王立、姚威鹏、李雄、包强、杨冲参与了校正工作。

　　由于编者水平有限，书中难免存在不足之处，恳请广大读者批评指正。

编　　者

目　　录

第一篇

发动机篇

1. 发动机在行驶多少千米后换油较好？

提问：奥迪车上的二次空气进气系统会影响汽车的哪些方面？会不会影响动力性能？另外，为什么奥迪车的保养里程有 5000km、7500km 之分？

解答：二次空气进气系统主要是解决冷起动和起动后短时间内，混合比过浓的问题，利用空气泵向排气管、三元催化器喷入新鲜空气，帮助燃料燃烧，也迅速加热了三元催化器，以解决排气污染问题，所以工作时间很短，对发动机性能不会产生不良影响。汽车起动行驶一会儿该系统就不工作了，如果该系统坏了，一直工作，就会引起混合比失调故障。

一是在使用中，发现不少奥迪车有烧机油故障，有的不足 5000km，机油就缺少产生报警；二是与用的机油质量有关，好比全合成机油，寿命可达 15000km，考虑到如今使用的汽油和机油质量，对折后为 7500km。遇到有些车有烧机油故障，干脆规定 5000km 更保险，所以保养里程会有不同。

2. 劣质汽油对发动机有哪些危害？

提问：一辆大众 CC 车，根据驾驶人反映，跑长途添加汽油后，发动机出现加速异响、加速困难、高温报警、排气管冒铁锈色液体的情况，继续行车，发动机最后坏在路上，牵引到店修理，拆卸后发现气门顶弯，活塞受损，气门杆上胶质很重，需要大修发动机。这是劣质燃油引起的故障吗？

解答：这是劣质燃油引起的故障，一是汽油标号过低，也就是常说的辛烷值不达标，导致燃烧时出现爆燃异响；烧坏气缸垫引起排放铁锈色液体，及发动机高温。二是油中胶质含量严重超标，造成运动干涉而顶弯气门、顶伤活塞、顶弯连杆。三是油中硫化物和锰元素严重超标，对发动机造成腐蚀磨损，对三元催化器造成损害。

3. 多长时间更换机油与除积炭比较好？

提问：一辆 2010 款的 1.4T 宝来，当时显示该车已经行驶了 200km，4S 店解释说是库存车。到家后马上更换了机油，现在已经行驶 3000km 了，是不是还应该换机油？另外，有人让将车开到高速公路上，称车速达到 180km/h 以上发动机可以自行清理积炭，这种说法合理吗？应该怎么做？

解答：一般情况下，机油的更换周期里程是 5000 ~ 15000km，具体选择的换油里程数与使用情况有关：如果一年只跑 5000km，那就一年换一次机油；如果用车频繁且用车环境的空气质量较差，也可选择 5000km 换一次机油；如果行驶了 200000km，属于四类车，也可5000km 更换一次机油。一般的营运车辆，可以选择 8000 ~ 10000km 更换一次机油。另外，选用的机油质量好、车况好、使用环境好，也可以 15000km 更换一次机油。至于新车，一般选择 1500km 为磨合期换油，以后就转为正常的换油周期。当然，换油周期越短越好，只是花费大一些。另外，如果选择的是矿物油，可以每 5000km 更换一次，选择半合成油可以每7500km 更换一次，选择全合成油可以每 10000km 更换一次。

汽车发动机转速 4500 ~ 6000r/min 属于尽量少用的区域，转速超过 6000r/min 就属于避免进入的红线区域了。所以，"拉高速"要选择转速在 3000 ~ 4500r/min 之间，国内还没有车速达到 180km/h 以上的高速公路，显然是不可取的。如果可以买到"油路 3 效"燃油添加剂，倒在油箱即可边行驶边除炭（5000 ~ 10000km 用一次即可，初次使用，建议连续使用两瓶。如果车辆常在高速公路行驶，10000 ~ 20000km 用一次燃油添加剂也可以），就没有必要去"拉高速"了。固化的积炭"拉高速"是不可能清除掉的，只能清除新产生或者没有固化的积炭。

4. 为什么加汽油总爱跳枪？

提问：一辆 2010 款速腾轿车，车主说每次添加汽油时，加不满就跳枪了，要慢慢添加很长时间才能把汽油加满。而且车身上的油箱盖有时打得开，有时打不开，应该如何检修？

解答：驾驶人想打开油箱盖时，开关信号将通过车门控制单元进行处理，然后通过CAN 总线将信号传递给舒适模块，舒适模块控制油箱盖联动装置电动机工作，使油箱盖解锁。既然油箱盖是 ECU 控制的，所以，检修前首先应该用 ECU 读取故障码，分析数据流，迅速锁定故障点。凭经验检修，首先要检查油箱盖连锁装置电动机的供电与搭铁，多见搭铁不良。

由于在汽油箱设计中，出于安全考虑，都设置了翻车防漏阀和止回阀。止回阀除在翻车时防止燃油泄漏外，在车辆正常行驶时还能防止在油箱盖未盖严的情况下，因车辆晃动所导致的燃油外溢。止回阀一旦卡滞、开度较小或加油管阻力过大，加油枪的流量大于止回阀所能通过的的最大流量，多出的流量很快使燃油返回到车辆加油管的管口，触发了加油枪跳枪机构。这时即使强行加油，由于自控杆顶住了加油枪的扳机，使扳机扳动困难，所以无法以正常流量加油，致使加油时间过长。

5. 润滑系统清洗剂会堵塞油路吗？

提问：一辆高尔夫 6，行驶里程近 30000km。前几天买了发动机润滑系统清洗液准备保养时用，但是网上说用这个会堵塞油路，是这样吗？嘉实多发动机清洗液可以放心使用吗？

解答：这取决于车辆润滑系统的清洁程度，如果发动机内部过脏，可能会发生油路堵塞的情况，一般首先堵塞机油集滤器网，引发噪声或机油灯报警，一旦发生这种情况，就需要拆卸油底壳清洗机油集滤器网。但是，该车只行驶了 30000km，清洗应该是安全的。如果是行驶了100000km以上的车辆，清洗时就要小心，特别是以前没有清洗过的，初次清洗最容易引起堵塞。

6. 使用过少的汽车多长时间换机油？

提问：蓝驱高尔夫汽车，由于车辆使用得少，听说汽车即使不用也必须要每三个月更换机油，是这样的吗？

解答：对于此问题建议看看车上的使用手册。

在这里介绍一下宝马的使用手册，宝马车也只建议每10000km更换一次机油。如果车辆使用得少，两年也跑不到10000km，建议最迟两年换一次机油，没有说三个月更换一次。如果用车环境差、用车少，5000km或一年换一次也行，三个月换一次机油未免太浪费了。

7. 机油抽完后无油起动继续抽干净机油好吗？

提问：维修师傅没有从放油螺钉那里放油，而是从机油尺插孔用一根细管子和泵抽，抽到最后时，师傅把车起动了，说机油滤清器里还有油，这样抽得干净，觉得这种做法有违常识，上网搜索后发现这种做法在国内维修实践中存在较多，这样对吗？

解答：发动机的磨损主要发生在起动时，其磨损率约占发动机全部磨损的50%～75%。减少起动次数就可以延长发动机的寿命。特别是起动时，发动机运转条件变坏，其原因是低速起动时，燃烧气体压力极低，活塞、活塞环和连杆分别在各自的间隙中振动，轴承和轴受到无规则力的作用，结果加快了这些部位的磨损。实践证明，汽车起动时最容易产生干摩擦与半干摩擦，所以单纯从起动角度来分析上述做法是不妥的。

另外，发动机在工作时，机油依靠机油泵从曲轴箱（即油底壳）抽出，然后泵送到各润滑部位来润滑运动部件，而机油泵也是靠发动机带动工作的。当发动机停止工作时，各活动部位的机油都流回到了油底壳内，处在少油的状态。当发动机开始工作时，各活动部位也都开始运动，而机油并不能立即到达各活动部位，可以说此时各运动部件还处在一种半干摩擦状态，只有等机油流过来并达到一定转速才能保证液体润滑。还有气候寒冷即冷起动时，机油黏稠，流动性差，到达各润滑点的时间更长，对发动机将造成更大的磨损。如果将油放干或抽干，再来起动发动机，机油中还易形成气泡，在起动时磨损破坏最大，还浪费燃油，千万不可做这种得不偿失的事，因为存在少许旧机油，没有任何危害。

8. 如何正确地选择车用机油？

提问：市面上常见的机油黏度级数有0W-30，0W-40，5W-40，5W-50，10W-40，10W-50，15W-50，20W-50，10W-60……眼都看花了，这些市面上常见的机油黏度级数，到底哪种级别适用又能发挥性能？

解答：润滑油的黏度多使用SAE等级别标识，SAE是"美国汽车工程师协会"的英文缩写。"W"表示Winter（冬季）。"W"前的数字代表机油低温时的流动指数，其前面的数字越小，说明机油的低温流动性越好，代表可供使用的环境温度越低，在冷起动时对发动机的保护能力越强。具体可以用一个常数35减去W前面的数字，得到适用的低温环境；"W"后面（半字线后面）的数字则是机油耐高温性的指标，数值越大，代表黏度越高，说明机油在高温下的保护性能越好。该数字正好可以与当地气温相对应，夏天气温最高接近 40℃，就选择 40，气温最高接近 50℃，就选择 50；而黏度指数随温度变化而改变，温度越高，机油会变得越稀薄。SAE 适用的环境温度：5W 耐外部低温 –30℃；10W 耐外部低温 –25℃；15W 耐外部低温 –20℃；20W 耐外部低温 –15℃。30 耐外部高温 30℃；40 耐外部高温 40℃；50 耐外部高温 50℃。现在好多经销商纷纷推出 0W–40、0W–30 机油，标榜流动性佳，超低起动磨耗等，但这类油在武汉 –5℃ 都很难达到的气候根本没多大用处。虽然其低温流动性极佳，但是这个问题在武汉根本不用考虑。有人说 0W–40 机油加速比较快，其实不是这么回事，用 10W–40 有同样的效果。如果在高纬度国家（如瑞典、挪威、丹麦、德国等北欧国家，或大陆型气候地区，如美国内陆，中国高纬度省区等），冬季平均温度相当低，–20℃ 很常见，只要一来寒潮，汽车就动弹不得，所以 0W、5W 的机油对于他们而言是相当需要的。若是用 15W 起动就变得相当困难，甚至会结冰，造成气缸的磨损，所以低流动点机油的推出，完全是适应高纬度地区冬天的需要。当然好多内陆地区在夏天的温度是相当高的，私家车换一次机油至少要管半年，所以在四季气候温差相对明显的地区，自然有黏度号数差距大的机油产生，而为了让黏度范围变大，必须添加更多添加剂，而这些添加剂往往是不利于润滑的，因为它必须同时适用极高温与极低温的环境，所以在温差变化不大的地区，黏度范围太大的机油真的是大材小用，而且浪费金钱。仅从技术角度来看，根据气候的情况选择，相对而言：使用黏度低的机油，阻力小，节油；使用黏度高的机油，发动机寿命会长些。这些都是应该考虑的。

9. 发动机机油油面高度如何检查？

解答：检查条件与方法：

1）发动机暖机（机油温度不低于 60℃）。

2）车停在水平面上，发动机停转后等 5min，以便机油回到油底壳内。

3）拔出机油尺，用干净布擦干净后再插回原处。

4）再次拔出机油尺，读出油位。

5）查看机油尺上的标记区：

"a"——不可再加机油。

"b"——可加注机油，加油后油位可达 "a" 区。

"c"——必须加注机油，加油后油位达到 "a" 区。

6）检查的目的：机油油位要添加到 "a" 区。

10. 高尔夫 6 冷却系统如何更换防冻液？

解答：高尔夫 6 冷却系统循环（图 1-1）比较复杂，为了将冷却液更换得干净彻底，需要按照下面步骤进行：①打开膨胀罐密封盖。②将冷却液软管从散热器上拔下来。③将增压空气冷却系统辅助散热器上的软管拔下来。④将膨胀罐上连接的软管也拔下来。⑤排净旧冷却液后，装好脱开的软管，并把暖风开到最大，再添加新的防冻液。

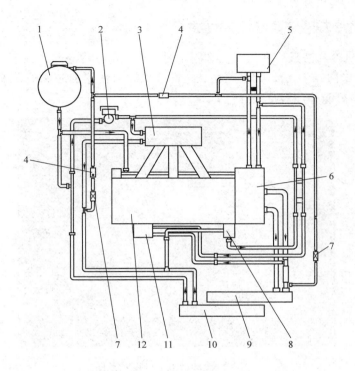

图 1-1 高尔夫 6 冷却系统循环示意图

1—膨胀罐 2—冷却液循环泵 3—进气管 4—单向阀 5—暖风装置热交换器 6—冷却液调节器外壳 7—节流阀
8—废气涡轮增压器 9—散热器 10—增压空气冷却系统辅助散热器 11—发动机机油散热器 12—气缸盖/气缸体

11. 生产线上是怎么加注冷却液的?

提问: 采用抽真空式冷却液加注机加注冷却液至与罐体 MAX 线平齐,将车辆静置几个小时以后,发现冷却液液面会自动上升（未起动发动机）,一般会高于 MAX 线 10mm,为什么?

解答: 加注系统通常先采用真空泵将密封容器抽成高真空度,然后进行负压状态下气密性检漏,待检漏通过后,用加压泵往容器中进行高速加注,加注到一定压力后,停止加注,最后回吸多余的液面,使其达到要求的标准液面高度,取下加注头,真空加注完成。但在实际中,加注的容积越大,误差越大。主要是没有考虑好软管的变量,不同的车加注后变量也不一样,可以自己设定一个经验加注位置来解决这个误差。另外还要注意气候的变化,温差过大也会引起加注后的位置变化,只是影响相对小些,这都需要根据经验酌情把握。

12. 冷却系统夏天加自来水可以吗?

解答: 使用自来水,会形成硬水垢。因为硬水中的离子形成的碳酸盐垢、硫酸盐垢及水箱金属因腐蚀而形成的锈垢等,会明显降低冷却液的散热效果,容易使发动机温度升高,配合副间隙变小,润滑作用不良,运动阻力增加,磨损加大,严重时发生气门烧蚀,活塞拉缸。

13. 发动机冷却液液面高度如何检查?

解答: 发动机冷却液最好在当天初次用车时检查,即在冷态时,检查冷却液液面高度是否在 MAX 处。如图 1-2 所示,如果不在,酌情添加原来使用的防冻液,如原来是 G12(红色),如需补加,只能补加 G12(红色)。

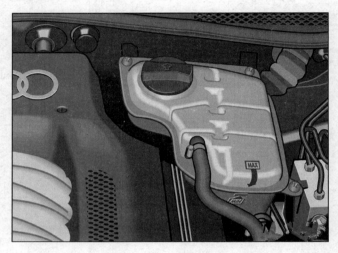

图 1-2　冷却液液面高度示意图

14. 为什么冷起动后抖动?

提问: 一辆迈腾轿车,行驶 120000km,冷起动后发抖,为什么?

解答: 根据描述,分析由三个原因引起:一是该车的 EGR 阀可能关闭不严,多见积炭卡滞,一旦 EGR 阀漏气,冷车怠速时有废气进入燃烧室,混合比过稀就会引起抖动;二是电路可能有漏电的地方,如火花塞等漏电或积炭引起的漏电;三是发动机脚损坏,热胀后抖动会减轻或消失。

15. 为什么冷起动风扇会自行运转?

提问: 一辆 2003 上牌的富康轿车,每天初次起动冷却液温度最低时,即使是下雪天,风扇也自行运转起来,这是什么故障?

解答: 这辆车上的风扇,是由发动机 ECU 控制的,冷却液温度最低时或者下雪很冷时,ECU 没有收到冷却液温度传感器的信号,不知道发动机的实际温度,担心万一冷却液温度过高,引起发动机拉缸、抱轴,造成发动机损坏,所以起动了应急模式,让风扇转起来。应该先去检查冷却液温度传感器为什么不发送信号,看是否是线束插接不良或冷却液温度传感器自身的问题,或者是冷却液温度控制盒出了问题。

16. 冷起动后为什么暖车需要 5min?

提问: 一辆丰田锐志 2.5V,每天初次起动怠速很高,需要暖车 5min,怠速才能降下来,为什么有的车不到 1min 怠速就降下来了呢?

解答：根据描述，分析是该车发动机用的机油质量不佳。要知道机油的四个主要功用是润滑、散热、密封、清洗。发动机一旦选用质量不佳的矿物油，就好比在润滑表面隔离着大小不同的颗粒，大颗粒可以传热，小颗粒不能接触，不能传热，所以，整个预热过程延长。如果选用优质的全合成润滑油，润滑表面隔离着的颗粒大小是一致的，整个颗粒都可以传热，所以发动机在 30s 即可完成预热，怠速 30s 就可以降下来。当然，全合成机油价格要高些，如果将矿物油换成全合成润滑油，假设原来 5000km 换油一次，用全合成润滑油后，可以改成 10000km 更换一次，费用差不多。

17. 汽车冷起动困难的常见原因有哪些？

提问：一辆 1.2L 排量的手动档五菱宏光，行驶里程 30000km，冷车需要起动多次并喷积炭清洗剂才能起动，但行驶一切正常，这是油品原因还是因为有积炭或是其他原因？

解答：一般冷车发生起动困难的故障，如果是行驶里程 30000km 的车，原因多见于积炭。建议清洗节气门与怠速阀，在燃油中添加除炭剂来排除该故障。当然，如果同时检测冷却液温度传感器及火花塞的工况会更全面。

18. 冷起动困难，起动后怠速抖动，有时不热车加速就熄火，是什么原因？

提问：冷起动变困难了，起动后怠速抖动，有时不热车加速就熄火，感觉天凉动力也下降了，油耗反而增加了，噪声也变大了，去保养换油，清洗节气门、换火花塞没有解决问题，这是什么故障？怎么修理？

解答：发动机天凉出现起动困难、怠速抖动、加速不良、油耗高、噪声大的问题，这是典型的积炭、胶质或水分故障，可以自己买一瓶"油路 3 效"，倒入汽油箱中，然后加满汽油，边用车边清洗。自己排除故障，不用求人了。

19. 冬天起动困难的原因是什么？

提问：一辆 2009 款的瑞虎车，此车跑了不到 20000km，冬天起动困难，有的时候要起动四五次才能正常起动，去 4S 店维修，更换火花塞，并且点火开关要打开 4 次进行自检，换完火花塞后并用油路清洗剂对油路进行了清洗，但是还是要起动两次才能正常运行。这是否正常？

解答：根据描述，分析是积炭造成的起动困难。至于 4S 店要把点火开关打开 4 次进行自检，如果起动好转，说明车上的汽油泵泄压不存油，可以要求他免费换油泵。如果没有好转，就要考虑进气道及燃烧室积炭。可以拆卸进气管，清除进气道积炭，重点是进气道、进气门杆上的积炭，除积炭后，起动就会恢复正常。

20. 每天初次起动为什么异响 1min？

提问：一辆速腾 1.6L 的新车，累计行驶 1000km，在冷车起动后，有一种"咯吱咯吱"的异响声，一直伴随着暖机，大约 1min 后消失，再检测则听不到这种异响，只有在第二天冷起动时，异响会再现 1min。这是什么响声？是什么原因只响 1min 呢？起初怀疑是传动带异响，起动前用水将传动带淋湿，但是异响依然存在。

解答：根据描述，分析可能是二次空气泵电动机异响。发动机二次空气喷射系统（图1-3）只是在部分时间内起作用，具体在以下两种工况下工作：一是冷起动后，二是热起动后，怠速时自诊断。由于在冷起动情况下，发动机控制单元采用较浓的空燃比，这会导致排放的尾气中 HC 含量较浓，此时 ECU 控制二次空气泵工作，经过滤清器的空气通过二次空气泵直接被吹到排气歧管。充足的氧气与尾气混合进行二次燃烧，可以使催化转化器迅速达到工作温度，早点净化尾气。发动机控制单元控制二次空气泵中的两组阀门，第一组控制阀（分流阀）是控制进气道的，如果有

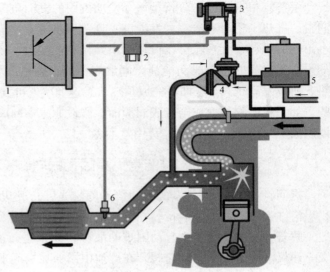

图1-3　二次空气系统示意图

1—发动机控制单元　2—二次空气泵继电器　3—控制阀　4—组合阀
5—二次空气泵电动机　6—氧传感器

问题，会直接影响发动机功率；第二组组合阀（空气阀）是控制引导空气压入排气歧管，起净化废气作用的，有问题只影响尾气排放。在二次空气系统未工作状态下，热的废气将停止在组合阀门处，阻止废气进入二次空气泵。在控制过程中，自诊断系统同时进行检测。由于废气中所含氧气的增加，导致氧传感器电压降低，所以氧传感器必须处于工作状态，二次空气系统正常工作时氧传感器将检测到极稀的混合比。由于二次空气系统主要在冷起动后短时间工作，一旦二次空气泵电动机质量不良，就会出现描述的冷起动异响且持续 1min 的现象，更换二次空气泵电动机即可消除异响。

21. 发动机每天初次起动为什么要抖动一段时间？

提问：速腾 1.6L 轿车，每天初次起动很困难，起动了也会抖几秒至十几秒，天气越冷抖的时间越长，抖完后就正常了。但是暖车后怠速又开始上下摆动不稳，温度越热越严重，汽油味很重，行驶中还偶发性熄火，调故障码为"发动机控制单元无法通信偶发""变速器控制单元无法通信偶发""ABS 控制单元无法通信偶发""仪表控制单元无法通信偶发""安全气囊控制单元无法通信偶发"。在几家修理厂都没修好，该如何检修？

解答：这辆速腾故障有点复杂。首先是"每天初次起动很困难，起动了也会抖几秒至十几秒，天气越冷抖的时间越长，抖完后就正常了"。对此应重点检查冷却液温度传感器信号，可用设备读数据流，选择冷车时看诊断仪显示的发动机冷却液温度。如果诊断仪显示的冷却液温度高于实际冷却液温度，就需要更换冷却液温度传感器来排除这个故障；如果显示的冷却液温度与实际冷却液温度一致，则需要通过清除燃烧室、进气门和进气道的积炭来解决这个问题。至于"暖车后怠速又开始上下摆动不稳，天气越热越严重，汽油味很重"，需要检查炭罐排放系统，酌情更换炭罐和电磁阀来排除故障。

最后几个故障码，类似这样的"群死群伤"故障，一般是 CAN 网络总线上的故障。

CAN 网络总线故障的表现形式就是两点：一是"群死群伤"，二是"风马牛不相及"。故障的原因主要是三点：一是供电，二是节点，三是链路。需要先检查供电，没电就无法通信；二是节点，即网络中有任何模块短路也会这样；三是线路接触问题。如果供电正常，可逐个将模块拔除，拔除哪个后系统正常就是哪个模块的问题。

这种情况发生，建议最好更换新油箱总成解决。

22. 每天初次起动冒白烟 5min 是什么原因？

提问：一辆爱丽舍 16V 轿车，每天初次起动时，就会从排气管冒约 5min 白烟，如果是冬天，会想到是水蒸气，但是现在是夏天，检查发动机整个冷却系统，并无任何渗漏，车主也说不差水。根据维修经验，排气管冒白烟一定是燃料中有水，可是换过汽油也是一样，可以肯定汽油没有水或质量问题，而且排气管中也未见水积聚，故障仅出现在每天隔夜初次起动时发生，5min 左右就恢复正常，而且再怎么循环使用，停车熄火，起动后不再出现白烟，想看白烟只有等第二天早上初次起动。这到底是什么故障？

解答：发动机排白烟，一般情况下确实是燃料中有水引起的，加之现在的汽车，排气管路中都安装有三元催化转化器，发动机燃烧中排除的有毒有害气体，如一氧化碳、碳氢化合物、氮氧化合物，经过三元催化转化器转变为二氧化碳、水和氮气。所以，正常燃烧的发动机，排气中冒白烟、滴水都是正常的，特别是冬天最明显。但是夏天就不正常了。温度高还冒白烟，除非水多，描述冷却系统并不差水，所以，可以排除是水引起的冒白烟故障。排除了水引起的冒白烟，这款车又没有废气涡轮增压器，所以，分析只有可能是烧机油引起的冒白烟故障。烧机油一般是冒蓝烟，怎么会冒白烟？这是因为，一是与进入的量有关，二是燃烧后经过三元催化转化器转化后，蓝烟变淡了，看上去就像白烟差不多。为什么白烟仅仅只出现在每天初次起动的几分钟内呢？这是因为，气门油封失效渗漏机油的量较小，平时发动机工作时看不出来，一旦汽车停放时间过长，如停一晚上，机油渗漏到进气门过多，就需要几分钟才能烧干净。所以，这是典型的气门油封失效引发的故障，更换气门油封（图 1-4）即可排除该故障。

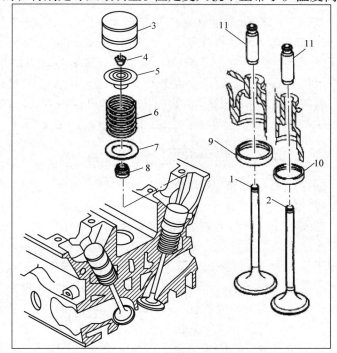

图 1-4　气门组件

1—进气门　2—排气门　3—液压挺柱　4—气门锁夹　5—气门弹簧座
6—气门弹簧　7—气门弹簧垫　8—气门杆油封　9—进气门座圈
10—排气门座圈　11—气门导管

23. 每天初次起动有很浓的生油味是什么原因?

提问: 一辆别克君越轿车在每天早上初次起动时,总能闻到一股很浓的生油味,也测试过其他车辆,感觉都有点生油味,只是这辆车生油味过重,应该从哪里开始检修?

解答: 汽车冷起动时,由于汽油蒸发冷凝在进气道中,ECU 必须提供多而浓的混合气才便于起动,在过浓混合气的情况下燃烧,多余的燃油进入排气管,所以有点生油味在所难免。除非增加二次喷射在排气管中烧掉或者采用缸内直喷来改善。

24. 为什么不在起动档可以自动起动?

提问: 别克君威用钥匙打开,不在起动档,即在 ON 位置时就能自动起动,这是什么原因?

解答: 如果是清洗过发动机舱后引起的,建议把继电器盒拆下来用高压气吹干,应该可以恢复,否则建议检查 C101 插接器和 PCM 插头处有无水迹,视需要更换发动机舱内的配电中心可恢复正常。当然也不能排除点火锁芯也有可能出现故障,另外,PCM 的 76 号脚如果直接搭铁了,当点火锁芯在 ON 时也会自动起动,点火电路中常电与条件电短路也会引起,均需检查。

25. 为什么停放一天后就起动困难?

提问: 一辆 10 年的捷达,故障是放一天起动就困难。检修时断开蓄电池负极也没发现什么,等再接上就打不着车了。经检查也没有供电问题,故障码为 ECU 锁死,而且仪表系统无法进入,会不会是仪表 ECU 死机呢,抱着试试看的想法,又断开蓄电池,再接上居然能进入仪表系统了。而且车也打着了,这是为什么呢?

解答: 捷达可能是线路高电阻故障,可以检查线路的电阻,并检查起动时蓄电池的电压,一般低于 10V 是不好起动的,低于 9V 是无法起动的。

26. 为什么冷热车都不好起动?

提问: 爱丽舍 16V 电喷车早上初次很难起动,热机停时间稍长也一样难起动,这个故障怎样检修?

解答: 这是典型的初始油压不能保持的油路故障。早上初次起动,也就是冷起动,发动机需要多而浓的混合气,冷起动困难,说明燃油供给系统不能提供多而浓的混合气。热机就不同了。停放稍长,发动机不可能冷却,同样难起动,这就不单纯是燃油供给系统不能提供多而浓的混合气问题,可能连最基本的燃油供应也不能满足,故障现象符合燃油供给系统不能保持初始油压的故障特征。诊断这个故障有个窍门,就是起动发动机之前,先将点火钥匙打开—关闭—打开—关闭几次,打开时停歇 2~3s,利用 ECU 中的软件程序,来建立初始油压。之后顺利起动,即可确诊是燃油供给系统不能保持初始油压故障。需要到汽修厂检查燃油系统初始油压,这需要夹紧油管,找出卸压的原因,看是油泵单向阀的问题还是由其他原因引起的。

27. 为什么热车起动非常困难？

提问：一辆奥迪 A6 轿车，热车起动困难，试换了喷油器、炭罐及全部点火线圈，还是不行。

解答：奥迪 A6 一旦更换残次品汽油滤清器或直喷汽油滤清器，造成燃油压力过高，就会引起热车起动困难，同时出现"嗡嗡"的响声。所以，请重点检查燃油压力，要知道，修电喷车检测燃油压力比检测故障码更重要。

28. 为什么热车后起动困难，怠速很高？

提问：一辆迈腾轿车，行驶 120000km，热车后有两个问题，就是起动困难，怠速很高。冷热车共性的问题是缓踩加速踏板易熄火，急踩加速踏板正常。进入电控系统没有调出故障码，不知道哪里出了问题。另外，该车还经常听到发动机发出一阵子口哨声，为什么？

解答：根据描述，热车起动困难，怠速很高，一般是由于冷却液温度传感器变质所致，由于其阻值没有超过范围，所以调不出故障码。但是，读数据流应能看出问题，更换冷却液温度传感器应该能排除故障。至于发动机发出口哨声，一般有两种情况：一是曲轴箱强制通风 PVC 阀漏气，可以在发动机起动后打开加机油盖检查，如果感觉吸力过大或者打开加机油盖子后口哨声消失，说明需要更换 PVC 阀；二是三元催化器堵塞，造成排气背压过大，尾气从未完全堵塞的微孔压出，发出口哨声，这就需要清洗三元催化器。

29. 发动机偶发性起动困难是什么原因（一）？

提问：一辆 2008 年买的新宝来，行驶里程 71000km，该车在每个月有一两次连续打不着车，但每次出现该情况时第三下肯定能够着车，应该从哪里着手解决该问题？

解答：作为驾驶人，应该做到三点：一是关注车辆起动时的电压，蓄电池的好坏决定发动机转速与 ECU 能否正常工作。二是可以开关点火钥匙 3 次，中间间隔 3s，如果容易起动，则是油泵泄压，需要更换油泵；如果踩下加速踏板后更容易起动，应该是节气门进气道脏污，需要清洗；如果都一样，就要检查冷却液温度传感器参数或者清洗进气道的积炭。三是关注机油，天气冷了，一定要选用低温流动性好的机油（机油桶上字母 W 前面的数字越小越好）。另外，还有注意不好起动时的外围条件，是热车还是冷车，是混合比浓还是稀，起动转速是快还是慢。只有描述得越清楚，诊断才越准确。总之，发动机起动要火好且正时；油好要进缸；压好转速高。

30. 发动机偶发性起动困难是什么原因（二）？

提问：一辆 2008 年桑塔纳志俊，装配自动变速器，已经行驶 50100km。故障是难发动，不是经常这样，有时一个星期，有时一个月，该换的全部换掉（如节气门、点火开关、汽油泵、高压线等）也不见好。故障是第一次发不动，第二次发不动，等一会就好发动了（大概 5min 左右）。为什么？

解答：首先应用计算机检测一下电控系统，看有无故障码。读一下数据流，一般能发现故障。如果没有故障码，建议从燃油压力、积炭、曲轴位置传感器三个方面查找原因。如果没有发现问题，建议拆卸进气歧管，人工将进气门杆上的积炭清理干净，应能恢复正常。

31. 有油有火为什么起动不了？

提问：一辆途观 SUV 车，无法起动，检查有油有火，没有防盗故障，就是起动不了。车主描述，刚开始感觉车辆提速不畅，后来在高速路上跑高速时自动熄火，熄火后就无法再起动。牵引回厂后，尝试再起动，起动机带动发动机运转有力，发动机也有起动的征兆，而且进气管偶尔还回一下火。拆检可见火花塞电极被汽油沾染，头部发黑。检查缸压、油压正常，但就是无法起动，为什么？

解答：根据描述，分析该车无法起动的原因是三元催化器堵塞，可以尝试拆卸掉三元催化器后再试车，如果恢复正常，即可确诊。

32. 为什么起动后立即熄火？

提问：一辆 2009 款爱丽舍轿车，起动后立即熄火，用助燃剂在进气道边起动边喷射，可以不熄火，这是什么故障？

解答：喷射助燃剂可以不熄火，说明混合比过稀。如果不是机械故障，多为节气门位置、进气压力、冷却液温度这三个传感器中某个不良。可以先断开进气压力传感器插头，断开后起动不熄火了，就直接更换。

33. 为什么热车熄火后无法起动？

提问：一辆 2007 年的别克 GL8 陆尊，装配 3.0 V6 发动机，行驶里程 300000km，故障现象是热车熄火后无法起动。试车时发现这辆车的动力不足，用金德 KT600 解码器看数据流，发现发动机温度很高，而且有 P0014 "凸轮轴配气正时位置故障" 这个故障码存在，清码后着车一段时间故障现象复现。车主反映在来厂之前因为发动机轻微烧机油，在外地换了活塞、活塞环、气缸盖、气门和推杆，修完之后出现了这个现象，为什么？

解答：根据描述的情况，一般是可变气门执行器坏了，或正时记号装配错误。可变气门执行器卡死的典型现象就是热车熄火后无法起动，建议重点从这两个方面检查。不过，也偶见凸轮轴松旷引起的信号故障，所以也请检查一下。当然，如果是热车熄火后，过 20min 左右可以起动，还应该从油泵与继电器、点火模块及曲轴位置传感器三个方面查找。

34. 发动机无法起动应该如何检测？

提问：一辆 2008 年凯越车，发动机排量 1.8L，型号 T18SED，故障是打不着火。依次检查，电池打火不行，用线接电打火也不行，发电机良好。后来检查到汽油泵保险继电器工作不良，用线连接起来，供油管有压力，但还是起动不了。汽车起动不了了是由哪些原因造成的？

解答：当不能起动发动机时，需要诊断阻断器防盗系统。如果阻断器系统导致发动机不起动，一般还会设置故障诊断码（P1626、P1631），阻断器控制单元监视检测并读取点火钥匙是否合法。对于不能起动的发动机，只要起动时运转正常，最好检测喷油器上有无喷油信号。如果有，一般就无大碍，除非长期不用车，喷油器坏掉或油箱无油。否则就需要检查有无转速信号送到 ECU，或 ECU 收到转速信号后是否发出喷油与点火信号，或喷油与点火信号在途中丢失。

35. 热车熄火停车 20min 后才可以起动是什么原因?

提问:一辆索兰托 2.4 汽油版在高速路上不会出现问题,但在市内道路上 4WD LOCK 灯亮,在 4WD 灯点亮时最高车速只能到 40km/h。热车熄火后不好起动,停车 20min 后可以起动。计算机调出来故障码是 4WD 系统 TOD 故障,发动机里面调出的故障码是进气压力传感器故障,查看数据流,进气压力的数据在怠速的时候是 1.1,加速的时候在 3.48 左右。更换进气压力传感器与节气门位置传感器试验无效。故障码无法清除,反复维修发现了一个规律,就是在高速和冷却液温度 89℃ 的时候都不会出问题,在市内走低速和冷却液温度到了 95℃ 的时候故障现象就出现了,这是什么原因?

解答:根据描述,分析可能是曲轴位置传感器热失磁故障。故障现象一是引起热车起动困难,二是造成 4WD 系统智能四驱计算比例错误,三是造成计算进气量错误。更换曲轴位置传感器应能排除故障。

36. 为什么起动信号对起动性能影响很大?

提问:红旗车 VG30 发动机冷车不好起动,无怠速,打开点火开关,怠速电动机滴答滴答响,ECU、怠速电动机、点火线圈、火花塞、高压线、全车传感器都更换了故障还是一样,但此车到维修站,只动了一下发动机室的熔丝盒,故障就解决了,为什么?

解答:熔丝盒中 24 号熔丝是管起动信号的,该熔丝接触不良或烧了就不好起动,冬天甚至无法起动,装上熔丝就好。

37. 汽车正常熄火后为什么一会儿就不能起动了?

提问:点火钥匙扭动到起动位置,发动机不转动,也听不到任何“咔嗒”的声响。看仪表全不工作,仪表灯也全不亮。开前照灯也不亮,开顶灯也不亮。是什么原因?

解答:这种情况一般是蓄电池极桩出现了接触不良的问题,自己可以检查蓄电池极桩,将极桩与搭铁线清理干净,即可恢复正常。可用电压表测量蓄电池正负极,电压为 12.7V,好比将电压表负表笔接发动机缸体,另一端接蓄电池正极,电压表读数为零,即蓄电池极桩腐蚀引起的故障。

38. 汽车熄火后无法起动且烧熔丝是什么原因?

提问:一辆依维柯,转弯后突然熄火,熄火后无法起动,检查驾驶舱熔丝盒中有一个 25A 熔丝烧断,更换后,打开点火钥匙,一会儿那个 25A 熔丝又烧断了。将发动机 ECU 线束拔出来不插,换上熔丝再试车,保险不再烧断了,需要换 ECU 吗?

解答:根据描述,分析只有可能是汽油泵短路,要知道汽油泵和 ECU 是共用这个 25A 熔丝的,而且汽油泵为易损件,所以,建议先装上 ECU,单独断开汽油泵再试,如果断开后熔丝不再烧断,更换汽油泵即可排除故障。

39. 双燃料车为什么每天初次不能用油起动?

提问:一辆爱丽舍出租车,每天早上初次起动时,用汽油无法起动,只能改用天然气强制起动,起动后发动机热后又恢复正常,气路油路反复维修多次找不出故障原因,这是什么故障？应如何检修？

  解答：火花塞长期不换，间隙过大会引起起动困难。对于双燃料汽车，会出现冷车用汽油无法起动，用天然气反而可以起动，且发动机暖机后用油又可以起动的现象。这是因为冷车起动时，需要更高的电压跳火，由于间隙过大加上潮湿的混合气环境，漏电跳不成火，用天然气时，跳火将容易得多，这种情况下更换火花塞即可恢复正常。

40. 双燃料汽车起动困难的原因有哪些？

  提问：一新奇瑞 A5 双燃料车，早晨不好起动，要起动 10 次左右或更多，才能起动着车，第一次起动后再次起动时就能顺利起动，是什么原因？

  解答：双燃料车冷车需用汽油起动，因为天然气或石油液化气车低温都难起动。也可能是气控电磁阀漏气，早上用油用气均难起动，因为需要将漏在进气道中的燃气排净才能起动。当然机油黏度过大、气缸压力过低、冷却液温度传感器不良、缸内积炭过重、火花塞不良也会如此，需认真检查。

41. 双燃料车为什么必须先用气强制起动后才正常？

  提问：一双燃料汽车，发现早上初次起动用汽油反而起动不了，改用天然气强制起动后，再用汽油也可起动了，是什么原因？另外，现在感觉热车还没有冷车好起动，是什么原因？

  解答：火花塞长期不换，间隙过大，会引起起动困难。对于双燃料汽车，会出现冷车用汽油无法起动，用气反而可以起动，发动机暖机后用油又可以起动的情况。这是因为冷车起动时，需要更高的电压跳火，间隙过大，加之潮湿的混合气环境，漏电跳不过去。用气时好比在大气中跳火又容易得多。更换火花塞即可恢复正常！至于现在感觉热车还没有冷车好起动，如果是用汽油起动，建议踩下加速踏板后再起动，如果还是不好起动，请清洗一下喷油器，要知道，喷油器堵塞的早期症状，就是热起动困难，因为，冷起动有冷起动混合气加浓，热起动无混合气加浓，堵塞引起混合比过稀，造成起动困难。

42. 柴油机不好起动的原因有哪些？

  提问：柴油车不好起动的原因有哪些？应该如何快速诊断普通柴油车的起动故障？

  解答：可以从三个方面快速确诊故障原因：一是看起动时柴油机是否有爆发的声音，排气管是否有烟冒出。如果既听不见声音，又没有烟冒出，说明根本没有柴油进入气缸，需要从柴油的输送方面查找原因。二是能听到偶发的爆发声，排气管有烟冒出，无论多少均说明燃料已经进入气缸，只是不能完成正常的燃烧过程。这种情况需要从供油正时、喷油雾化质量，及压缩结束时的温度与压力方面查找原因。三是拆卸高压泵上的油管，尝试用手油泵泵油并观察出油阀，如果有油溢出，说明出油阀故障。正常情况下还可将调速器调节到最大供油位置，用螺钉旋具撬动柱塞，看出油中有无气泡，也可直接装上喷油器查看雾化情况。根据经验，可在起动时摸一下高压油管，有脉动但不能起动说明原因在喷油器，完全没有脉动则原因在高压泵。

43. 柴油车低温起动困难是什么原因？

  提问：一辆长城哈弗，搭载的是 6 缸电喷共轨柴油发动机，累计行驶 180000km，现在冷车起动困难，但是只要起动前从进气道喷入一些低温起动液就很好起动，起动后一切正常。使用柴油版的"油路3效"能排除该故障吗？

解答：如果能确诊是积炭引起的起动困难，用柴油版"油路3效"肯定有效果。但是，如果是冷却液温度传感器失灵，也会影响冷起动。柴油机低温起动，本身有预热塞，预热塞属于大功率电阻器，打开点火开关，先观察仪表上预热塞灯是否正常，并检查预热塞继电器及预热塞，如果预热塞不工作，也会出现描述的情况。

44. 柴油机起动必须要用起动液是什么原因？

提问：一辆搭载康明斯EQ6BT发动机的牵引车，无论冷车还是热车，只要想起动车辆就必须使用起动液，这是为什么？

解答：根据描述，分析原因可能是混合比偏稀、喷嘴有堵塞或压力不足。当然，也不排除起动转速偏低或者起动时（即压缩末）的气缸压缩压力偏低或温度偏低。

45. 高压共轨柴油车不能起动应该怎么检查？

提问：一辆猎豹CS6柴油电喷车，车打不着，高压共轨上没有高压燃油，起动时也仅有一点点油流出，高压油泵上的电磁阀起动时有6V的电压，打开点火开关有8V多的电压。共轨压力传感器打开点火开关有5V的基准电压。低压油路正常，手油泵泵油也很正常。起动时高压油泵也有脉动油压回到油箱，油量不大。哪里出问题了？

解答：这是因为起动时共轨上建立不起油压。以下简短介绍一下高压共轨柴油电喷车不能起动及共轨不能建立油压的诊断要点。

发动机不能起动，可以用诊断设备做个功能测试。在做功能测试时，检测发动机是否存在起动故障。要知道在发动机起动时，不正确的轨压，转速信号、同步信号的缺失，都可导致发动机无法起动。通过这个测试可发现导致无法起动的原因。测试时起动机带动发动机运转约5s。诊断设备可读出发动机无法起动的原因，如无转速信号等。高压测试是通过ECU触发，按设定的诊断程序来对轨内压强进行升压和降压，观察系统的执行能力，通过结果数据来综合评估系统各液压器件的性能。

共轨系统对燃油油路要求较高，低压油路的油箱、粗滤、精滤、回油，高压油路的高压油泵、共轨、高压油管、喷油器等都要保证密闭。任何一个环节出了问题，轨压都不能正常建立，维修人员要对整个燃油油路高度重视。轨压建立不起来，需要检查油路是否通畅，柴油滤清器是否堵塞，建议及时更换柴油滤芯。检查方法：松开精滤出口螺栓，用起动机带动柴油机运转，看是否有柴油喷出或流出，若只有少量柴油流出，则可以判定滤芯堵塞。起动时轨压传感器初始电压值只要有0.5V就可以了，主要看设定轨压是否为$300 \sim 500$bar（1bar = 10^5Pa），若不正常，首先检查接插件是否牢靠。若无检查设备，可以拔掉轨压传感器接插件尝试再起动。

高压泵、低压泵有问题都会造成影响。维修过的车辆的第一次起动必须进行低压油路和高压油路的排气和充油。如果起动机能正常带着发动机运转，不能起动，低压油路空气排净后仍不能起动柴油机，则判断高压油路有空气，也需要排出高压油路的空气。高压油路的排气方法：松开某缸高压油管，用起动机带动柴油机运转，直至高压油管持续出油为止（不建议经常拆卸高压油管接头）。至于回油量，过大过小均不正常。

46. 空气流量传感器插上以后为什么怠速熄火?

提问:一辆 2005 款帕萨特 1.8T 轿车,空气流量传感器插上以后怠速熄火,拔下以后怠速正常,加速还可以,这是什么原因?

解答:说明该车发动机混合比过浓,如果加上空气流量传感器的信号加浓,发动机将无法工作而熄火。对于发动机出现混合比过浓的故障,一般有三个原因:一是进气太少;二是进油太多;三是点火能量不足。如空滤器堵塞或者积炭堵塞进气道,油压过高或喷嘴滴漏或炭罐堵塞,发动机负荷过大(喷油脉宽过大),点火系统不良造成燃烧不好均可引起。另外,拔掉空气流量传感器后反而不熄火,一般提示空气流量传感器是好的,但是也有特例,如果使用的空气流量传感器与该车不配套,插脚接线不同,也可能引发熄火故障。

47. 怠速不稳易熄火怎么办?

提问:一辆 2011 年标致 408 轿车,发动机 2.0L,因防盗系统故障,就开到 4S 店做了在线匹配,同时在 4S 店做了 ECU 软件升级。接车后,车主说怠速没有以前稳定,特别是转向行驶中,好像有个别气缸不工作,有时还偶发性熄火,但是,熄火后能正常起动。试换点火线圈、火花塞无效,这是什么故障?

解答:建议先按以下步骤自学习发动机知识:

(1)节气门体泄漏量自学习(影响怠速稳定性) 必须是冷车状态(发动机冷却液温度常温,即不超过 30℃);点火开关位于 ON,等待 15s,然后起动发动机;关闭空调和前照灯等所有电子附件,在 P 位或 N 位怠速,直至冷却液温度达到 70℃。

(2)发动机飞轮不对称自学习(影响失火诊断) 轻踩加速踏板,使最高转速达到 5000r/min;突然松开踏板,让发动机重新进入怠速状态;该操作需要重复 3 遍。

(3)热态发动机转矩丢失自学习(影响转向盘打到底进行 8 字形运动时的怠速控制质量) 让发动机保持怠速 10min。

注:该操作过程中必须保证切断空调、前照灯、座椅加热、玻璃除霜等。特别对于 BVA(自动档)车辆,需将变速杆拨到手动 1 档,脚踩制动踏板。

自学习完毕,最后进行路试,路试要求:

1)首先保证车辆在热车状态,即冷却液温度为 90℃。

2)发动机转速尽量稳定在(1500±200)r/min,进行路试。

3)路试里程:满 2km,没有发现问题即可交车给客户。

48. 双燃料车烧油怠速抖动熄火的原因是什么?

提问:一辆电喷桑塔纳 2000 双燃料车,使用天然气时很正常。切换到汽油时,怠速开始有节奏抖动,一下正常,一下跌底,三四下就直接熄火。上路后一会儿像断油一样�车,一会又正常供油,周而复始!修理店做了计算机检测,怀疑故障是空气传感器。更换了前、左、下方三只空气传感器后均无果,但是拔下节气门传感器的插头后,怠速不抖了,平稳了。但是打着车坚持 10s 左右,怠速平稳降低直至熄火,为什么?

解答:首先需弄清楚换的是什么?车上根本没有"前、左、下方三只空气传感器",只有一只空气流量传感器。至于拔下节气门传感器的插头后,怠速不抖了,平稳了,说明节气门位置传感器不良。因为，一旦怀疑某个传感器不良，在没有条件检测的情况下，可以将该传感器脱开，即拔下该传感器插头，拔下后故障现象消失或好转，说明该传感器是坏的；拔下后故障现象加重或恶化，说明该传感器是好的。而且该传感器坏了也不影响烧天然气，所以不妨和同型号车试换节气门体确诊。要知道，烧天然气时，汽油泵、喷油器、有的氧传感器是不工作的，那么连接喷油器的线束就是加装的，必须用仿真器发送假信号欺骗计算机，这些都需要重点关注！

49. 冷车起动怠速暖车时间过长是什么原因?

提问：波罗劲情 1.4，目前里程 4 万 km，严格按照手册保养，坚持用全合成机油、汽油清净剂，定期免拆清洗进气系统，但未做过专门的发动机清洗。从 3 万 km 后，每天（即使是夏天）第一次起动怠速都维持 1000r/min 以上持续 1min，冬天凉车起动时，有明显金属"嗒嗒"的撞击声，热车就不响了。网上说是凉车液压挺柱润滑不畅的问题，不知道是否正确。该怎么保养才能解决? 用专用的发动机润滑系统清洗油有用吗?

解答：初次凉车起动时，有明显金属"嗒嗒"的撞击声，热车就不响了，网上说是凉车液压挺柱润滑不畅的问题，是正常的。多见机油泵滤网脏堵，初次起动，加之凉车机油黏度过高，引起供油不畅，只需拆卸油底壳，清洗机油泵滤网，即可消除初次起动配气机构的异响声。使用专用的发动机润滑系统清洗油，非常危险，特别是老龄车，极易造成润滑油道堵塞，不提倡使用。

50. 热车怠速异常抖动是什么原因?

提问：一辆斯柯达明锐冷起动时正常，起动后怠速也不抖动，但是行驶一段距离后怠速开始抖动。冷起动后原地不动，时间长了也会抖动，但是，如果猛踩加速踏板后怠速又可恢复正常一段时间，这是什么故障?

解答：根据描述，这是典型的混合比失调故障。该车冷车正常但热车后不正常，可能是氧传感器热车后不工作的表现，加之混合比在暖车时减少或停止时加浓，怠速就抖了起来，猛踩加速踏板后，混合比变浓，可以正常工作一段时间，更换氧传感器应能排除故障。若有尾气分析仪，可以做怠速尾气检测，CO 排放一定超标。

51. 发动机为什么怠速不稳且加速不良?

提问：宝马 520E69 怠速不稳且加速不良。检测故障码为 1、2、3、4、5、6 气缸失火，故障码清掉后故障依然存在，气缸运转平稳值第 6 缸数据为 11.5，每缸缸压也正常，更换了点火器和喷油器，故障依旧。有时踩加速踏板没反应，熄火再重新起动又正常，这种情况一直反复，为什么?

解答：气缸失火常规检修修不好，可以拆卸进气歧管，清洗进气门杆上的积炭，或者买两瓶"油路 3 效"添加到燃油中，边行车边清除积炭，连续使用两瓶，故障大多消失。如果故障依然存在，就可能是进气门变形漏气了，需要拆卸气缸盖更换气门。

52. 发动机怠速转速忽高忽低是什么原因?

提问：本田雅阁发动机起动后，怠速转速有规律的忽高忽低，加速无力，反复维修没有好转。而且发动机故障灯有时常亮，有时有规律的闪烁，调不出故障码，这是什么故障？

解答： 根据描述，笔者认为关注炭罐的空气入口是否堵塞，因为一旦外界新鲜空气不能进入炭罐，炭罐内缺少新鲜空气，怠速时，在进气真空吸力的作用下，吸附在活性炭罐内的汽油蒸气被吸入进气歧管，使得氧传感器检测到混合比过浓，于是发动机控制单元减少喷油量，此时混合气体的浓度会随之减小，导致怠速过低；随后，由于喷油量的减小，氧传感器在下一个循环又检测到混合比过稀，于是发动机控制单元又增加喷油量，导致怠速过高，周而复始，便出现了怠速有规律的忽高忽低现象，所以出现这个故障现象时，要及时检查炭罐的进气口是否畅通。

至于发动机故障灯有时常亮，有时有规律的闪烁，调不出故障码的问题，这是因为故障灯亮并不意味着电控系统一定有故障码存储，假设 ECU 电路电压降过大，电源电路电压低于 9V，ECU 工作就会出现紊乱，因为所有汽车 ECU 都有内部逻辑门，执行 ECU 决策过程；每个逻辑门必须从 ECU 参考电压调节器接收 5V 参考电压，否则决策就会错误或不存在；参考电压调节器必须接收到最小为 9V 的电压（ECU 本身的最小电压降），才能产生 5V 的输出电压信号发送到传感器和逻辑门；如果蓄电池电压下降到 9V 以下，则逻辑门不能正常工作；如果蓄电池电压是 12.6V，但 ECU 的正极端电路或负极端电路存在多余电压降，则 ECU 本身的电压降就小于 9V，逻辑门也不能正确工作。另外，仪表故障指示灯线路短路、ECU 自身需要编程或者刷新程序，也会出现不正常的亮灯。

53. 怠速时高时低是什么故障？

提问： 五菱荣光的 PDA 执行器起什么作用？一辆该车怠速时高时低，更换了节气门总成也没有解决，为什么？

解答： "PDA" 是个人数字助理的英文简写，就是平常所说的掌上电脑。现在很多汽车采用了计算机控制和检测汽车的运行状态。五菱荣光的 PDA 执行器由电控单元（ECU）精确控制。凸轮轴直接驱动气门组，减少运转部件数量，有利于提高功率和降低油耗。在提高低转速转矩输出的同时，保证高转速时的高输出特性，提高了发动机的加速性能，同时有效地降低了耗油量。怠速时高时低就是常说的游车故障。从电路上讲是"阻游漏抖"，即线路高电阻造成游车，漏电造成抖动。从油路上讲是"浓游稀抖"，即混合比浓了造成游车，稀了造成抖动。从机械上来讲是"卡游旷抖"，即卡滞造成游车，松旷造成抖动。可酌情检查。

54. 为什么发动机的怠速运转声变大且怠速抖动？

提问： 一辆起亚 K2 1.6p 版汽车，1800km 做了首保，4900km 做了二保，现在 6500km，近三个月发现发动机的怠速运转声变大，怠速感觉抖动，特别是转向盘，抖动感觉明显，去 4S 店计算机检测，无错误代码，节气门开度为 3.3%，怠速情况下，这辆车一直很安静。抖动和发动机抖动的频率节奏相当，开空调更厉害。发动机转速表怠速在 660r/min（和同款车一样），冷起动为 1400r/min，ECU 显示点火频率也是 660 次/min，和转速相当，发动机悬置检查无损裂。空气滤芯干净，换过 97 号油，4 个火花塞同时被击穿。车辆大部分在市区跑，偶尔跑 50km 高速。想来想去找不出抖动的原因。

解答： 发动机工作时怠速运转声变大且怠速抖动，说明发动机燃烧不良，抖动从电路分析多见漏电；从油路分析多见混合比过稀；从机械分析多见机脚松动。鉴于该车况分析，只有可能是积炭胶质引起的抖动故障，至于怠速运转声，是由于积炭引起混合比失调所致，在燃油箱中添加除炭剂可排除故障。

55. 发动机为什么怠速不稳、抖动?

解答：发动机怠速抖动，从电路上讲，可能是漏电引起的；从油路上讲，可能是混合比过稀引起的；从机械上讲，可能是磨损或松旷引起的。如果用诊断仪检查发动机各数据流正常，通常是由于积炭灰尘污染了节气门或燃油胶质沉积在进气门杆上或油中有水分导致。建议行车中高转速换档，经常拉拉高速，到正规加油站加油，每间隔5000km或10000km，使用一瓶"油路3效"燃油添加剂，来清理积炭，排除积炭引起的怠速不稳、抖动。

56. 发动机怠速偏低的原因有哪些?

提问：一辆2008年的奔腾B70，因加速跟不上，清洗了节气门之后怠速低，在630～660r/min范围内，用X431解码器查看没有故障码。读数据流发现短期和长期燃油修正始终处于正在降低的燃油修正状态，其余的数据流都正常，现在车主让检查一下热车怠速不稳的故障，该怎样做?

解答：根据描述，如果节气门清洗匹配没有问题，就说明该车有两个问题：一是喷油器堵塞，需要进行清洗；二是前氧传感器，也就是说的当量比氧传感器存在不良，或安装孔附近漏空气的问题，导致ECU还在进行降低燃油修正，导致怠速抖动。当然也不排除积炭热蒸发或炭罐堵塞引起的油箱进油过多。

57. 为什么冷车怠速过高，热车怠速不稳?

提问：一辆爱丽舍8V轿车，起动发动机不带空调，怠速有发抖，冷车时，怠速转速高出标准转速150～300r/min。热车时，高出50r/min，热车怠速也不稳，50r/min上下波动不停，但并不严重，清洗怠速阀，换火花塞后不见好，下一步该修什么地方?

解答：爱丽舍8V的怠速控制，主要由旁通式怠速阀控制，如图1-5所示。清洗节气门、怠速阀，换火花塞不见好转，分析可能是燃油质量不佳，需清洗油箱、换汽油格、清洗喷油器来解决。如果通过上述清洗还是抖动，建议拆卸进气歧管，可能气门积炭严重，致使气门发卡，关闭不严，引起怠速不稳。可以拆卸进气歧管，从外部将气门杆上的积炭处理干净，应能排除故障。另外，要知道，下列原因也会引起怠速不稳，同样应注意检查。

1）若带空调，怠速不稳或怠速过低，需查是否提速及怠速稳定阀性能。

2）进气歧管是否漏气（即漏真空）。

3）各缸压不均匀。

4）发动机机脚断裂。

5）各缸喷油量不均匀。

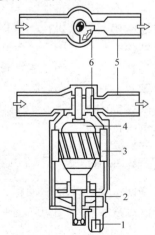

图1-5 旋转滑阀式怠速阀
1—接线器 2—壳体 3—永久磁铁
4—电枢 5—旁通空气道 6—旋转滑阀

6）高压线漏电。

7）真空管内有机油污染。

58. 为什么发动机怠速和加速都是 1500r/min?

提问：一辆凯旋出租车，累计行驶 52 万 km，现在出现发动机怠速转速 1500r/min，踩加速踏板没有任何反应的故障，调故障码是加速踏板位置传感器与节气门位置传感器开路，故障码无法清除。试换了加速踏板位置传感器和电动节气门总成无效，还有发动机 ECU 没有试换，因为 ECU 有防盗，听说试换别人的 ECU，可能引起两辆车都无法起动的故障，能否试换？

解答：可以试换 ECU，但是在拆卸正常车辆上 ECU 的同时，还需要拆卸仪表台下面的智能控制盒 BSI（图 1-6），同时互换在故障车上，还需要将正常车上的点火开关放在故障车的点火开关旁边进行读码。即需要正常车上的三样东西，然后在故障车上还是用原来的点火开关进行起动试车，如果加速恢复正常，故障排除，说明确实是 ECU 故障，更换 ECU，匹配点火开关。注意，不能只单独试换 ECU，否则试换后会引起两辆车均不能起动。

图 1-6　凯旋轿车上的智能控制盒 BSI

59. 为什么发动机怠速高达 2000r/min?

提问：一辆老款爱丽舍 8V 二手车（2003 年 11 月份的车，行驶里程 140000km），现在发现油耗有点高，达到 12L 左右，还不是全市区。在这期间更换了氧传感器、进气压力传感器、冷却液温度传感器、节气门位置传感器、火花塞和高压缸线，清洗了节气门、进气歧管和怠速阀等。计算机检测有混合配比故障 031。现在冷车（60℃以下）起步挂档换档时踩下离合器踏板，怠速能升高到 2000r/min 左右后自动回位，车子有一顿一顿的感觉。温度上升后除油耗高外，一切正常。该怎样解决？

解答：建议分两步进行：第一步，将怠速阀与节气门清洗干净，插接头用电器插头复活剂或除锈剂喷洗后装复插线束容易出问题；第二步，在燃油中添加"除炭剂"清除积炭，应该可以恢复正常。

60. 奥拓 368 发动机为什么怠速过高?

提问：奥拓 368 发动机，带空调，冷车怠速高，在 1400r/min 左右，而且持续时间长，冷却液温度大概要到 70℃才降到正常怠速。目前已大修过发动机，换过相同车的 ECU、分电器、冷却液温度传感器等，但都没解决问题，也没记录故障码。为什么？

解答：如果节气门怠速阀是好的，出现这种情况，有三种可能性：一是 ECU 需要更新程序或冷却液温度信号偏差；二是电控线束插接器接触不良；三是电控线束不良。根据维修情况，建议更换电控线束排除故障。

61. 东风小康为什么摘档怠速高？

提问：一辆东风小康在行驶过程中，摘档怠速高，这是什么原因？

解答：东风小康的故障是怠速不稳的故障，建议清洗节气门，视需要更换怠速阀。如果还不能解决问题，建议检查车速信号、冷却液温度信号或者负极与 ECU 搭铁线。不过大多是由于电路高电阻故障，就只能更换电控线束才能排除故障。

62. 加速后怠速过高怎么办？

提问：一辆一汽佳宝车，急加油时怠速上去之后就下不来了。还有就是开前照灯和开暖风时怠速高达 1200r/min。这是什么故障？

解答：这是典型的线路高电阻故障。如果节气门电插头不松动，接触良好，蓄电池也没有问题，那么只有更换电控系统线束才能彻底排除故障。

63. 丰田电子节气门清洗后怎么学习怠速？

提问：丰田电子节气门清洗后的怠速可以不用诊断设备学习吗？

解答：可以不用诊断设备，只需要关闭点火开关，拔下发动机舱内熔丝盒中的 EFI 和 ETCS 熔丝，1min 之后装回，怠速学习即可完成。

64. 放松加速踏板耸车（即抖动）有哪些原因？

提问：一辆 2009 年款捷达轿车，车主感觉 2、3、4 档松开加速踏板就抖动，清洗过节气门，更换了脚垫后故障依旧，这是什么故障？

解答：根据描述，建议先检测一下电控系统有无故障码。该车离合器开关信号不良会引起耸车（即抖动），积炭过多也会引起抖动。如果没有实质性的零部件故障，建议选择"油路 3 效"燃油添加剂清理进气道、进气门杆、燃烧室及三元催化器的积炭来排除故障。

65. 放松加速踏板后发动机转速为什么降不下来？

提问：2002 年帕萨特 B5 跑高速踩制动踏板时易熄火，而且仪表盘指示转速降不下来，故障码是 P1683，动力传输系统数据总线：来自气囊控制单元的信号不可信。据车主讲，该车一直使用良好，就是秋天时空调有时打开无风，有时打开又有风。考虑到天气转凉，准备明年夏天前再去修空调，但是不知道修什么地方。

解答：可能使用的是通用诊断仪，该故障码的含义也可以描述为节气门电动机默认位置性能问题。而且根据描述的空调起动性能，结合经验诊断，笔者认为更换节气门体总成应能排除故障。

66. 为什么不用氧传感器才能加速？

提问：一台 2002 年大众波罗 1.4 BCC 发动机，高速尚可，怠速一会儿就加不起速，无力，检查多缸断火，更换点火线圈、火花塞无效，清洗喷油器无效果。检查进气压力为 360Pa，检查氧传感器有时不工作，更换无效。但发现一个问题，不插氧传感器插头工作良好，插上就不行。检测计算机显示数据不是 0.45V，而是 0.19V，这种情况应该是混合比过稀，但是什么原因造成的？为什么？

解答：波罗车故障原因是发动机性能不良，主要是气缸压缩压力偏低，重点从这方面检测维修。

67. 桑塔纳为什么热车偶发性加速不良?

提问：一辆桑塔纳轿车，偶发性加速不良，热车出现频率较高。检查点火正时正确，更换了火花塞高压线，清洗了节气门并做了匹配，同时检查进气歧管也不漏气，检查三元催化器也是畅通的，热膜空气流量传感器也试换过，也没有故障码，这是什么原因?

解答：发动机加速不良分为冷车加速不良、热车加速不良、冷热车均加速不良、偶发性加速不良。从检修情况来看，基本上将发动机冷热车均加速不良这一种故障现象的原因一一修到了，所以还剩下三种情况。即冷车加速不良、热车加速不良、偶发性加速不良。实践中，有些原因是共性的。

例如：冷却液温度传感器对剩下的三种情况均会造成加速不良。如果冷车时冷却液温度传感器向 ECU 报告是热车信号，肯定影响加速，但是首先会影响起动，所以首先就会因为不好起动而提前报修了。热车一般发动机不用冷却液温度传感器的信号，但是如果热车时冷却液温度传感器向 ECU 报告是冷车信号，就会造成混合比过浓，也会引起加速不良。由于氧传感器的修正情况不同，所以，有的表现热车加速不良，有的表现偶发加速不良。所以，建议重点检查冷却液温度传感器参数，该车为四通道冷却液温度传感器（图 1-7），若冷却液变质会引起参数变化，更换冷却液即可排除故障。

图 1-7　四通道冷却液温度传感器

68. 开小灯为什么出现加速不良?

提问：一解放 J6 改装车的两个故障：一是只要开小灯的时候，发动机就会出现加速不良，不开小灯正常；二是车辆下坡只要放松加速踏板，也会出现加速不良，熄火重新起动恢复正常。但重新下坡故障还会再现。应该如何检修?

解答：第一个问题属于电路故障，注意开小灯的同时，检查后尾灯是否一边很亮，另一边不亮，如果是这个情况，请拆开后尾灯检测。该车采用的是双灯丝灯泡，可能制动灯丝变形搭在了小灯灯丝上面，造成开小灯的时候制动灯同时点亮，而另外一边则正常；更换尾灯灯泡后试车，应该能排除故障。要知道电控发动机是要采集制动信号的，制动灯一亮，ECU 就会执行制动优先控制，不提供燃油供给，必然导致发动机加速不良。

第二个问题应该可以从电控系统中调出故障码，因为放松加速踏板时由于车辆自身的惯性，还会带着发动机反拖加速运转，ECU 会执行超速断油模式，此时喷油器不喷油，假设喷油器漏油，ECU 检测到共轨燃油压力发生变化，就会点亮发动机故障灯，对发动机进行限速。所以，也会出现加速不良。这种情况一般更换喷油器可以排除故障。

69. 汽车为什么上坡无力?

提问：一辆爱丽舍轿车往顶楼停车场开，结果爬坡爬不上去，是什么原因?

解答：汽车上坡无力，主要有两个方面的原因，一个是驾驶技巧，另一个是车况。先说第一个原因，如果坡道比较陡，首先要正确地选择档位，手动、自动均可根据坡度酌情选择2档或1档，驾驶中还需要适当提前换档为妥。第二个原因，在正确的档位爬坡，如果出现发动机转速很高，车速很低或不动，说明离合器打滑；如果发动机自身都工作不良，加速有"突突突"响声，很可能缺缸，即有气缸不工作；如果是热车上坡无力，冷车尚可，那要检查点火线圈与模块是否热性能衰退。如果上述检查均正常，电喷车可先调下故障码，看看数据流是否异常，重点关注节气门位置与进气量检测传感器。

当然也可从衡量发动机动力性的三个方面鉴别一下，好比跑高速，看最高车速能否达到90%左右，0~100km加速时间是十几秒，如果仅上坡无力，其他如加速时间、最高车速等，只要还有一项正常，就说明发动机动力没有问题，要找其他原因。如果都不正常，就可肯定是发动机动力方面的问题，检查发动机。排除上述原因，重点要检查三元催化器是否堵塞，汽油泵供油压力是否不足，点火时间是否正确，气缸压缩压力是否达标，燃油质量等。

如果是自动变速器，可以做个失速试验，在做失速试验时，踩住制动踏板，拉紧驻车制动，挂入D位，踩加速踏板到底，不许超过5s，一般轿车为2200r/min左右，若转速过低，不是发动机动力不足，就是液力变矩器内单向离合器打滑。若转速过高，一般为自动变速器离合器或制动器打滑。

有经验的驾驶人，快速加一脚加速踏板，慢速加一脚加速踏板，查看发动机转速，也可看出油压方面的问题。例如：快速加油转速上不去，慢速加油转速可以上去，一般就是油泵油压不足。另外，爱丽舍8V轿车中的进气压力传感器与进气歧管距离较远，中间用真空软管（图1-8）连接，由于曲轴箱废气污染，管中常见机油污染，影响加速时发动机动力，应重点关注。

图1-8 进气压力传感器与进气歧管之间连接的真空软管

70. 为什么汽车开着开着就跑不动了?

提问：2010年新君越3.0缸内直喷发动机，故障现象是开着开着就跑不动了，只好停在路边休息15min左右，再起动又可以跑一阵子。调故障码是混合比过浓，根据生产厂家指导的原因：燃油压力过高、空气流量传感器信号电压过高、高压油泵泄漏、活性炭罐吸附汽油过多及燃油质量不好等检查都没有问题。为什么?

解答：根据描述，凭经验诊断是三元催化器堵塞，可以将三元催化器脱开或者将前氧传感器拆卸掉，人为漏出一个排气通道，如果故障现象消失，可以用草酸+开水浸泡清洗三元催化器，或者直接更换三元催化器即可排除故障。

71. 发动机最近总感觉动力不足怎么办?

提问：一辆起亚轿车,最近总感觉动力不足。去 4S 店清洗了节气门及喷油器、进气道与燃烧室积炭,还清洗了三元催化器,更换了氧传感器,但是动力没有一点改善。4S 店还检查了电控系统,仅发现冷却液温度传感器的故障码,更换后还是会出现这个故障码。维修陷于僵局,这是怎么回事?

解答：虽然发动机 ECU 有自诊断能力,但没有一个系统会监测火花塞、火花塞导线、气门、真空软管、曲轴箱强制通风阀以及其他非 ECU 系统控制的发动机部件和排放控制部件。某些表面上无关的零件,如高压线,却能够对发动机 ECU 的控制系统性能产生直接的影响。例如,高压线断路或短路会阻碍气缸点火。未燃氧气从气缸排出来,氧传感器错误地认为混合比偏稀。ECU 对此做出响应,加浓混合比。如果诊断错误,更换掉氧传感器、一半或全部其他传感器、ECU、执行器及线束,都无法解决问题。而更换短路的火花塞导线,并且清洁一下火花塞,就彻底解决了问题。

ECU 知道发动机工作参数(节气门位置、大气压力、发动机转速、温度、负荷等),利用这些信息准确计算出点火正时应当是多少。ECU 连续不断地计算和发送点火正时指令。但是,ECU 不知道基本点火正时是多少(除了最新的车型);ECU 发出的指令叠加到基本点火正时上。如果基本点火正时不正确,火花塞就会以错误的点火正时点火,而不管 ECU 发出什么样指令。节温器卡滞在关闭状态或者散热器堵塞,造成发动机过热,可能导致 ECU 认为冷却液温度传感器或其连接电路短路,而在其诊断内存中设置一个故障码。当然,冷却液温度传感器只是准确报告其所看到的结果,真实故障在于冷却系统,还有炭罐充满了汽油或不应当清污的时候进行了炭罐清污。不要忽视电线松脱或短路的可能,或者真空软管破裂或走向错误,任何这样的问题,尽管可能与 ECU 系统不直接相关,但都会引起动力不足。总之,在没有故障码提示的情况下,建议还是要从影响发动机性能的压缩比、混合比、点火正时三个主要方面,进行认真检测,一定能发现问题,排除故障。

72. 为什么下雨后轿车出现加速无力?

提问：一辆 1.4L 乐风手动档轿车,天气好时开起来正常,雨后经常感觉加油无力、加速抖动,有时还会熄火,天晴后会逐渐好起来。修理工说是发动机气缸失火,用仪器检查又没有失火记录。为检修这个故障,油路和电路修过多次,换过很多零部件,可是故障依旧,为什么?

解答：乐风及老赛欧,需要重点检查减振器旁边那根管子(图 1-9),好多乐风车都是因为管子磨破了,下雨时轮胎带起的水会甩进去,雨水容易进入油箱是乐风车的通病。

图 1-9 乐风油箱油气回排软管

73. 发动机舱清洗后为什么游车?

提问：一辆 2005 年款别克赛欧,清洗发动机舱后,行驶过程中出现游车现象,发动机转速有时在 3000 ~ 5000r/min 之间游动,这是什么故障?

解答：如果清洗前车辆是正常的,分析可能是清洗引发 ECU 插头内受潮,建议清理

ECU 插头内的锈蚀来排除故障。

74. 急加速为什么需要踩两脚加速踏板才行？

提问：一款 2.0 VVT 发动机的福田蒙派克，行驶里程 72800km，急踏加速踏板，发动机转速上升迟缓，略抬再踏才能达到理想转速。此车已换过进气压力传感器、节流阀体、喷油器、油泵、相位传感器、链条、气门，但问题依旧存在，不过急速很稳，无故障码，ECU 跟新车调换试车还是如此，确定正时没有问题。此车的故障点在哪里？

解答：可能有三个原因：一是加速踏板开关信号故障，第一次踏加速踏板是制动优先，第二次踏加速踏板解除制动优先才能加速；二是反馈传感器信号不良，可先脱开再试车；三是燃料质量欠佳，可清洗换油试车。

75. 第四缸断火为什么转速反而升高？

提问：一辆丰田 4 缸轿车，发动机怠速不稳。逐缸断火试验，发现一个奇怪的现象，当 1、2、3 缸不点火时，发动机转速下降。但是，当 4 缸不点火时，发动机转速明显增加。为什么？

解答：发动机做断火试验时，正常情况下，发动机转速应当下降。但是，对于装配有 EGR 阀的汽车，为了保证怠速的稳定工作，ECU 这时会阻止废气再循环 EGR 阀工作。如果真空管被接错或 EGR 阀漏气，就会出现怠速时真空管也有较大的真空吸力或直接就有大量的废气参与循环。特别是好多车的 EGR 阀位于 4 缸进气歧管处，其废气源通道与 4 缸排气歧管相通。在第 4 缸处于排气行程时循环的废气最多，而这时 3 缸正在进气，1 缸由于进气延迟角度，进气门也处于部分打开状态，这样使得 3 缸废气太多而不能燃烧做功，1 缸也因有一部分废气进入气缸，因此燃烧也不好。当 4 缸断火时由于不燃烧做功了，那么再循环的就不是废气而是可燃烧混合气，这些混合气通过 EGR 阀进入这 3 个气缸，起到了加浓混合比的作用，因此转速反而升高了。

76. 发动机急加速耸车是什么原因？

提问：一辆起亚嘉华 3.5L 旅行车一直在 4S 店保养与维修，最近突然发现急加速耸车，即急踩加速踏板时发抖。车速升上去之后，发抖现象消失。如果轻踩加速踏板，车辆缓慢加速行驶，则不会发生耸车抖动现象。放松加速踏板后怠速平稳正常。多次检修没有找出故障原因。仅发现检查电控系统时，诊断仪偶发性有时无法通信，能通信时发现发动机电控系统有偶发性气缸失火故障码，为什么？

解答：根据描述，笔者认为需要重点检测点火高压电路，因为一旦点火高压电路出现断路，且断路间隙不是大到无法击穿，高压火必须同时击穿两个间隙，这时就会出现击穿电压过高、燃烧线过短、点火能量不足的现象。低速时发动机对点火能量要求不是很高，影响不大，急加速时，燃烧线过短，点火能量不足，就会引起断火现象，造成发动机出现急加速不良而耸车。起亚嘉华 3.5L 点火线圈与高压线如图 1-10 所示，处理高压线的接触不良甚至更换点火线

图 1-10　起亚嘉华 3.5L 点火线圈与高压线

圈等，定能排除故障。

在测试车辆时，一旦发现诊断仪与车上的 ECU 无法通信，一般由三个原因引起：一是诊断仪中的软件并不支持测试的这个车型；二是诊断仪主机、测试主线与测试接头接触不良；三是被诊断的这辆车电路可能出现问题。如果是车辆自身电路问题，可以直接测量诊断座上的电源、搭铁及信号来找出故障原因。

77. 发动机热车后出现游车是什么原因（一）？

提问： 一辆比亚迪 F3，跑了 6 万 km 以上，现在出现的问题是：①车子在跑热后转速一直在 1000r/min 下不来；②在低档换档时，特别是 1 档换 2 档，松开加速踏板踩离合时，转速以 1000r/min 上升到 1400 ~ 1800r/min，给人的感觉像是踩了加速踏板一样；③现在油耗很高，原来百公里油耗 6 ~ 7L，现在超过 10L，加了燃油添加剂后降到 9L。在很多地方修过都没修好。换了火花塞、怠速电动机、空气进气传感器、机油、冷却液温度传感器，清洗了节气门，但故障依旧，这是怎么回事？

解答： 首先检查进气道有无漏气，若没有，就清洗节气门怠速学习，如果故障排除不了，检查转速传感器与车速信号也正常，那么就是典型的线路高电阻故障。换电控系统线束必能排除故障。

78. 发动机热车后出现游车是什么原因（二）？

提问： 一辆悦翔车发现如果 10h 以上不用，冷起动时发动机转速为 1200r/min，比较正常；热车（包括停车三四个小时）立刻起动时发动机转速为 1800r/min，1s 后掉落到 850r/min。在 4S 店清洗了怠速步进电动机，但是无效，为什么？

解答： 出现这种情况，说明热车信号传输不良，一般属于线路高电阻故障，可以分步检查排除：一是检查数据流，重点看冷却液温度传感器信号；二是利用电器插头清理剂，对节气门位置传感器、加速踏板位置传感器及怠速电动机、ECU 等重点插接头喷射后装复即可。大多属于 ECU 受潮及线束不良故障，如果处理插头及受潮后还不能排除故障，更换电控系统线束即可恢复正常。

79. 为什么缓踩加速踏板易熄火？

提问： 一辆迈腾轿车，行驶 120000km，冷热车共性的问题是缓踩加速踏板易熄火，急踩加速踏板正常。进入电控系统没有调出故障码，为什么？

解答： 分析可能是 EGR 阀漏气，由于 EGR 阀的废气进入燃烧室，低速行车、缓慢加速行车容易造成熄火故障，急加速加大进气量，废气影响就小，所以不会熄火。

80. 行驶中为什么偶发性熄火？

提问： 一辆速腾 1.8T 在行驶中偶发熄火，熄火后感觉方向、制动失灵，非常危险。在 4S 店检修多次，清洗并匹配了节气门，还是偶发性熄火；第二次更换了冷却液温度传感器和火花塞，故障依旧。这到底是什么故障？应该从哪几个方面检查？

解答： 如果是自动档车型，发动机是否是在变速器换档的时候，或进入空档瞬间发生熄火；如果是手动档车型，在踩下离合器瞬间是否出现熄火。如果是，则基本可以断定是由于节气门体脏而引发的怠速不稳，需要清洗节气门体并做设定，故障一般可以排除。如果行车中毫无征兆地熄火，则可能是信号方面的问题。一般来讲有三个方面的原因：一是发动机转速与进气量信号没有送到ECU；二是ECU收到信号后，没有发出喷油与点火的信号，三是ECU已发出了喷油与点火信号，但在途中丢失了。速腾1.8T在行驶中偶发熄火，虽是个偶发问题，但对行车安全威胁极大。因为驾驶人不懂得熄火后需要稳住汽车方向和速度，还是按习惯的方法操作转向盘或踩制动，就会造成方向和制动失灵。过去在宝来1.8T也曾经发生过类似故障，而且故障在ECU上没有故障代码显示，只能用排除法。在众多的可能性中，通过逐个测试，发现故障点。速腾1.8T的行驶熄火问题原因主要有两个：一是线束的屏蔽不好，线束容易受到干扰并导致喷油等一些重要信号发生丢失或者错误而导致发动机熄火；二是线束插接点接触不良，也就是"虚接"，但这种情况发生得较少。主要是发动机控制喷油的线束插头或空气流量传感器插头有个别接触不良，造成信号丢失。在行车中，发生颠簸可能导致瞬间接触不良，造成断路引发熄火故障的产生。可以顺利起动，基本可以断定就是上述原因引起。在保修期内，可找厂家免费更换电控线束来排除故障。

81. 发动机为什么一急踩加速踏板就熄火？

提问：2012年宝马520Li典雅型电喷轿车，汽油发动机为什么一急踩加速踏板就熄火？缓慢踩加速踏板尚可，如何检修？

解答：当突然急加速时，节气门的开度突然间增大，更多的新鲜空气进入气缸，加速踏板位置传感器快速变化的信号、进气量或进气压力的信号反馈到ECU会增加喷油量，ECU控制喷油器增大喷油脉宽来加大喷油量。综上所述，一旦加速踏板位置传感器的急速信号、大进气量的信号不能送给ECU，一旦供油压力偏低或喷油器堵塞，就会造成急加速混合比过稀而熄火。

另外，如果是冷车急加速熄火，热车正常，则重点要检查气缸压缩压力、气缸积炭。

82. 发动机冷车不把加速踏板踩到底就熄火是什么原因？

提问：一辆爱丽舍双燃料汽车，累计行驶350000km，现在出现冷车完全无法行驶的故障，不把加速踏板踩到底就熄火，一直要等到发动机完全热起来之后才能恢复正常行驶。发动机电控系统、油路、电路反复维修不见效果，这是什么故障？

解答：如果每天初次起动是用汽油，估计是进气门杆上的积炭过多所致。发动机熄火次数越多，怠速走的时间越长，积炭越多。燃油品质不良、机油品质不良，积炭的增长将更快、更多。要想迅速排除故障，建议拆卸进气歧管，将进气门杆上的积炭清除干净即可恢复正常。

笔者检修过一辆和该车行驶里程相近的爱丽舍出租车，图1-11是使用内窥镜拍摄的进气门杆上的积炭照片，已经严重影响冷车的正常工作，除炭后就恢复了正常。

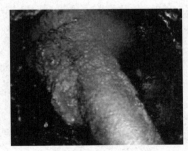

图1-11 爱丽舍出租车进气门杆上的积炭实况

83. 途中熄火无法起动怎么办?

提问：一辆起亚轿车在行驶途中发动机突然熄火了，无法再次起动，但发动机能正常转动。观察发现打开点火开关时，仪表盘中的发动机故障灯也没有点亮。找来一个修理工，带的诊断仪也无法进入发动机 ECU，他也没有见过这种情况，请问应该怎么检修?

解答：根据描述，突然熄火，即熄火时很干脆，说明是电路故障。而且仪表盘中的发动机故障灯也没有点亮，更是印证这一点。电路故障产生的三个原因是断路、短路和线路高电阻，可能是断路和短路故障。好比熔丝烧了，换上新熔丝故障排除了就是断路故障。如果换上还是接着烧掉，那就说明有地方发生短路，需要进一步查找。既然是发动机故障灯不亮，同时也不能起动，应重点检查转速传感器信号及转速传感器线束是否有短路之处。

84. 热车低速行驶时发动机极易熄火怎么办?

提问：一辆标致 408 轿车，冷车一切正常，就是热车低速行驶时发动机极易熄火，反复维修修不好，是什么原因?

解答：按照以下工艺处理;

1）首先确认发动机软件是否为最新版本，即 T73 EW10A + AT8 发动机软件为 9667332380；如果不是，则立即升级。

2）清洗节气门。

注：断开线束插头，将节气门拆下，清洗会更方便彻底。

3）检查火花塞，如有以下条件之一则给予更换。

① 有裂纹。

② 有陶瓷缺损。

③ 火花塞电极处暗红色沉积物过多。

④ 电极间隙超标。

4）更换点火线圈，按照售后点火线圈的检查工艺操作。

5）更换 VALEO 炭罐电磁阀。

6）如故障车里程超过 15000km，更换炭罐。

7）以上操作结束后，完成发动机自学习。

注意：做发动机自学习时冷却液温度必须是常温，即不超过 30℃。

8）如果故障车里程超过 5000km，建议添加"油路 3 效"燃油添加剂。

9）完成以上所有操作后对车辆进行路试 10km，如果一切正常，则将车辆交付用户。

85. 冷起动放炮为什么换氧传感器?

提问：一辆宝马 520 车，在发动机冷起动的时候，有时空档踩加速踏板时，排气管中有放炮的声音，到处修不好，咨询专家门诊后，按照建议，更换了前氧传感器，结果就好了。按说冷起动时氧传感器根本没有工作，怎么可能影响冷起动时放炮呢？百思不得其解，请不吝赐教！

解答：通俗地讲氧传感器是发动机 ECU 安排在排气管中的侦探，一旦混合比浓了，氧传感器就会向 ECU 打报告，燃油多了，ECU 就会减少喷油量；一旦混合比稀了，氧传感器就会向 ECU 打报告，燃油少了，ECU 就会增加喷油量。ECU 接收到氧传感器的报告后，增加或者减少喷油量，这种修正称为短期燃油修正，这种修正值 ECU 存储在临时存储器中，发动机熄火后，该修正值就会被清除掉，下次起动，ECU 需要重新学习。如果氧传感器持续向 ECU 报告混合比过稀或者过浓，ECU 也持续修正，好比 ECU 按照 15:1 配制的混合比，氧传感器持续报混合比过稀，ECU 就按照 14:1 配制混合比；如果氧传感器继续持续报稀，ECU 就按照 13:1 配制混合比，并把这种修正值保存在不易丢失的存储器中，发动机熄火这个修正值也不会丢失，这一种燃油修正又称为长期燃油修正。发动机熄火后，下次起动，ECU 就会按照长期燃油修正值供油，除非拆卸蓄电池或者用诊断仪清除了学习值。一旦该宝马 520 的长期燃油修正值过高，提供的混合比过浓，加之冷起动时 ECU 本身提供的也是多而浓的混合气，浓 + 浓，起动时就可能引起排气管放炮。过稀会引起进气管回火（放炮）。虽然冷起动时氧传感器并没有工作，但是，氧传感器如果坏了，该车持续报稀，引起 ECU 中长期燃油修正值过大，就是引起冷起动时发动机放炮的病根。

86. 踩加速踏板或者松加速踏板时容易熄火怎么办？

提问：根据数据流观察短期和长期燃油学习值看出混合比稀，最终检查出是活性炭罐电磁阀长开。更换炭罐电磁阀后，第二个故障排除了，第一个故障还是没有修好。请解答两个问题：一是，第一个故障应该怎么修好？二是，第二个故障虽然修好了，但是不能理解的是，炭罐电磁阀常开，燃油蒸气会造成混合比过浓，甚至加满汽油后发动机无法起动，为什么这辆车加满油后不影响起动，只影响急踩加速踏板或松加速踏板熄火呢？而且报混合比过稀呢？怎样就车检查燃油蒸发控制系统？

解答：已经知道了故障原因，也已经排除了故障，只是不明白为什么。汽车燃油蒸发控制系统产生的故障，与季节有很大的关系，好比夏天，气温高，燃油蒸发量大，一旦炭罐电磁阀常开，引起的故障现象往往是混合比过浓，也就是描述的，加满汽油后，发动机起动困难甚至无法起动；而冬天气温低，同样的故障原因，燃油蒸发量很少，一旦炭罐电磁阀常开，引起的故障现象往往是混合比过稀，也就是描述的急踩加速踏板或松加速踏板熄火。

至于燃油蒸发控制系统 EVAP 的就车检测如下：

1）将发动机预热至正常工作温度，并使之怠速运转。

2）拔下蒸气回收罐上的真空软管，检查软管内有无真空吸力。若燃油蒸发控制系统工作正常，在发动机怠速运转中电磁阀应关闭，真空软管内无真空吸力。如果此时真空软管内有真空吸力，则用万用表电压档检查电磁阀线束插接器端子上是否有电压。若电磁阀线束插接器端子上有电压，说明 ECU 有故障；若无电压，则说明电磁阀有故障。

3）踩下加速踏板，当发动机转速大于 2000r/min 时，检查上述真空软管内有无真空吸力。若真空软管内有真空吸力，则说明该系统工作正常；若真空软管内无真空吸力，则用万用表电压档检查电磁阀线束插接器端子上是否有电压。若电压正常，说明电磁阀有故障；若电压异常，则说明 ECU 或控制线路有故障。

4）控制电磁阀的检查。发动机不工作时，拆开控制电磁阀线束插接器，测量控制电磁阀两端子间的电阻值，应符合维修手册规定值。或者拆开控制电磁阀进气管一侧的软管，用手动真空泵由软管接头给控制电磁阀施加一定真空度，控制电磁阀不通电时应能保持真空度，若给控制电磁阀接通蓄电池电压，真空度应释放。若不符合上述要求，应更换该控制电磁阀。

5）检查活性炭罐。使用手动真空泵，将低压空气吹入油箱接管，空气应无阻碍地从其他管子中流出。用低压空气吹入排污接管，空气应不能从其他接管中流出，若有问题，需更换活性炭罐。

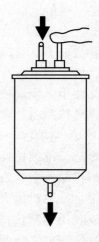

图 1-12　活性炭罐的清洁方法

活性炭罐的清洁可按照图 1-12 所示方式，堵塞排污管，用 300kPa 的压缩空气吹入油箱接管即可。

87. 不开空调就熄火是什么故障？

提问：一台丰田普拉多 4.0 LV8 发动机，四轮驱动，累计行驶 13 万 km。现在有两个故障：急速开空调才不熄火，不开空调就熄火。现在天气冷了，不用空调也必须开空调，否则熄火无法正常用车，节气门、加速踏板及火花塞传感器都换过了，就是排除不了故障，怎么办？

解答：开空调，发动机会提速，提速后就有急速，不提速就没有急速，分析是发动机急速转速过低所致。发动机最高转速与最低转速与喷油器孔径有很大关系，换句话讲，如果喷油器没有堵塞，分析只有发动机配气相位出现装配错误，配气过迟引起急速过低，需要检查点火正时，即正时记号是否装错或者故障跳齿。

88. 共轨柴油车热车易熄火是什么原因？

提问：一辆新索兰托 2.2 的柴油共轨发动机到热车时会熄火，马上起动又能打着。在柴油中添加了共轨柴油系统清洗剂，对柴油供给系统、高压泵、喷油器进行了清洗，但故障依旧，下一步应该检查哪里？

解答：请检查该车发动机 EGR 阀，急速时 EGR 阀是不应该工作的，一旦 EGR 阀漏气，就会引起急速抖动甚至熄火。该车可能漏气还不严重，加之暖车加浓阶段混合比浓度高些，冷车急速时没有表现出来，热车后暖车加浓停止，就会急速不稳而熄火，所以将 EGR 阀清洗干净应能排除故障。

89. 4S 店为什么修不好手动档新车熄火故障？

提问：一荣威 550 手动档轿车，新车购回驾驶中，发现爱熄火，开始以为操作原因，后来在 4S 店一打听，手动档车都这样，换档发涩，离合器过高，操作中易熄火，4S 店说是先天性不足，该怎么办？

解答：手动档车驾驶中易熄火，无非三个原因：一是急速不稳，二是离合器分离不彻底，三是变速器发涩，运转阻力过大。有多辆该型号易熄火车主反映，在没有对车辆进行任何调整的情况下，单纯将手动变速器中的齿轮油放掉，更换自动变速器油于其中（即手动变速器中换用自动变速器油），试车后易熄火故障均得到排除，不妨一试。

90. 发动机大修后加速熄火是什么原因？

提问：一辆五菱荣光 LAQ 60.5kW 发动机大修后，只能怠速，一加速就熄火，找不出故障原因。

解答：分析可能是发动机气门脚间隙没有调整。该车需要进行气门间隙的调整，否则配气相位就会不正确，出现加速就熄火的故障。如果缺乏这方面的维修经验，建议更换气缸盖总成，即可恢复正常。

91. 新车机油消耗量大是什么原因？

提问：好多奥迪新车都有烧机油的毛病，烧机油的原因可能是：

1）德系缸套的加工工艺不一样，其表面呈网状，可存机油，中国路况不好，长期低速行驶导致存油被烧掉。

2）国内机油汽油质量不佳，积炭胶质多，德系车发动机机油道细小，容易导致润滑不良，加剧磨损而烧机油。

3）德系车散热器风扇起动温度高，发动机温度高，消耗大。

是上述原因吗？还有进气凸轮轴前端有一个大鼓包，听说是可变气门正时，它是怎么工作的？

解答：四冲程内燃机发展到今天有一百多年了，烧机油的问题已经不是需要研究解决的问题了。也就是说，凡是新车烧机油，只有可能是新设计有缺陷或制造有质量问题。

至于1）德系缸套的加工工艺不一样，其表面呈网状。我知道中国的汽车发动机缸套30年前就加工成网状了。2）国内机油汽油质量不佳，积炭胶质多。国内汽油质量确实不敢恭维，但就机油，据我了解这些烧机油的车，用的全是进口品牌机油。3）德系车散热器风扇起动温度高，发动机温度高，消耗大。据我知道，好多车设计工作温度超过德系车，负荷超过德系车，都没听说烧机油。建议重点从曲轴箱强制通风和活塞环间隙方面查找原因。

关于进气凸轮轴前端的一个大鼓包，确实是可变气门正时。凸轮轴正时调节如图1-13所示。进气凸轮轴可根据转速及负荷情况来进行调节。这个调节过程是一种连续的调节过

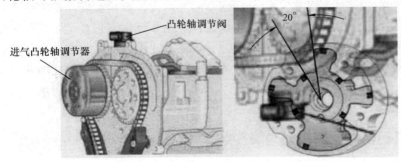

图 1-13 凸轮轴正时调节

程，范围为 20°凸轮轴角，调节方向为"提前"（相对于基本位置）。调节装置采用的是叶片式调节器，它是由发动机的压力来驱动的。凸轮轴调节阀由发动机控制单元来起动，该阀调节凸轮轴调节器内的机油压力，从而来进行正时调节。凸轮轴调节器的壳体与进气凸轮轴正时齿轮刚性连接在一起，内转子与进气凸轮轴连接在一起。涌入的压力机油转动内转子（相对于壳体），于是就调节了凸轮轴的位置，实现了可变气门正时。

92. 汽油消耗过高怎么办？

提问：一辆 2011 款科帕奇 SUV，车主反映油耗过高，应该如何修理？

解答：油耗高的问题，建议先进行高速路定速行驶试车。如果高速上油耗正常，估计不是驾驶方面的问题，就是路况方面的问题。考虑到该车在变速杆旁有一个 ECO 按钮，可以建议驾驶人驾驶车辆时，按下该按钮启用经济模式，可以省油。启用经济模式后，组合仪表内的燃油经济性指示灯将点亮。再次按下按钮，将关闭燃油经济模式。燃油经济模式启用后，变速器将会升档更早，降档更迟；变矩器离合器将更快锁定，且停留时间更长，加速踏板敏感性降低，减速时车辆的 ECU 将更有力地切断供给发动机的燃油。只是注意：牵引挂车时请勿使用燃油经济模式。另外，注意定期更换火花塞、机油，清洗节气门及除炭，油耗高的问题应不难解决。

93. 汽油消耗过高是什么原因？

提问：吉利美日轿车装配的 1.3L 发动机（479Q），现在油耗特别高，150km 耗油 13L，用 ECU 检测了一下，点火正时为 -9°，喷油脉宽为 3.8，氧传感器的电压没有变化，为什么？

解答：电喷车的点火时间一般情况下最大为 35°~45°，最小在 -10~0°之间，所以怠速时点火时间为负值是正常的。喷油脉宽看起来在正常值的上限，试分析该车喷油器脏堵或油泵压力偏低。但是因为氧传感器电压没有变化，那么首先就应该检查氧传感器电压没有变化的原因，视需要检查线路或更换氧传感器。因为氧传感器是 ECU 管理混合比的探子，氧传感器不向 ECU 反馈信息，ECU 就无法管理混合比，所以更换氧传感器可能就会恢复正常。

94. 发动机油耗高、噪声大是什么原因？

提问：车噪声变大，油耗变高，是什么原因？

解答：发动机噪声大的诊断：一是冷起动时噪声大，要检查发动机脚胶或润滑系统；二是急加速时噪声大，速度上去后噪声变小或无，要检查燃烧室积炭是否引起爆燃；三是温度高时噪声大，要检查风扇；四是车辆停驶时噪声随加速踏板加大而嘈杂，要检查排气管消声器；五是行驶中加速无力，噪声大，油耗高，要检查三元催化器，可能堵塞。反映的噪声变大，油耗变高，重点检查三元催化器，可以拆卸后用草酸浸泡，再用清水冲洗，一般可以迅速排除三元催化器堵塞引起的噪声大、油耗高的故障。

95. 废气涡轮增压汽车冒大量白烟是什么原因？

提问：一辆 1.8T 的帕萨特 B5 轿车，自己清除积炭，购买了 3 瓶"油路 3 效"，每箱汽油兑 1 瓶，连续用了 3 箱汽油，之后把车开到修理厂，用内窥镜检查，看起来进气门杆周围、燃烧室活塞平面，洗得跟新车一样干净，原来冷起动困难、怠速抖动、加速不良、噪声大、油耗高的问题都得到排除。但是，现在发现只要一放松加速踏板，即减速时，排气管冒很大的白色烟，这是什么故障？这个故障与使用添加剂"油路3效"有关吗？

解答：油路3效是一种除积炭、除胶质、除水分的燃油添加剂，它添加在汽油中，那么，只要是汽油流过的地方，有任何不适，都可以有理由怀疑它。这个产品，主要是为了克服纯除炭产品炭无敌将积炭部分清洗到活塞环下面，堵塞机油泵滤网，引起噪声变大及机油供给不足而生产的。厂家经过2千余次配比试验，确认无腐蚀，才投入生产，所以，自己清除积炭，确实是最佳选择。描述的这个故障现象，与使用"油路3效"风马牛不相及。根据描述，分析车上的废气涡轮增压器可能出了问题，多见轴承卡滞，当发动机加速时，废气涡轮增压器还可以被强制带着运转，勉强完成废气增压。但减速松加速踏板时，废气涡轮增压器可能转速下降很厉害或者不转动，一旦不能给发动机提供足够的空气，将造成燃油不能正常燃烧，而形成大量的白烟。这就类似于大火被强制扑灭，冒大量白烟一样。更换废气涡轮增压器可以排除该故障。

96. 桑塔纳为什么油耗高、冒黑烟？

提问：现在汽车维修中，油耗高的汽车越来越多，也是让修理工最头痛的问题，理不出一个头绪该怎么办？

解答：发动机耗油高是一个综合性问题，一般有三个方面的原因：一是驾驶操作方面的原因；二是路况方面的原因；三是车况方面的原因。车况方面也有三个原因，也是经常说到的影响发动机性能的三个方面，一是压缩比，二是混合比，三是点火正时。一定要认真检查。拆卸气缸盖，磨气门除积炭，油耗都恢复了正常。对压缩比偏低一点，长期在市内行驶的车辆，重点关注积炭引起的混合比失调，气门关闭不严。点火正时的检查也要从细节开始，包括火花的强度、颜色、距离等。

描述的桑塔纳加速冒黑烟、油耗高，从维修实践来看，引起冒黑烟最常见的原因也有三点：一是空气流量传感器，二是氧传感器，三是油多气少。既然已经对油电路做了保养，那么可以拔掉空气流量传感器插接头试车，不冒或少冒黑烟了，就是空气流量传感器的问题；如果拔掉氧传感器（图1-14）不冒或少冒黑烟了，就是氧传感器的问题。拔掉没有变化就不是它的问题，很快即可确诊。氧传感器就是用来监测混合比的，由于燃油质量差，所以容易损坏，分析可能性较大。

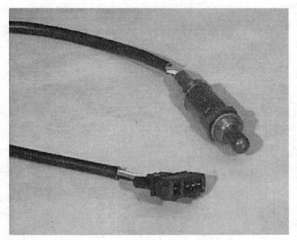

图1-14 四通道带加热器的氧传感器

97. 马自达3自动变速器为什么油温过高、冒烟？

提问：一辆马自达3自动变速器油温过高，清洗变速器油路，更换了发动机散热器，故障没有解决。并且新换进去的变速器液压油，使用一周左右就变质了，每次行驶时间长了液压油还冒烟。该怎样检修？

解答： 引起自动变速器油温过高、液压油变质的原因，一般有如下几种：

1）汽车经常超负荷行驶，如经常用于拖车，或经常急速、超速行驶等。

2）液压油散热器管路堵塞或散热器质量不良。

3）通往液压油散热器的限压阀卡滞。

4）离合器或制动器自由间隙太小。

5）主油路油压太低，离合器或制动器在工作中打滑。

电控自动变速器，一旦电磁阀有泄压现象，变矩器内部的锁止离合器打滑，行驶中，特别是开快车或超车时，油温会上升很快，严重时车辆还会动力明显降低甚至丧失。不早点维修，液压油就会变质。

可以尝试诊断一下，首先让汽车以中低速行驶 10min 左右，待自动变速器达到正常工作温度后，在发动机运转过程中检查自动变速器液压油散热器的温度。在正常情况下，液压油散热器的温度可达 60℃左右。若液压油散热器的温度偏低，说明油管堵塞，或通往液压油散热器的限压阀卡滞。需要对阀体进行清洗检修。若液压油散热器的温度太高，说明离合器或制动器自由间隙太小。对此，应拆卸自动变速器，予以调整。新修理后的离合器间隙 = 0.3mm×摩擦片数量；工作间隙的极限 = 0.5mm×摩擦片数量。如果更换的散热器质量信得过，建议对变速器做个三级维护，即总成解体清洗检查，消除隐患。

98. 大修后柴油机冒黑烟是什么原因？

提问： 一辆依维柯柴油共轨汽车，因为机油消耗量过大，大修后，出现排气冒黑烟故障，考虑到加速还有一种异响声，怀疑喷油提前角过大引起燃烧不充分和爆燃，于是调整喷油提前角，无效；怀疑喷油量过大，调整喷油量也无效。下一步应该如何检修？

解答： 根据描述，分析还有三种可能：一是起动预热装置中的回油三通阀，该阀回油压力为 0.03MPa，当回油压力超过此值时，回油阀开启，喷油泵、喷油器上多余的柴油将流回油箱，如果弹簧张力过大，则容易使回油阀渗漏，多余的柴油就会流入气缸引起混合比失调而冒黑烟；二是进气门上积炭过多，影响正常空气量的进入，造成混合比过浓，考虑到是刚大修的发动机，可以不考虑积炭因素；三是气门脚间隙过小，导致进入气体受阻，甚至出现气体倒流现象，气体倒流进空气滤清器，和进入的气体相撞，形成类似如敲鼓的异响。分析描述的故障现象中还有异响声，所以，诊断冒黑烟的原因，可能是气门脚间隙过小。建议按照下面的步骤重新检查并调整气门脚间隙，应能排除故障。

1）摇转曲轴，使第一缸活塞处于压缩行程上止点，可调整一缸进、排气门，二缸进气门，三缸排气门。

2）用塞尺插入气门挺杆与凸轮之间，其值应为（0.5±0.05）mm。间隙的大小可通过不同规格气门间隙调整垫片来调整。

3）调整方法：转动挺杆，使其边缘上的缺口对准进、排气管这一侧。将挺杆向下压至最低位置，用压缩空气喷枪对着挺杆缺口喷压缩空气，使调整垫片浮起，用夹钳取下调整垫片。

4）根据所测得的间隙及取出的调整垫片厚度，计算当间隙为（0.5±0.05）mm 时所需要的垫片厚度，换上尺寸合适的新垫片。安装气门间隙调整垫片时，标有厚度值的一面应朝向挺杆。

5）调整完毕，摇转曲轴，使第四缸处于压缩上止点，把四缸当一缸看待，即四缸进、排气门可调，三缸进气门可调，二缸的排气门可调。

6）两次调整完毕全部气门后，应认真进行一次复查，不合格时应重新调整。

气门间隙调整垫片的厚度一般为 3.25 ~ 4.90mm（递增量为 0.05mm）。

99. 刚大修的发动机为什么冒黑烟？

提问：长安之星怠速不稳，排气管冒黑烟，加油熄火，发动机大修过，传感器、点火系统、ECU 都对换了，可问题没解决，为什么？

解答：如果影响发动机性能的三个方面（点火正时、压缩比、混合比）没有问题，从描述的症状看，有三种可能：一是进气系统有漏气；二是进气压力传感器不良或检测气道堵塞；三是喷油器不良或氧传感器不良。

100. 直喷发动机为什么冒黑烟？

提问：很多直喷发动机轿车工作时冒黑烟，如迈腾直喷 4 缸发动机，调故障码无，数据流看不出明显异常，示波器检查也没有发现问题。根据以往检修进气道喷射的发动机经验，更换了空气流量传感器，遗憾的是无效，同时更换了监控混合比的氧传感器也无效。这是什么故障？应该怎样修理？

解答：目前 TSI 缸内直喷发动机，如迈腾装车的缸内直喷发动机，汽油机的低压燃油系统和高压燃油系统都采用了按需调节燃油系统（图 1-15）。所用的缸内直接喷射都取消了"分层"充气工作模式（压缩行程喷射、稀混合比），只有"均质"一种模式（进气行程喷射、$\lambda = 1$ 的混合比）。这样可以不使用昂贵且易损坏的存储型氮氧化物催化转化器，也能使排放达标。

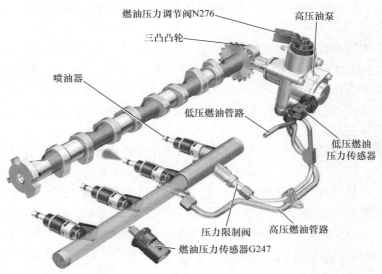

图 1-15 燃油系统组成

高压喷油系统主要可以分为发动机控制单元（ECU）、高压油轨、高压油泵和喷油器四部分。其中，ECU 主要采集发动机数据，按照预定程序控制喷油时机和喷油量，从而实现最高燃烧效率，而高压油泵主要负责燃油的加压，高压油轨主要起均衡各喷油器喷射压力的作用，而最终的喷油任务则由喷油器来执行。由于喷油器安装在最苛刻的工作环境——燃烧室中，所以，喷油器引起的冒黑烟故障，比进气道喷射的喷油器多得多，比空气流量传感器也多得多。维修实践中，多见汽油品质不好引起喷油器喷孔结胶堵塞或卡滞，定期在燃油箱中添加"油路 3 效"可以清洗预防；故障出现后及时添加，冒黑烟故障可以排除。

101. 发动机排气管内的白色物质是什么？

提问：一辆旗云加速困难，经检测发现排气歧管堵塞，造成排气不畅引发故障，排气歧管内的白色物体（图 1-16）是什么？和燃油有关吗？为什么？

解答：这是水和油乳化的结果，因为尾气中有转化的水，说明该车还可能烧机油或混合比过浓。油箱中平时燃油较少，加之车又用得少，油箱中空气冷凝成水，也会引起这种情况。所以，针对车辆存放时间较长但用车时间短的车主，为了防止汽油变质和油箱的空气冷凝成水渗入汽油中，建议保持满箱油的习惯，这样可以避免类似情况的发生。

图 1-16　排气歧管内的白色物质

102. 如何判断是否烧机油？

提问：现在有很多车烧机油，包括很多新车也烧机油，很多厂家给出的烧机油标准都是站在自身立场上讲话，现在急需权威的烧机油质量验收标准，更需要知道如何鉴定烧机油的问题。特别是需要界定，机油的消耗属于正常的消耗还是故障引起的消耗。过去只看排气冒蓝烟，现在排气系统有三元催化器，冒烟也不明显，甚至看不出来，但是，机油消耗却是实实在在。怎么办？

解答：汽车机油消耗量按照气缸数计算比较科学，每缸千公里机油消耗量 ≤0.1L 为标准，4 缸机千公里机油消耗量 ≤0.4L，超过就不正常，6 缸机千公里机油消耗量 ≤0.6L，超过这个标准就属于不正常。鉴定方法首先看漏不漏油，不漏油重点检查三个方面。一是可以用内窥镜直接查看进气门杆上的机油量，如果气门油封漏油，气门杆上会有明显的机油，另外，气门油封漏油引起的烧机油，检查也有窍门，一般汽车停放一晚上后，从油封漏入的机油在初次起动时，由于量大，排气管会冒蓝白色烟，大约几分钟。二是可以用内窥镜在燃烧室及气缸壁查看，如果缸壁上有垂直拉伤的划痕，急加油冒蓝白烟，说明是由气缸损伤或活塞环磨损所致。三是检查曲轴箱强制通风管，如果通往进气歧管的管道中有机油且量大，说明烧机油的原因是 PCV 阀不良。还有带废气涡轮增压的发动机，可以检查通往中冷器的管道，如果发现机油且量大，说明是涡轮增压器不良引起的烧机油。

103. 为什么行驶中总有"嗡嗡"的响声？

提问：一辆奥迪 A6 轿车一直没有修好，ECU 中没有故障码，开起来总有一种"嗡嗡"

的响声，而且热车还不好起动，更换了正时修理包及所有传动带，响声也没有消失，为什么？

解答：修车前，要注意了解车主的使用及维修保养情况，然后酌情进行检测再维修。"嗡嗡"的响声有可能是燃油压力过高的响声，如奥迪 A6，一旦更换残次品汽油滤清器或直喷汽油滤清器，造成燃油压力过高，就会引起热车起动困难，同时出现"嗡嗡"的响声。所以，请重点检查燃油压力，要知道，修电喷车，检测燃油压力比检测故障码更重要。

104. 发动机异响声过大有哪些原因？

提问：一台宝来 1.8BAF 发动机，行驶 10 万 km 后出现发动机异响！很像气门响，高速响得更厉害。进排气凸轮轴张紧器换了三个，液压挺筒、气门、缸头、正时带、张紧器、张紧轮 都更换了，起动后还是很响，有镗缸磨轴，更换活塞，还是没有解决。听声音就是缸头上发出的，是清脆的咔嗒咔嗒声，高速响得惊人，到 4000r/min 还以为要爆炸呢！该怎么办？

解答：响声这么严重，又反复试车反复维修，都没有造成机件事故，很有可能是燃料引起的爆燃响声，可以用打吊瓶的方式再试车，好了就可确诊。发动机的噪声，主要来源于排气系统、散热系统、配气系统。关于异响，主要依靠听诊。现在是能听到，就是不知道是什么地方。建议第一步用质量好的汽油，好像挂吊瓶一样来试车，因为在诊断经验中，有多例新车都出现描述的类似响声，4S 店准备换发动机总成。这种原因换发动机总成也解决不了。如果换汽油试车还不能排除，那确实是发动机自身的问题。建议将发动机架起来，升高后从底部听诊一下，有时是底部的响声，听起来以为是上部。见过安装时漏装轴瓦的有描述的那么大的响声。

105. 为什么急加速进气歧管爆破？

提问：一辆宝来轿车，累计行驶 11 万 km，已经发生了三次急加速中，进气歧管爆破故障。开始以为是点火时间过迟、回火所致，检查点火正常。后来怀疑火花塞用错，专门更换原厂规定的火花塞，也不行。最后会诊，怀疑是排气门可能关闭不严，高压气体将进气塑料管爆破，于是又拆卸气缸盖，碾磨了气门。将车交出，用了半个月，进气歧管又爆破了，怎么办？

解答：分析可能是曲轴箱气体下压，压缩气体经过曲轴箱通风管进入进气歧管，引起进气歧管爆破故障。要检查活塞环是否磨损。

106. 汽车点火系统与氧传感器的类型有哪几种？

提问：前天接修一辆宝马 530，发动机工作时严重耸动，点火、喷油、缸压都没找出问题，后来车主将车开走了。厂里如果请个专修宝马的，有人了不一定有这种类型车来修。管理专家告诉我们，培训对员工来说是最好的福利。可是汽车有几千个品牌，想请教一下，对于综合类维修企业，请什么品牌的培训专家培训员工好？

解答：宝马车对于环保控制较严，一旦氧传感器失效，混合比不能正常控制，发动机就会出现严重耸车。所以，今后遇到宝马车出现严重耸车，一定要重视对传感器的检测，特别是氧传感器的检测。从事综合类汽车维修，培训的老师一定要选择有综合类维修企业工作或实习背景的，或者对汽车维修有一定功底，善于归纳总结的老师。虽然全世界有数千种品牌的汽车，但是它们的点火系统，迄今为止就是三种：第一种是所有气缸共用一个点火线圈的结构，通过分电器分配高压火；第二种是两个气缸共用一个点火线圈的结构，四个气缸就用两个点火线圈，取消分电器，只用高压线分配高压火；第三种是一个气缸单独用一个点火线圈的结构，四个气缸就用四个点火线圈，高压线被取消，点火线圈直接对火花塞送高压火。你找的培训师，如果能够把这三种点火系统工作原理及故障诊断讲清楚，全世界所有汽油车辆的点火系统，你们厂都能修。

另一个重点是混合比控制，全世界所有车辆的氧传感器，迄今为止也是三种：第一种是普通的氧化锆型氧传感器，当废气中有较多氧气时，氧传感器内侧还是存在有接近大气中的氧含量。当氧传感器检测元件两侧氧含量相近时，传感器就会产生低电压。当废气中有较少的氧气时，氧传感器内侧的大气氧含量就相对较高，由于内外侧氧含量不同，氧传感器就会产生高达1V的电压信号。实际检测电压值应该在0.1~0.9V范围内快速变化，0.45V为正常混合比，低于0.45V说明混合比过稀，高于0.45V说明混合比过浓。

第二种是普通的二氧化钛型氧传感器，二氧化锆型氧传感器产生电压，二氧化钛型氧传感器改变电压。ECU将蓄电池电压提供给二氧化钛型氧传感器，此电压通过电路中一个电阻器而下降。随着混合比从浓到稀，二氧化钛的电阻值也随着变化，当混合比过浓时，电阻值变化就给ECU提供一个高电压信号；混合比变稀，电阻值变大，就给ECU提供一个低电压信号。电压值应该在0.2（稀）~1.2V（浓）范围内变化。

第三种就是控制精度较高的宽带型氧传感器，这种氧传感器有4线、5线和6线，实际使用中多见4线和6插头5线结构。4线结构的是两根加热线，两根信号线。这两根信号线从ECU中接收到不同的电压。一根信号线是3.3V信号，另一根是3.0V信号。用万用表不能精确测量，使用诊断仪可以。3.3V为正常混合比，低于3.3V为浓，高于3.3V为稀。

5线和6线的宽带型氧传感器电压值应该在1~2V之间变化，1.5V为正常混合比。当信号电压在1.5V以下时，说明混合比过浓；当信号电压在1.5V以上时，说明混合比过稀。如果电压在1.5V或者0V或者4.9V固定不变化，说明出现问题。后氧传感器应该在0.5~0.8V之间变化，如果固定在1.1V、0.4V或0.5V、0V，同样说明出现了问题。

总之，能够把重点共性问题培训清楚，基本维修是没有问题的。

107. 发动机转速1400r/min，发动机舱为什么会有严重的共振异响？

提问：一辆斯柯达明锐车，2011年生产的，迄今行驶67000km，该车在发动机1400r/min时发动机舱会有严重的共振异响。对该款车辆不熟悉，该如何检修？

解答：此问题是该款车的一个通病，一般是过长的进气管共振所致，多见于进气管口在散热器框架上共振，设法涂胶固定即可排除异响。

108. 大修的发动机为什么噪声过大？

提问：一辆宝马7系E65电子气门N62 V8的发动机因为烧机油冒蓝烟，已进行了发动机大修，没有镗缸磨轴，装复以后，开始气门响得很厉害，左右侧都响。熄火之后，声音几乎就没有了。第二天凉车起动的时候发动机噪声很大，像气门响。想把凉车气门响给排除掉，可不知道是哪儿的原因。此车大修之前气门不响，液压挺杆用手使劲捏，捏不动，也没有更换，液压挺杆、气门都是原车的，拆的时候也都做记号。此车气门响的时候先有爆燃传感器3（5、6缸）的故障码，随后又出现可变凸轮轴控制模组2的故障码。应该怎么检查呢？气门控制电机应如何调整？

解答： 根据描述，恕直言N62 V8发动机的上述故障，均是修出来的故障，多是装配不当与装配错误引起的。如出现可变凸轮轴控制模组2的故障码，这是装配错误。另外，N62 V8的发动机气门升程调节是一个独立的控制单元，从DME接收控制命令，并对这两个偏心轴电机进行控制，偏心轴由一个蜗杆传动装置带动旋转。每个气缸盖都借助一个凸轮轴支座来定位偏心轴。两个电子气门控制电机向内朝发动机V形区域安装。在两个气缸盖中都安装有偏心轴传感器，在偏心轴的磁轮上方，它借助一个数据电码向电子气门控制系统的控制单元传输偏心轴的准确位置数据。偏心轴上的特制磁轮有很强的磁性，在它的帮助下通过偏心轴传感器能确定出偏心轴5的精确位置。这些磁轮用无磁性的不锈钢螺栓固定到偏心轴上，在任何情况下都不允许使用磁性螺栓，否则偏心轴传感器会传递出有错误的数值。凸轮轴支座用于进气凸轮轴和偏心轴的定位。另外轴承支座还安装了用于气门升程调节的电机。轴承支座与气缸盖配对使用，且不允许单个更换。

在N62发动机上滚子式摇臂由板材制成，进气门的气门升程可以在$0.3 \sim 9.85mm$间进行调节。为了保证精确定量等值分配空气，气缸盖在工厂时的装配精度很高，进气侧的气门机构部件已精确地相互校准。因为轴承支座和下部轴承偏心轴与进气凸轮轴、气缸盖以极小的公差在安装状态下一起加工，所以当轴承支座或下部轴承损坏时，它一般只能与气缸盖一起整个更换。每个气缸列的凸轮轴都由一个齿链驱动，机油泵也由一个单独的滚子链驱动。鉴于此，需要重新仔细返工装配。

109. 混合比过稀为什么排气管还放炮？

提问： 一辆奔驰S350，故障现象是排气管放炮，在4S店多次检修，故障依旧。经验表明，混合比过浓，排气管放炮，可是这辆车无论是读故障码还是看数据流，都是显示混合比过稀，考虑到该车已经行驶了13万km，于是试换汽油泵试车，故障排除，为什么混合比过稀，引起排气管放炮？

解答： 一般情况下，确实是混合比过稀，进气管回火；混合比过浓，排气管放炮。但是，事物是发展变化的，量变可以引起质变，就是常说的物极必反。好比一旦起动信号丢失，明明是混合比过稀引起起动困难，可是很多车拆开检查，发现淹缸了，火花塞电极都湿了，给人一种混合比过浓的表现。好比描述的这辆奔驰S350，可能是混合比过稀引起气缸失火，一旦个别气缸不工作，明明没有点火成功，但是该缸的汽油将会排放到排气管中，累计量一大，就会放炮。更换汽油泵，排除了混合比过稀的病根，所以，故障不会再现。

110. 凯旋轿车为什么行驶中偶发性耸车？

提问： 一雪铁龙凯旋轿车加速轻微耸车，在多家4S店反复维修不见好。更换过点火线圈、火花塞、清洗匹配过节气门，车辆在行驶过程中，还是偶尔出现轻微耸车现象。调取故障码，也没有故障记录，为什么？

解答： 偶发性耸车，一般与气缸积炭过多或冷却液温度传感器信号错误有关。可以检测氧传感器信号电压的变化，新车一般在$0.3 \sim 0.6V$之间变化；产生积炭后会在$0.2 \sim 0.8V$

之间变化；积炭过多后会在 0.1～0.9V 之间变化。也就是说，氧传感器的数值变化范围越宽，说明积炭越多。如果想迅速排除故障，可以拆卸进气歧管，用弯曲的螺钉旋具将进气门杆上的积炭清理干净。即先用化油器清洗剂浸润，然后用螺钉旋具铲除，最后用压缩空气吹干净。一般可以看到立竿见影的效果。对于同时存在点火过早，即爆燃异响的发动机，需要拆卸气缸盖来清理燃烧室积炭。当然也可对气缸盖打吊瓶除积炭或者在燃油中添加除炭剂除炭。

还可以检查一下冷却液温度传感器的参数，看一下诊断仪中显示的发动机冷却液温度与实际测量的发动机冷却液温度数值，可将温度测量仪实测的冷却液温度与诊断仪记录的冷却液温度值进行比较，不符合就说明冷却液温度传感器变质需要更换。实践中多见于冷却液温度传感器变质，引起热车行驶中偶发性耸车故障。因为一旦实际冷却液温度与 ECU 检测的冷却液温度值有误差，ECU 就会快速地对点火与喷油进行修正，不是引起起动困难，就是引起行驶中耸车故障。

111. 发动机大修后为什么缸压偏低？

提问： 一辆奥迪 A6L2.0 四缸发动机，因动力不足，检查缸压普遍偏低，只好选择大修，大修后只跑了半个月，缸压又恢复到大修前的 6～7 个缸压，请问这是什么原因？

解答： 如果大修材料质量没有问题，大修后刚开始缸压正常，行驶半个月左右缸压普遍下降，请检查机油中是否渗入汽油，引起密封性下降。好比炭罐堵塞，炭罐电磁阀常开，过多燃油冲刷缸壁，必然引起缸压下降，大修也只能维持十天或半个月左右的正常缸压。请从源头来排除故障。

112. 为什么烧天然气抖动的车修油路才能好？

提问： 一凯旋出租车，是汽油加天然气双燃料车，跑了近 56 万 km，经常故障灯点亮后，加不起速来，风扇高速运转，开空调也无风，去调故障码是多气缸失火，火花塞、点火线圈、燃油喷嘴、汽油喷嘴、节气门体换过了，燃气系统的零部件全部换过了，就是不见好转。每次出故障后，熄火一次再次起动要好一会儿，有时烧气怠速抖动很严重，甚至抖熄火了，烧汽油要好些。根据建议，买"油路3效"除炭剂，只添加了 1 瓶在汽油中，然后加满汽油，每天用油跑 100km 以上，其他时间烧气，第四天所有的故障都消失了。这几天，反复思考这件事，就是想不明白，为什么烧气抖动，烧气出现失火故障的车，检修气路修不好，修油路反而修好了，这是为什么？今后如何预防此类故障再次发生？

解答： 发动机烧汽油的混合比是 14.7:1，烧天然气的混合比是 16.7:1。换句话讲，烧天然气需要更多的空气。一旦发动机压缩比下降，烧汽油影响不明显，烧天然气影响就非常明显。双燃料车主要烧天然气，气门高温容易损坏，汽油主要作为起动，气缸也易积炭。实践中多见进气门杆上有胶质积炭造成密封不严。烧油还可润滑，增加密封性，烧气就不行了。所以，买几瓶"油路3效"确实一用就好。今后每间隔 1～2 万 km 用 1 瓶"油路3效"，可避免再发生上述故障。

113. 凯旋失火发抖，停车 20min 为什么能恢复正常一段时间？

提问： 一凯旋出租车行驶了 260000km，发动机故障灯亮，报发动机失火故障，车辆发抖，停车等待 20min 后恢复正常一段时间，这是什么原因？

解答：凯旋出租车是双燃料轿车，检修过多辆与描述相同的故障车，其中一辆车在大修后只使用了两个月，用内窥镜观察其积炭已经将进气门包裹。凯旋出租车虽然平时是用天然气驱动的，但是由于需要用汽油起动，起动、熄火次数多，积炭产生的也多。如果气门油封损坏或者使用劣质机油，积炭将更加严重。由于出租车一个月要行驶 10000 ~ 20000km，所以积炭是故障的直接原因，根除的办法就是拆卸进气管，清除进气门杆和周围的积炭。若积炭严重导致气门已经变形，还需要拆卸气缸盖，更换进气门及气门油封，甚至缸盖总成来排除故障。简单的办法是在每箱汽油中添加 1 瓶"油路 3 效"，每天用汽油开 100km，其他时间烧气，连续用 2 ~ 3 瓶来免拆清洗积炭。

另外，凯旋轿车有两个串联的三元催化器，如果停车等待 20min 后，可以恢复正常一段时间，说明该车的第二级三元催化器堵塞，需要拆卸下来用草酸 + 开水浸泡清洗。因为烧天然气的车排气温度相对较高，所以第二级三元催化器较易堵塞。

114. 发动机冷车抖动的原因有哪些？

提问：一辆凯旋轿车，冷车发动机抖动，该车累计行驶了 63855km，在发动机怠速运转时，坐在车里会感到转向盘有轻微抖动，坐在副驾驶座椅上，也会感到座椅靠背颤动，此现象在冷车时比较严重，起步也有明显的抖动，行驶没有发现异常。热车后怠速抖动消失，但起步抖动更明显，车速上去后就不抖了，用 ECU 检测无故障。对发动机油电路检修，换过火花塞、点火线圈，清洗匹配节气门无效。应该怎么检修？

解答：汽车抖动从电路上找原因多是漏电，从油路上找原因多是混合比稀（冷却液温度信号错误或积炭），从机械上找原因多是发动机脚松旷。这辆凯旋轿车已经行驶了60000km 以上，正是发动机悬置脚胶垫出故障的高发期。发动机脚老化、松旷、变形或应力干涉均会引起发动机抖动，冷车时最明显。至于这种抖动是发动机内因引起还是外因引起的，利用真空表很快即可确诊。在发动机进气歧管接上真空表，检查发动机进气管真空度，如果真空度不稳定，说明是发动机内部即自身的原因；如果真空度稳定，说明抖动是发动机外部原因引起的。

发动机内部的原因需要从油路、电路与气缸压缩比三方面查找；外部的原因主要就是检查发动机脚是否松旷。试车时在怠速工况下可以尽量增加发动机负荷，比如打开空调或打开前照灯，自动变速器汽车可以挂入 D 位，手动变速器汽车可以左右转动转向盘。总之，尽可能地在怠速时增加发动机负荷后检查发动机的怠速转速，如果怠速转速值正常，但坐在车内会感到通过车身传到座位上的发动机抖动，基本可以确定是发动机脚不良引起的抖动。发动机脚作为发动机的避振器，可以吸收来自发动机运转时的振动，一旦发动机脚损坏，这种振动就会直接从车身传到转向盘及座椅等位置上来。

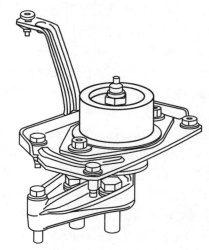

凯旋轿车的发动机 – 变速器机脚总成如图 1-17

图 1-17　凯旋轿车的发动机 – 变速器机脚总成

所示，其出现损坏后，还会引起汽车起步明显抖动，车速上去后恢复正常，也就是描述的热车后怠速抖动消失，但起步抖动更明显，车速上去后就不抖了。用 ECU 检测无故障，同样需要重点检查发动机悬置脚垫。另外，凯旋车发动机排气管悬置与发动机 – 变速器悬置之间有不良应力，也是引起抖动的原因。如果没有悬置损坏，就需要将悬置固定螺栓全部放松后，怠速运转一段时间，消除应力后，再将螺栓全部紧固，这样可以消除由于不良应力引起的抖动。

115. 发动机发出类似于吹哨的异响声是什么原因？

提问：一标致 408 行驶了 1.9 万 km，无论是冷车起动状态，还是热车状态，发动机时常会出现一个类似于吹哨的异响。当异响出现时，只要踩下加速踏板，异响就会消失。这个异响持续半个多月了，但车辆在日常使用中没有任何异常。需要检查哪些方面，才能找到原因？

解答：实际工作中遇到过标致 408 出现过描述的异响，这是水泵发出的声音。将冷却系统中的空气排净，大部分故障可以消除。如果消除不了，还有两种选择：一是就这样使用，没有什么影响；二是感觉声音过大，也可找 4S 店换个水泵。

116. 行驶中为什么车头总有异响声？

提问：一辆标致 307 轿车，驾驶人说开车时经常听到车头有异响，但是检查都是正常的，这是没有修好的问题还是驾驶中出现的问题呢？

解答：驾驶中，驾驶人感觉到车头有异响，分析可能有三种原因：

1）前右侧炭罐（图 1-18）工作时发出"嗒嗒"的声响。炭罐主要是为了防止油蒸气泄漏污染环境而设置的，如果将车停在阴凉有遮蔽的地方，能减少汽油蒸气的挥发，炭罐的工作频率相应也降低了。从零件角度无法消除炭罐的声响。如果响声过大，要考虑是否是炭罐固定不良引起的，这是可以排除的。

2）怠速时车前方喷油器传来"嗒嗒"声，在急加速时更明显。如果声音过于明显，同时有明显的抖动，可以采用清洗节气门、喷油器或免拆清洗发动机等手段来解决，但日常只需保证加油的品质即可。如果声音过大，要检查油压或喷嘴是否损坏。

图 1-18　炭罐电磁阀示意图

3）车头右侧带轮处有间断性的尖锐"嗞嗞"声，冷车起动后明显，热车、高速、开空调后声音减轻，这需要检查发动机传动带及张紧器和张紧轮。传动带可以喷水试验，喷水后声音消失即可确诊。消失不了则集中检查发动机传动带连接的各部件转动部分，还需拆开正时带罩壳，检查正时带连接的各部件。如果和冷却液温度相关，则水泵故障的可能性较大；如果和转向相关，则助力泵的可能性较大；如果和供电量相关，则发电机的可能性较大。最好用听诊器确诊。注意：标致 307 采用电子转向，电子助力泵在车怠速和低速时转速最高，车头右侧可能出现高频的嗡嗡声，怠速时在驾驶舱内感觉明显，这是电子转向助力泵工作的声音，一般是正常的，电子助力泵车速越高，助力泵转速越低，因此高速时助力泵有较大的异响声音就不正常了。

117. 火花塞更换后为什么有"突突突"的异响?

提问：一君越车在4S店换机油的同时更换了火花塞，现在急速出现"突突突"的异响声，加速也不痛快，保养前是好的，是什么原因造成的?

解答：维修实践中，遇到新换的火花塞出现"突突突"的异响声，不是型号用错，就可能是火花塞质量问题或者安装时火花塞摔过，所以，火花塞一旦不小心落地摔过，最好的办法是将摔过的火花塞扔掉，因为摔过的火花塞的陶瓷体可能已经受损或破裂，而又没有准确的方法进行检验。如果不扔掉，必须仔细对火花塞的外观进行检查，包括火花塞点火部位的陶瓷体是否破损、间隙是否变化等。该车也可能是这种情况，可以去4S店寻求质保。

118. 打吊瓶后发动机为什么出现沉重的敲击异响?

提问：一辆别克凯越轿车，累计行驶1万km，现出现急速抖动故障，检测发现1、2、3缸断火，发动机转速下降；4缸断火，发动机转速上升。考虑到正常情况下，断火转速应当下降，上升肯定不正常，于是，换了4缸的火花塞和高压线，还是不行，又换点火线圈总成和喷油器，无效。怀疑积炭，就打吊瓶，做了免拆清洗积炭，故障现象好像轻些。于是让车主接车，告知车主，最好跑个高速，效果慢慢会出来，洗掉的积炭排光就会好。没想到，车主接车后，跑高速突然出现沉重的敲击异响，急速也能听到，做断火试验，发现异响声，断火没有明显变化。这是什么异响？该故障的出现与做免拆清洗积炭有关吗?

解答：打吊瓶后发动机出现沉重敲击异响，分析可能是打吊瓶清洗后有积炭渗入机油，造成机油泵滤网堵塞，引起敲击异响。或者打吊瓶后，进气管积液引起清洗剂进入量过大造成连杆顶弯引起异响。两者均需拆卸油底壳，查看连杆是否弯曲，机油泵滤网是否脏堵。视需要清洗或更换。至于1、2、3缸断火转速下降，4缸断火转速上升是正常的，因为EGR阀从4缸采吸废气，一旦4缸断火，导入其他缸的废气就变成了混合气，所以转速上升。

119. 急加油时气门有异响是什么原因?

提问：一辆2005年款美版福特翼虎，该车急加油时气门有异响，上坡加油时声音更大，这是什么原因造成的?

解答：有三种可能：一是机油泵集滤器滤网脏堵；二是机油压力偏低；三是气门挺杆等磨损。有条件先检查润滑系统工作油压，如果油压正常，就拆卸油底壳清洗集滤器滤网。否则酌情检查气门挺杆及气缸盖结合面的磨损情况，视需要更换。

120. 发动机急加速严重抖动是什么原因?

提问：一辆1.8L福克斯自动档车，累计行驶5万km，在行驶2万km左右，仪表板上的红色警告灯点亮，之后车辆还出现了行驶过程中易熄火的故障。在4S店更换过电动助力泵。行驶3万km左右，车急速转向盘振动，热车正常。在4S店更换水箱水壶旁的发动机支架后，恢复正常。现在出现急加速严重振动、慢加速正常的现象，4S店调故障码，没有发现故障码，读数据流说正常，这是什么原因?

解答：急加速时，发动机需要多而浓的混合气，而且发动机处于开环状态，喷油量完全由进气压力传感器的信号来决定。如果进气压力传感器的信号是正确的，混合气的空燃比接近理想状态。燃油系统压力正常，喷油器也无堵塞。分析故障原因可能还是在发动机脚胶上。福克斯发动机支架垫即发动机脚胶共有 3 个，在水箱水壶旁的这个是最容易损坏的，这个支架脚胶损坏了的症状是，发动机抖动异常，打开机盖，拿下发动机上盖板，可以明显看到发动机抖动。有时也表现为所描述的那样，冷车急速转向盘振抖，热车正常。损坏的情况一般表现为，漏液压油，胶皮破裂，起不到衬垫作用。这也是福克斯的一个通病，坏的早的，就和描述的一样，2 万 km 就开始换了。一般行驶三四万千米更换最多。现在的车出现急加速严重振抖，如果混合比没有问题，气缸压缩压力正常，点火正时正常，分析可能是发动机与变速器连接的机脚松旷所致，因为松旷会引起急加速时发动机会前后严重摇晃，引起发动机舱及车身严重振抖。不妨打开发动机罩盖，一人在驾驶室做急起步动作，另一人在车旁观察发动机舱。很可能是发动机与变速器连接的机脚松旷，引起严重振抖。或者将车在举升机上架起，做急起步也可看见发动机明显地前后摇晃，一旦发动机与变速器连接处剧烈摇晃即可确诊。更换松旷的机脚胶垫，应能排除故障。

121. 冷车气门顶杯异响怎么办？

提问：一福克斯冷车起动时，气门顶杯要响一段时间，热车就不响了，能否在不换气门顶杯的情况下修好这个故障？马自达 6 的发动机好像和它是一样的，可以互换吗？

解答：发动机出现冷起动时气门顶杯异响，一般需要清洗油底壳中的机油泵集滤器，因为其可能脏堵。热车后机油变稀，润滑改善后异响就消失了。如果是冬天，还要检查机油的黏度，更换冬天用的低黏度机油即可。福克斯和马自达 6 使用一样的发动机，气门顶杯可以选择性互换，因为它是间隙配合，不是液压挺杆，如果更换气门后出现异响，那只能更换顶杯解决。

122. 发动机为什么爆燃异响？

提问：有一个困惑，就是多次讲过诊断发动机故障，从影响发动机性能的三个主要方面着手，一般没有什么故障可以逃出这些范围。可一辆富康 988 轿车，加速行驶中总有异响，越是急加速时越响，但是车速上去后就好了。为此换过好多零部件都不能解决，后来检查点火正时、混合比燃烧正常，检查气缸压力高达 1.4MPa，也就是说，从影响发动机性能的三个主要方面着手，还是没有找到故障原因，还有其他方法吗？

解答：诊断发动机故障从影响发动机性能的三个主要方面着手认真检查，除异响外，一般情况下没有什么故障可以逃出这些范围。根据描述，朋友的富康 988 轿车虽然属于异响声，仍然从影响发动机性能的三个主要方面入手，已经将故障原因检查出来了，只是还不知道，因为还不会分析。

检查的气缸压力高达 1.4MPa，高于标准值，就说明气缸燃烧室容积变小，是什么原因造成燃烧室容积变小？肯定是积炭（图 1-19）。积炭造成压缩比变高，就需要使用高标号的汽油匹配，否则这辆车加速行驶中总有异响，越是急加速时越响，车速上去后就好了。这是典型的火头响的故障，也就是点火时间过早的响声。

发动机在大负荷加速期间和正常温度下运转时，会听到爆燃声或轻微爆燃声，过分爆燃对发动机非常有害。

造成爆燃的原因通常有点火提前角过大和能增大燃烧压力的燃烧室积炭，过热的积炭也会提前点燃空气燃油混合气引起爆燃；造成爆燃的另一个原因可能是燃油的辛烷值太低，解决的方法最好是用除炭剂清除燃烧室积炭或者使用更高辛烷值的汽油，或者拆卸气缸盖清除燃烧室积炭。

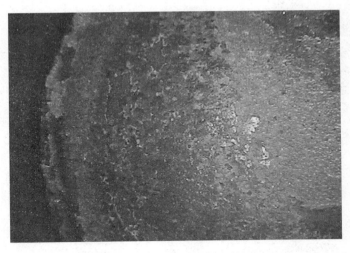

图 1-19　燃烧室活塞表面积炭内窥镜实拍图

123. 诊断发动机噪声有哪些技巧？

提问：汽车中，有很多车客户报修噪声大，但是总是找不出原因，能传授一些发动机噪声的诊断技巧吗？

解答：发动机噪声大的检测可以从以下几个方面进行：一是冷起动时噪声大，要检查发动机脚胶或润滑系统；二是急加速时噪声大，速度上去后噪声变小或消失，要检查燃烧室积炭引起的爆燃；三是温度高时噪声大，要检查风扇；四是车辆停驶时噪声随加速踏板加大而增大，要检查排气管消声器；五是行驶中加速无力，噪声大，油耗高，要检查三元催化器，因为它可能已经堵塞。

124. 发动机高压线没有记号怎么插接？

提问：一辆别克 GL8 旅行车，修完后因为拆卸时没有做记号，不知道高压线应该怎样正确插接。

解答：如果没有资料，需要将全部火花塞卸掉，火花塞孔中塞上湿布团，然后转动曲轴，找出点火次序即可，并按照图 1-20 安装。

图 1-20　GL8 点火线圈与点火次序

125. 起亚 2.4L 发动机如何按正时链条记号安装？

解答：起亚 GDI 发动机为 6 缸直喷发动机，正时链条安装记号如图 1-21 所示。

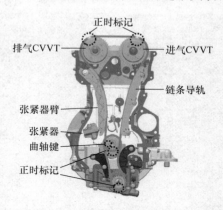

图 1-21　起亚 GDI 发动机正时标记

126. 点火正时对发动机的性能有什么影响？

提问：从影响发动机性能的三个主要方面（压缩比、混合比、点火正时）检查诊断发动机故障，很少能超出这三个方面。但是点火只要火力强劲就可以，现在正时出厂都固定好了，对诊断还那么重要吗？检查什么地方？

解答：发动机的点火正时非常重要，不准确的点火正时会影响发动机的性能。轻则发动机功率下降，重则会导致发动机爆燃，进而损伤发动机。虽然现在很多车点火正时无法调整，但是，在更换正时带或正时链条时，记号不对，就直接影响点火正时。至于检查方法，除使用点火正时枪外，还可以利用诊断仪的数据流功能进行检查。

点火正时不是点火火力强劲就可以了，火花塞点火的时刻也不是气缸活塞压缩完毕的时候开始点火。这样的理解均是错误的，道理也很简单。因为混合气体燃烧有一定的速度，也就是说在火花塞点火到气缸里的混合气体完全燃烧时是需要一段时间的，虽然这段时间极短，但是由于发动机转速很高，在这个极短的时间内，曲轴仍然可以旋转较大的角度，活塞也就运动了一段距离。假设按照活塞运动到上止点的时候火花塞开始点火，来看看会出现什么情况。首先当活塞恰好运动到上止点的时候火花塞开始点火，当混合气体开始燃烧的时候，活塞已经开始向下止点运动了。这样气缸的容积变大，混合气体燃烧后的压力就减小了，导致发动机的功率降低。所以火花塞应该在活塞运动到上止点之前就提前点火，当活塞运动到上止点的时候混合气体开始燃烧，然后活塞开始向下止点运动开始做功行程，这样混合气体刚燃烧时由于气缸的容积越小，压力就越大，能量的利用可达到最大限度，发动机的功率也就越高。此时火花塞点火时到活塞运动到上止点时的这段时间内，曲轴所转过的角度称为点火提前角。也就是在火花塞点火时曲轴所旋转的位置到活塞运动到上止点时曲轴所旋转的位置之间的角度。

既然已经确定了发动机点火提前角，那么准确的点火正时实际上就是准确的点火提前角。那当点火提前角过早或点火提前角过晚都会出现什么情况呢？

首先看看点火提前角过早的时候是什么情况。所谓的点火提前角过早就是火花塞的点火时刻过早。这时气缸内混合气体已经完全燃烧，活塞还在继续向上止点运动。但是此时气缸内的压力已经达到了最大值，必然会对活塞的运动相反方向施加一个压力，这样发动机的功效就会减弱，发动机的功率也就随之降低。最重要的是这时由于活塞上出现了一对相反的作用力，出现爆燃甚至会产生反转现象，白白损失功率。

再看点火提前角过晚，就是火花塞的点火时刻晚。当气缸的混合气体已经完全燃烧时，活塞已经运动过了上止点，正在向下止点运动过程中。这种情况类似于没有点火提前角的情况。导致的结果便是发动机的功率大幅减小，动力大幅降低。

需要设置一个最佳的点火提前角，以保证发动机随时都可以充分地产生最大功效，避免发动机功率的流失。那么什么时候点火才是最佳时刻呢？从上面的分析可以看出，点火后，发动机处于爆燃与非爆燃的临界点时才是最佳的。每个发动机的最佳点火提前角并不是一个固定值，它随着很多因素而改变。这些因素主要包括发动机的转速和发动机的负荷，以及所加入汽油的辛烷值。确立最佳点火提前角需要考虑到这些因素。

当发动机节气门的开口角度不变时，也就是当发动机处于同一种负荷的状态，此时发动机转速越快，曲轴在单位时间转过的角度就越大，所以就应该增加点火提前角，否则混合气体的燃烧过程就会延续到活塞的做功行程中，导致发动机功率和动力降低。所以，点火提前角应该随着发动机转速的升高而增大。但是这并不是一种线性的增长关系，原因是由于发动机的转速达到一定时，此时发动机的温度和压力都会提高，混合气体的燃烧速度也就会加快，所以就需要点火提前角的增大速度变缓。

发动机转速一定时，随着节气门的开口角度增大、发动机负荷增加、进气管中的流速增大，气缸内单位时间吸入的混合气体也增多。在压缩行程，活塞运动到上止点时燃烧室的压力也就增大，同时由于进气流速的增大，气缸内的废气也就减少。所以此时混合气体的燃烧速度也就加快了，这就需要减小点火提前角。反之，发动机负荷减小时，点火提前角也应相应增大。

相同压缩比发动机的点火提前角还和所燃烧汽油的辛烷值有关系。由于高辛烷值汽油可以适应高压缩比发动机，具有较高抗爆性，所以在相同压缩比的发动机中，高辛烷值汽油要比低辛烷值汽油燃烧速度慢，所以同样要增加点火提前角。

有了这些因素以后，如何实现最佳点火正时呢？也就是说如何让点火时刻恰好在爆燃与不爆燃的临界点，这确实是发动机 ECU 的工作内容，可以不必再管它。

127. 为什么要重视火花塞与导线的检查？

提问：维修中，常遇见混合比超限的故障码，反复维修就是排除不了这类故障。有时还经常熄火，影响安全，排放污染。但每年的年检年审又通过了，检测合格。请判断这是什么故障？该如何检修？为什么汽车年检年审都不能检测出故障，那年检年审又如何来解决汽车的技术及安全问题呢？

解答：尽管大多数 ECU 都具有某种程度上的自诊断能力，但没有一个系统会监测火花塞、火花塞导线、气门、真空软管、曲轴箱强制通风阀以及其他非计算机系统控制的发动机部件和排放控制部件。表面上无关的零件，如火花塞导线，却能够对 ECU 性能产生直接的影响。例如，火花塞导线短路会阻碍气缸点火。未消耗的氧气从气缸排出来，在 V 形发动机上，如果这个气缸与氧传感器在同一侧，则造成氧传感器错误地认为混合比偏稀。ECU 对此做出响应，加浓混合气。如果诊断错误，更换掉氧传感器、一半或全部其他传感器、ECU、执行器及线束，都无法解决问题。而更换短路的火花塞导线，并且清洁一下火花塞，就彻底解决了问题。

128. 一缸一个点火线圈的点火系统如何做断火试验？

提问：现在好多车都是一个气缸一个点火线圈，如何正确检测单缸跳不跳火的故障？

解答：不要用传统的断火法检查跳火，因为容易损坏电控系统。可以观察发动机的工作状态，如发动机抖动，则逐一断开点火线圈与插接头的连接，再次观察发动机的工作状态，如抖动加重，说明引起抖动加重的那一缸的火花塞或点火线圈没有问题；如没有变化，则说明没有变化的那一缸的火花塞或点火线圈工作不良或失效。

129. 奔驰 S600 为什么半边气缸不工作？

提问：一辆 220 底盘的奔驰 S600，该车右侧气缸全不工作，故障码为 1、2、3、4、5、6 气缸失火，TWC 损坏。根据故障码，更换了新的点火线圈，但故障依旧。请帮忙分析一下故障原因，该怎么检修？另外，还有一辆奔驰 S600 右侧一列气缸不点火，经检查发现 ECU 没有向右侧提供 180V 电压，更换 ECU 后故障排除，但是路试时发动机故障灯再次点亮，ECU 检测左侧一列气缸不工作，车一凉左侧气缸又工作。反复多次都这样，是什么原因？

解答：奔驰 S600 有 140 底盘的，也有 220 底盘的，220 底盘的 S600 的 12 缸发动机有 3 个模块，24 个火花塞，其中一边一个集成点火线圈就是一个模块，负责 6 个气缸的 12 个火花塞工作。如果更换了单边的点火线圈，还是单侧气缸不工作，有三种情况：一是更换的点火线圈是坏的；二是两边气缸共用的 ECU 损坏，需要更换 ECU；三是有其他故障限制了半边气缸不工作（比如转速信号丢失、滑移滑转信号等）。至于第二辆奔驰 S600，要关注数据流，如果 ECU 没有问题，可能是氧传感器失效或者三元催化器堵塞、进气道及进气门杆上的积炭过多，请酌情检修。

130. 吉利美日为什么 1～4 缸不工作？

提问：有一辆吉利美日，479Q 发动机，排气量为 1.3L。被水淹后更换了 ECU，1 缸、4 缸无高压火，又换了点火线圈、高压线后仍无效。重新更换 ECU 和凸轮轴位置传感器后故障依旧，为什么？

解答：出现这种情况需要从三个方面检查：一是检查曲轴位置传感器信号是否送进了 ECU，二是检查 ECU 是否发出点火与喷油信号，三是检查信号是否在发出途中丢失了。

131. 2、3 缸不点火是什么原因？

提问：一辆五菱鸿途汽车，2、3 缸不点火，1、4 缸工作正常。换了点火线圈、曲轴位置传感器等很多零件都不能解决问题。为什么只有 2、3 缸不工作呢？

解答：目前主要有三种类型的点火系统，一是一个点火线圈负责全部气缸的点火，由分电器来分配；二是一个点火线圈负责两个气缸的点火，4缸机两个点火线圈，6缸机三个点火线圈；三是一个点火线圈负责一个气缸的点火，一般就不用高压线了。咨询的汽车属于第二种类型，一个点火线圈负责两个气缸的点火，4缸机两个点火线圈，有一个点火线圈不工作。原因一般不是点火线圈自身的问题，就是ECU的问题，或者是ECU与点火线圈之间控制线路的问题。

132. 发动机为什么无高压火？

提问：一辆日产天籁轿车没有高压火，检查曲轴位置传感器是正常的，下一步不知道怎么检查了。

解答：发动机无法起动，主要关注油好不好、火好不好、压好不好。既然检查没有高压火，检查曲轴位置传感器是正确的，曲轴位置传感器可以向ECU传送转速信号，ECU收到转速信号后，计算并发出了喷油与点火信号。如果在这种情况下还是无火，就需要检查点火线圈上的供电情况。天籁车上是一个气缸一个点火线圈，每个点火线圈上除高压外，还有12V供电，搭铁与控制信号。所以，必须检查点火线圈上的供电，没有供电，就可能是ECU继电器或熔丝故障。

133. 发动机为什么多缸假性失火？

提问：一辆奔驰S600，加速不良，一加速发动机故障灯点亮，调故障码显示多缸失火，数据流显示混合比过浓，空气流量传感器显示数值过高，油耗很高。更换了两列点火线圈及24个火花塞、空气流量传感器，试车感觉好像好了，交车客户，第二天客户就将车开来了，说故障依旧，没有修好。用诊断仪检测还是那些故障，这是什么原因？

解答：分析可能是三元催化器堵塞，汽车一旦出现排气背压过高，空气流量传感器或进气压力传感器就会检测为大进气量信号，喷油脉宽加大，实际进入气缸的新鲜空气不足，混合比过浓且引起多缸失火故障，ECU错判空气流量传感器或进气压力传感器信号电压过高。另外，排气堵塞，还会引起油耗高、噪声大、制动疲软、起动困难甚至无法起动、加速不良或间歇性无法加速、气缸失火、混合比过浓、加速爆燃异响等。如果车速还能跑起来，可以在汽油箱中添加无腐蚀的"油路3效"添加剂来自动修复；如果车速已经跑不起来，说明堵塞严重，需要将四个三元催化器拆卸下来，用开水加草酸浸泡，自来水冲洗解决；如果三元催化器内窥镜检查烧熔变形，那只能更换氧传感器了。

134. 火花塞断裂在气缸盖上怎么办？

提问：一辆福克斯轿车，拆卸火花塞时有一个拆不下来，用力后火花塞断在气缸盖孔，为什么会发生这种情况？如何解决及避免？

解答：发生火花塞断裂的原因一般有三种：一是安装力矩不正确；二是火花塞质量不良或长期不换；三是积炭包裹火花塞引起高温断裂。一旦发生断裂，可以用方形专用工具敲入圆孔中进行拆卸，类似于取断螺钉的操作。

火花塞的安装力矩为螺纹直径乘以$2N \cdot m$。如果安装力矩过小，密封垫圈不能密封，会出现发动机漏气现象，发动机的功率和转矩会下降，散热不好会造成局部温度过高而出现不同程度损坏；如果安装力矩过大，火花塞金属与发动机缸盖连接部分会发生断裂，除了会出现上述问题外，彻底断裂后留在缸内的金属件也很难排除。所以，建议火花塞一般每3 万 km 进行更换，即使使用长寿命火花塞，3 万 km 后也应该拆卸下来清理保养后再安装。只有拧紧扭矩按照规定，并使用原厂规定的质量好的火花塞，才可能避免断裂发生。

135. 安装正时链条后为什么转不动？

提问：在更换迈腾机油泵时，不小心弄掉了曲轴链轮，链条记号需要重新校对。安装时，发现曲轴链轮与曲轴之间都有啮合标记，不可能装错。但是不知为什么，用棘轮扳手转动发动机，总有一个地方发卡，不能转一整圈。下一步怎么办？发动机已经抬下来了，是否需要拆卸气缸盖？

解答：如果气缸内没有异物，也没有起动发动机，气门顶活塞，可能是有"吸缸"的情况。可以拆卸全部火花塞，用两段一样长的钢丝顺火花塞孔放入 1、2 缸中，然后转动曲轴，使两根钢丝一样高后停止。这时四个活塞都在气缸中部同等高度，可以放心转动进气与排气链轮了，让两个链轮的记号朝上，即可开始安装。原则是正时链条或平衡轴链条上三个有颜色的链节必须定位在各自的链轮标记上。安装时可参照图 1-22。首先根据链节标记将正时链装到排气凸轮轴上，再将正时链装到曲轴链轮上。曲轴链轮既有平衡轴链条上彩色的链节定位，还有正时链条上彩色的链节定位。最后用扳手沿排

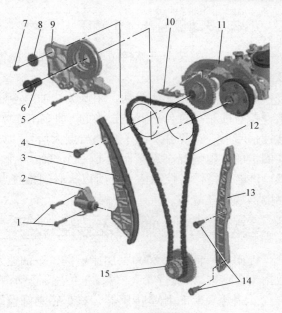

图 1-22　正时装配图

1、5、7—螺栓　2—链条张紧器　3—正时链张紧轨
4—导向螺栓　6—控制阀（35N·m 左旋螺纹）　8—垫圈
9—轴承桥　10—凸轮轴正时链滑轨　11—凸轮轴壳罩
12—凸轮轴正时链　13—凸轮轴正时链滑轨
14—导向螺栓　15—链轮

气链轮方向，旋转进气凸轮轴并将正时链装上，并安装正时链的张紧轨，拧紧螺栓等附件。装好后可以用扭力扳手转动发动机，只要确保链条上三个彩色的链节正确定位在各自的链轮标记上，就可以放心试车了。

136. 正时带多长时间更换？

提问：一辆 2008 款新宝来轿车，累计行驶 8 万多 km，跟车主说，可以把正时带换一下；没想到车主说，他买这个车的时候，别人都告诉他，该车的正时带 16 万 km 才需要更换。这是第一次听说正时带可以跑 16 万 km 再换，原来只听说进口的质量最好的正时带，最长 10 万 km 更换，这是什么道理？是正时带质量好了还是其他原因？

解答：这辆车发动机配气机构结构如图 1-23 所示，虽然有很多改进，但是，并不能确保正时带 16 万 km 的使用寿命，所以，应该跟车主讲清楚，最好还是 8 万~10 万 km 更换为妥。

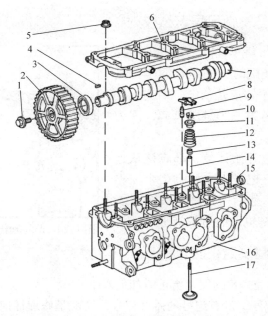

图 1-23　新宝来轿车发动机配气机构结构

1—固定螺栓　2—凸轮轴正时齿轮　3—密封环　4—平键　5—螺母　6—整体式轴承盖　7—凸轮轴
8—滚子摇臂　9—液压挺柱　10—气门锥形锁夹　11—气门弹簧座　12—气门弹簧
13—气门杆密封件　14—气门导管　15—端盖　16—气缸盖　17—气门

如果是装配的 EA211 模块化发动机，如图 1-24 所示，由于正时带传动阻力减小，这种结构的正时带，16 万 km、18 万 km 更换都不会出问题。

图 1-24　EA211 模块化发动机（MOB）

137. 进气与排气凸轮轴记号怎么校对?

提问：一辆宝来 1.8T 轿车，需要更换凸轮轴链条及凸轮轴调节器，装配时只知道在两个记号之间是 16 个链辊，但是不知道是从链条的连接片中第一个链辊算起，还是第二个链辊算起，因为每个连接片上有两个链辊。

解答：无论从哪一边开始计数，都应该从连接片的第二个链辊算起，记号当中要有 7 个完整的连接片，二七一十四，然后一边加上一个对着记号的链辊，正好 16 个链辊，如图 1-25 所示。

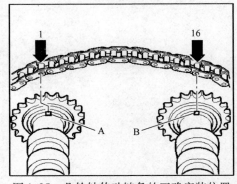
图 1-25　凸轮轴传动链条的正确安装位置

138. 没有记号如何校对正时?

提问：2008 款路虎揽胜 V8 的发动机正时如何对准?

解答：拆卸时注意记号，没有记号的做好记号，这就是修理任何汽车，无论是高档车还是低档车，简单车还是复杂车的绝招。路虎揽胜 V8 的发动机，假设正时没有记号，点火顺序也不知道，拆卸前，通过拆除全部火花塞，将火花塞孔用湿布塞住，转动曲轴，就可以找出点火顺序。既然能知道每一个气缸压缩行程的上止点，难道还对不准正时吗?

139. 本田思域正时链条记号怎么校对?

提问：随着本田思域轿车的保有量越来越大，维修量也越来越多，这款车的正时链条的记号有什么校对方法吗? 请配图讲解。

解答：本田思域正时链条的记号校对步骤如下:

第一步：将 1 缸置于上止点，凸轮轴链轮上有一个"向上"的标记，应位于顶部，冲印的标记（B）应与缸盖的顶部边缘对齐，如图 1-26 所示。

第二步：将曲轴链轮上的标记（A）与发动机体上的指示标记（B）对齐（图 1-27）。

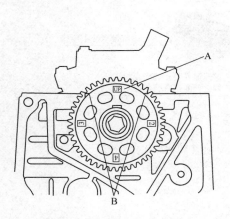

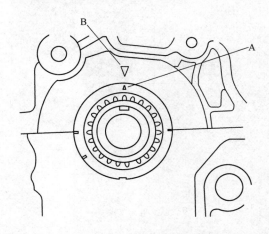

图 1-26　凸轮轴链轮上的标记　　　　图 1-27　曲轴链轮与发动机体的标记

第三步：将正时链条安装在曲轴链轮上，使彩色链节（A）与曲轴链轮上的标记（B）对齐（图1-28）。

第四步：将正时链条安装到凸轮轴上，使彩色链节（A）与凸轮轴上的标记（B）对齐（图1-29）。

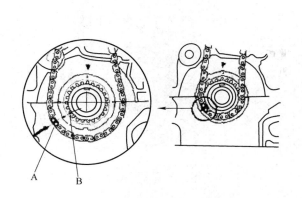
图1-28 曲轴上的正时链条安装与校对记号

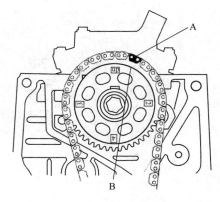
图1-29 凸轮轴上的正时链条安装与校对记号

140. 可变气门正时装配有哪些要求？

提问：一辆1.6L的2006款骐达，该车在拆卸进气凸轮轴链轮时需要对进气凸轮轴轴颈油孔加压，当锁止销脱开时，将链轮旋至最大提前角位置，然后把限位销插入凸轮轴链轮上的限位销孔内，并将其锁定在最大提前角位置。发现其他品牌发动机没有这方面的要求，为什么？

解答：做任何事都有规范，骐达车的要求就是一个规范的要求。发动机工作时是油压调整，拆卸检修时只能用压缩空气加压。对修理工或学生进行培训时，要求所有可变正时的车辆，都需要用压缩空气对油孔加压。加压的目的是可以检查内部叶轮是否卡滞，要求双向油孔都加压，无论旋转到最小提前角还是最大提前角，反向再加压，目的就是要检查叶轮可以从最小旋转到最大，无卡滞，内部油道无脏污。为了规范，一般要求将其锁定在最大提前角位置后再校对记号安装，也是确保发动机能达到最佳的效果。一旦不能旋至最大提前角位置，可能要更换调整轮总成。至于其他品牌发动机确实没有这方面的要求，因为无论从最小提前角位置还是最大提前角位置安装都一样，最后还是交由发动机ECU进行调整。

141. 福特蒙迪欧为什么更换正时链条容易把气门顶弯？

提问：大修福特蒙迪欧发动机时，拆下外传动带盘后，发现链条盘上没有标记，而且曲轴上也没用半圆键进行定位，曲轴链条盘是被外传动带盘大螺母压紧的，如何拆卸与装配正时链条？

解答：现在很多车，发动机曲轴带轮（即曲轴正时链轮、凸轮轴正时链轮）都没有设计半圆键，而是设计为锥面，依靠压紧后的静摩擦力来传递动力。没有维修经验的人员容易将气门顶弯，关键是要专用工具或自制工具及注意拧紧力矩。

蒙迪欧发动机正时链条拆卸：

1）拆下发动机前盖板的上固定螺栓，拆下发动机前盖板（图1-30）。

2）释放正时链条的张力（图 1-31 所示为拆开的发动机）。

① 将正时链条张力器棘轮的锁定打开。

② 施加压力到正时链条的导板上。

③ 使用一支合适的销子固定正时链条张力器。

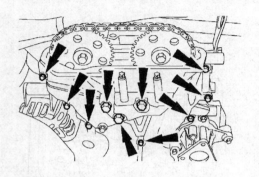
图 1-30 拆下发动机前盖板

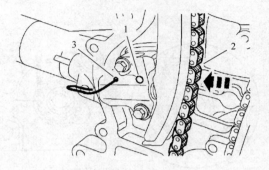
图 1-31 释放正时链条的张力

3）注意：请使用一支呆扳手固定住凸轮轴上的六角形部位，以防止其转动。拆下凸轮轴链轮和正时链条（图 1-32）。

蒙迪欧发动机正时链条安装：

1）转动发动机直到第一缸活塞位于 TDC 前 60°的位置。

注意：必须按照发动机正常转动的方向来转动发动机。

2）转动凸轮轴安装专用工具，也可用钢板自制，将两凸轮轴固定（图 1-33）。

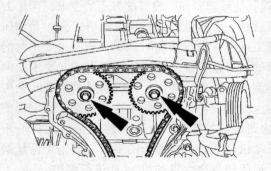
图 1-32 拆下凸轮轴链轮和正时链条

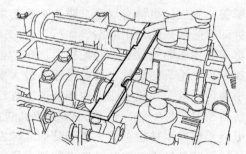
图 1-33 固定两凸轮轴

3）安装凸轮轴链轮和正时链条（图 1-34）。

注意：请使用一支呆扳手固定住凸轮轴上的六角形部位，以防止其转动。

4）对正时链条施加张力（图 1-35）。

对正时链条张力器施加压力，以使固定销可以拆卸下来。

5）拧紧凸轮轴链轮的固定螺栓（图 1-36）。

注意：请使用一支呆扳手固定住凸轮轴上的六角形部位，以使其固定不动。

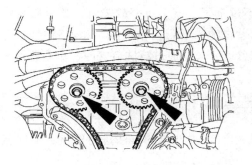

图 1-34 安装凸轮轴链轮和正时链条

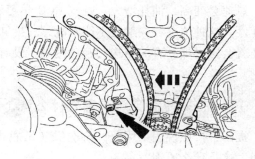

图 1-35 对正时链条施加张力

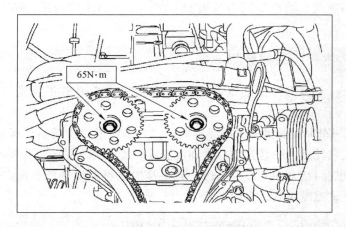

图 1-36 拧紧凸轮轴链轮的固定螺栓

142. 节气门控制系统强制限制转速怎么修理?

提问：一辆福克斯轿车，自动档，累计行驶 4 万 km，现在出现加速耸车，放松加速踏板也耸车的故障，发动机故障灯点亮。调出三个故障码，P115E 节气门执行器控制，节气门体空气流量修正达到最大极限，持续故障码；P2101 节气门执行器控制马达电路范围/性能，持续故障码；P2110 节气门执行器控制系统强制限制转速，节气门执行器控制。要换节气门吗?

解答：没有什么大问题，就是节气门体过脏，清洗匹配即可。

143. 长期不清洗节气门有什么影响?

提问：节气门过脏对车有什么影响? 原因是什么?

解答：节气门从全关到全开有一定的角度，可以通过节气门位置传感器，向 ECU 提供 0 ~ 5V 渐进的可变电压信号。好比 0 为全关，汽车发动机使用后，进气道有灰尘，回火有积炭，装在进气道上控制进气量的节气门就会受到污染。刚开始使用时，一放松加速踏板，节气门角度可以回到 0，使用后就不可能回到 0，再次使用可能从 1°或 2°开始计算，ECU 通过学习，驾驶人也觉察不出来。脏到一定程度，影响起动时的进气量，不踩加速踏板就不好起动，怠速会变高，油耗增大。脏到 ECU 学习不过来了，就会点亮故障灯，严重影响汽车的加速性。这种情况，一般还不能断电，一拆卸蓄电池，学习值被清除，怠速就会游车失控，加速就会冒黑烟。有的结构会起动困难，没有怠速。只能通过清洗节气门，重新匹配来解决问题。

144. 打吊瓶清洗进气道为什么洗不干净？

提问：按照说明书用免拆清洗机（吊瓶式）清洗进气道的方法进行清洗，有时候洗不干净，这是什么原因？

解答：请关注 2012 年 11 期《汽车维修与保养》杂志的专家门诊栏目，其中详细介绍了免拆清洗机（吊瓶式）清洗不同进气道的方法。至于清洗的效果，还与选择的清洗剂质量有很大的关系。

145. 为什么排气门总是烧坏？

提问：一台五十铃 4ZE1 发动机多次烧坏排气门，长则半年短则三个月，这是什么原因？

解答：五十铃 4ZE1 发动机多次烧坏排气门，大多由燃油质量不良所致。当然，作为用户或维修者，要注意几点：一是发动机冷却液温度；二是排气系统是否畅通；三是气门质量与气门座圈高度及气门结合面宽度。不过，如果是检修过的发动机，重点要检查喷油时间，一旦喷油过迟，燃烧温度过高，也会如此。

146. 荣威 750 为什么需要更换三根正时带？

提问：一辆荣威 750 轿车，累计行驶近 10 万 km，车主买了一根正时带到快修店来更换，该车是 2.5L，V 形 6 缸发动机，看发动机舱布置后不知如何动手，而且不知道有无正时记号，更换时有什么需要注意的事项？

解答：荣威 750 正时带一共有三根，两根短的一根长的，发动机前面一根主正时带长些，和一般车型一样，是曲轴连接左右气缸进气凸轮轴的；发动机后面的两根很短，是左右两边进气凸轮轴连接排气凸轮轴的。长正时带比较好更换，有安装记号。缸盖后面的短正时带，拆卸安装比较麻烦，虽然有记号，但是需要专用工具。如果只换长的，不换短的，是不妥的，因为使用寿命一样，万一后面的短正时带断了，一样顶弯气门，出机件事故，所以三根正时带要同时更换。长正时带及附件如图 1-37 所示。

至于后面两根短正时带，拆卸安装比较麻烦，现介绍其中一边的拆卸方法。如图 1-38 所示，把专用工具 T10003 固定到后凸轮轴齿轮上，拧下把齿轮固定到凸轮轴上的螺栓并废弃（拆后需要换新螺栓）。以整体的方式，拿下后凸轮轴齿轮和正时带。继续将 T10003 固定在凸轮轴齿轮里，以供重新装配使用。

安装时，也离不开专用工具，首先按照图 1-39 把 T10012 对准销装进每个凸轮轴的端部。跨过 T10012 装上驱动带和齿轮，把齿轮定位到凸轮轴上。

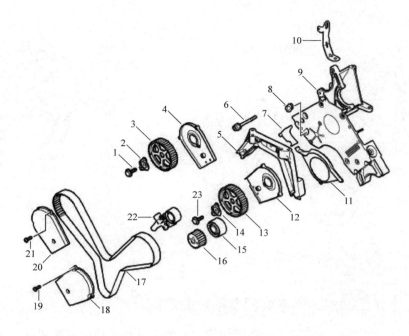

图 1-37　长正时带及附件

1—前正时齿轮与进气凸轮轴联接螺栓（右侧）　2—凸轮轴前正时齿轮轮毂（右侧）　3—凸轮轴前正时齿轮（右侧）

4—前凸轮轴正时带底板（右侧）　5—发动机安装支架　6—发动机安装支架与辅助支架联接螺栓　7—前凸轮轴正时带闷盖

8—闷盖　9—辅助支架　10—发动机前起吊支架　11—曲轴带轮盖板　12—前凸轮轴正时带底板（左侧）

13—凸轮轴前正时齿轮（左侧）　14—凸轮轴前正时齿轮轮毂（左侧）　15—前凸轮轴正时带惰轮　16—曲轴正时齿轮

17—前凸轮轴正时带　18—前凸轮轴正时带盖（左侧）　19—前凸轮轴正时带盖与底板联接螺钉（左侧）

20—前凸轮轴正时带盖（右侧）　21—前凸轮轴正时带盖与底板联接螺钉（右侧）

22—前凸轮轴正时带张紧轮总成　23—前正时齿轮与进气凸轮轴联接螺栓（左侧）

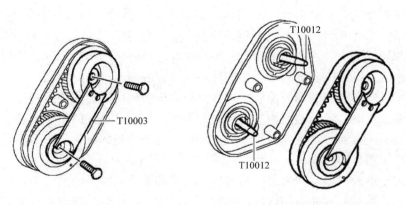

图 1-38　后正时带拆卸　　　　　图 1-39　正时带安装（一）

　　然后按照图 1-40 把专用工具 T10026 装进左排气凸轮轴的前端。在 T10026 上用一个 30mm 的套筒，充分转动左排气凸轮轴，以使凸轮轴齿轮对准每个凸轮轴内的驱动切槽。拿开 T10012 对准销，装上新的凸轮轴齿轮固定螺栓。

　　最后按照图 1-41 把凸轮轴齿轮螺栓拧紧至 27N·m，然后再拧 90°。从凸轮轴齿轮上拿走专用工具 T10003。

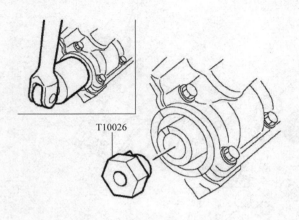

图 1-40　正时带安装（二）

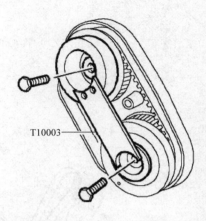

图 1-41　正时带安装（三）

147. 怎样正确地选择与装配发动机的活塞环?

提问：活塞环的正确安装方法是怎样的？另外，活塞环是如何辨别第一环、第二环的？

解答：活塞环分为气环和油环，气环用于密封和传热；油环用来刮油和布油膜，辅助润滑与密封。活塞环工作条件苛刻，一旦活塞环磨损、损坏或失效，将出现发动机起动困难，功率不足，曲轴箱内压力升高，通风系统严重冒烟，机油消耗增大，排气冒蓝烟，燃烧室、活塞等表面严重积炭等不良状况。由于第一环承受着很大的冲击负荷，因此要求材料除了有好的耐磨性、耐热性、磨合性、导热性以外，还应有高的强度、冲击韧性和足够的弹性。所以好多发动机的第一道气环，其外圆柱表面一般都镀上多孔性铬或喷钼，以减缓活塞环和气缸的磨损，并与其他环有明显区别，一般环面有记号的都朝上安装。安装时，气环与油环的几道切口要相互错开，以构成"迷宫式"封气装置，保证对气缸中的高压燃气进行有效的密封。即将活塞环开口相距隔开120°，不要重合。气环安装必须注意环的断面形状和方向，应将其内圆切槽向上，外圆切槽向下，不能装反。另外，因车型不同，环的形状不同，还需要注意：锥面环可以改善环的磨合，这种环在气缸内向下滑动时刮油，向上滑动时由于斜面的油楔作用，环可以在油膜上浮起，减少磨损。梯形环的主要作用是使得当活塞受侧压力的作用而改变位置时，环的侧隙相应发生变化，使沉积在环槽中的结焦被挤出，避免了环被粘在环槽中而引起折断。这种环常用于热负荷较高的柴油机的第一环。桶面环目前也较多地在强化柴油机中用作第一道环。其特点是活塞环的外圆面为凸圆弧形。当桶面环上下运动时，均能与气缸壁形成楔形空间，使机油容易进入摩擦面，从而使磨损大为减少。桶面环与气缸是圆弧接触，故对气缸表面的适应性和对活塞偏摆的适应性均较有利于密封。它的缺点是凸圆弧表面加工较困难。油环分为普通油环和组合油环两种，普通油环一般是用合金铸铁制造的，其外圆面的中间切有一道凹槽，在凹槽底部加工出很多穿通的排油小孔或狭缝。组合油环由上、下刮片和产生径向、轴向弹力作用的衬簧组成。这种油环刮片很薄，对气缸壁的比压大，刮油作用强；上、下刮片各自独立，对气缸的适应性好、质量小、回油通路大。因此，组合油环在高速发动机上得到较广泛的应用。

148. 发动机为什么要进行曲轴位置传感器目标齿轮误差学习?

提问: 奔奔微型轿车故障码 P1336 怎么排除? 为什么用 ECU 清除后, 发动机一起动, 故障灯又点亮, 再查还是这个故障码?

解答: 故障码 P1336 的定义为: 曲轴位置传感器目标齿轮误差学习。清除故障码后故障灯熄灭, 再次着车故障灯还会点亮, 检测后发现故障码依然存在, 如果该车为最新装备 OBD 系统的车型, 应该是因为没有进行过齿讯学习, 起动发动机后故障灯会点亮, 用解码器检测时会有 P1336 故障码存储, 必须用解码器对车辆执行曲轴位置传感器目标齿轮误差学习操作。

对奔奔微轿如果进行 ECU 更换, 需要进行以下操作:

1) 安装了新 ECU 的车辆没有进行过齿讯学习时, 起动后故障灯点亮, 诊断仪可显示 P1336 齿讯未学习的故障。

2) 起动后等待冷却液温度达到 60℃, 车辆运行时间大于 10s, 车上其他负载处于关闭状态。

3) 通过诊断仪 (升级后) 进入"齿轮自学习"选项。

4) 按照诊断仪提示将加速踏板迅速踩到底并保持踏板全开, 这时 ECM 应进行齿讯学习, 发动机转速在 1300 ~ 4500r/min 往复 2 ~ 5 个循环, 最后会在 4500r/min 附近振荡, 学习结束。

以上为进行齿讯学习时发动机转速的典型特征, 可由此判断齿讯学习是否进行及结束。

5) 发动机熄火; 断电 10s 后重新起动, 故障应能消除。

149. 如何利用真空表和气缸压力表来判断故障部位?

提问: 1) 怎么根据真空表读数的变化情况不同来分析和判断故障部位?

2) 怎样根据气缸压力表的读数变化情况来判断消声器是否堵塞?

解答: 对于汽油发动机来讲, 在运转过程中由于进气行程的作用, 在进气歧管中会产生真空度, 即俗称的吸力。这个吸力也就是真空度的大小, 与发动机的结构及进气系统密封性、发动机转速、气缸的数量等有关系。

平时检测时, 会发现进气歧管真空度主要受节气门开度的影响, 并与其成反比。检测时, 只需要把真空表接于节气门的后方, 起动发动机, 在正常的状态下进行怠速运转, 即可从真空表中获取其真空数值。如果随意改变节气门的开度 (急加速或急减速), 就会获取真空度的变化值, 根据这些数值的变化, 来分析和判断发动机存在的故障。

老式发动机在正常怠速状态下运转时, 如果各系统均工作正常, 则真空表指针应稳定在 57 ~ 71kPa 范围内; 对于新式发动机, 其怠速时的真空度会比转速稍高时低一些, 这是因为新式发动机的设计中进气持续时间偏长, 因此有的发动机的真空度会在 50kPa 左右。如果对所测车的数据有怀疑, 可以找相同的车进行比较测量。

如果在迅速开闭节气门时, 真空表指针在 5 ~ 90kPa 范围内灵敏摆动, 这时表明进气歧管真空度对节气门开度的随动性较好。同时, 也说明发动机各系统 (特别是进气系统的密封性) 工作良好。假如发动机存在故障 (特别是机械故障中的密封性变差), 就会出现与上述数值不同的进气歧管真空度, 这时表明发动机存在故障。如果真空表指针在 10kPa 以上其至 20 ~ 90kPa 范围内灵敏摆动，说明空气滤清器堵塞。如果真空表指针在 5 ~ 70kPa 范围内摆动，说明排气系统有堵塞。

由于排气系统有较大的反压力，在怠速状态，真空度有时可达 53kPa，但很快又跌落为零或很低。堵塞严重时汽油机只能勉强运转，此时，可通过观察尾管冒烟状态或拆下排气管运转验证即可。也可在 2500r/min 时进行测试，如果真空表读数逐渐下降，则也表明排气系统有堵塞现象。

气门密封性变差时，其真空度比正常值跌落 3 ~ 23kPa，且指针有规律波动。个别气缸工作不良，均会引起真空度低于标准值。

150. 柴油泵热车漏油是什么原因?

提问：柴油版圣达菲 2.0T，高压泵冷车正常，热车漏柴油，经常行车中灭车，没有一点征兆。灭车后有时能起动，有时起动不了，起动不了时把故障码删掉马上就又能起动，起动后一切还正常。此车还有两个故障码：①燃油计量阀故障；②燃油泵线路故障。这是什么故障？应该如何修理？

解答：这是柴油版圣达菲的通病，主要就是泵头里面密封圈变形或损伤，时间长了会漏油，可以找博世泵厂的维修点订购修理包，自己拆卸泵头后清洗更换密封胶圈就可以了，也可找博世泵专修店更换。

151. "燃油泵继电器" 反复烧坏是什么原因?

提问：一辆吉利豪情 SRV 轿车发动机是 479Q，4 缸，行驶里程 200000km，近两年老是出现发动机舱内的继电器盒内的 "燃油泵继电器" 外壳发热变形，继而损坏。其他继电器无问题。多次更换继电器或者继电器总成也未能解决问题，为什么？

解答：有两种可能性：一是汽油泵负荷过大，好比炭管堵塞生油味重，换炭罐即可，否则需清洗油箱，更换汽油泵；二是燃油泵继电器插座接触不良，需更换配电盒。

152. 直喷车用什么方法检测喷油器?

提问：平时检查进气道结构的电控汽油喷射系统时，习惯用一个发光二极管试灯，检查拔掉的喷油器插头。打开点火开关或起动发动机，如果灯亮，说明没有什么大的问题。直喷车能用这种方法检测喷油器吗？

解答：发动机控制单元控制喷油器的电压为 65V，控制单元内部有 DC/DC 变压器将 12V 转换成 65V。喷油器阀针开启时需要 12A 的电流，但保持开启仅需要 2.6A 的电流。喷油器的驱动电压约为 65V，但只是在喷油器阀针开启一刹那需要施加 65V 电压，而后阀针继续保持张开时，只需要加载较小的 12V 电压。喷油器末端细长，以提高冷却效果。喷油器有一个安装卡夹，只要拆卸就要更换。如果不考虑这些，试灯能承受高电压，按照进气道喷射的方法检测也未尝不可。只是利用诊断仪读数据流，检测起来更省时省力。

好比大众车现在用的高压直喷发动机喷油器都采用 6 孔喷油器，其内部结构与传统喷油器相似，如图 1-42 所示。喷油器由高分子密封圈、喷嘴针阀、衔铁、电磁线圈和细滤器等组成，喷嘴上有六个精细的机械孔，可以喷射出圆锥形的雾状燃油，这种结构可在节气门全开或在预热催化转化器阶段的二次喷射过程中，避免油束覆盖整个活塞顶部，大大降低了碳氢化合物的排放。当发动机冷机时，更少的燃油混入发动机机油中。

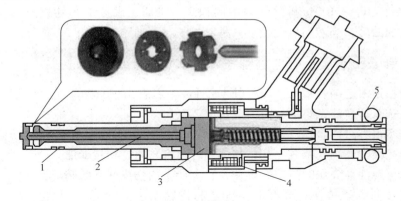

图 1-42 喷油器结构

1—高分子密封圈 2—喷嘴针阀 3—衔铁 4—电磁线圈 5—细滤器

153. 柴油机如何判断是高压油路故障还是低压油路故障？

提问：传统柴油机供油系统出现故障，如何判断是低压油路故障还是高压油路故障？

解答：用手油泵泵油，可以感觉压油压力。如无压力，说明是低压油路故障。做排空气试验也可以，若低压时能正常排空气，有油流出，则低压油路一般正常。否则就是低压油路故障。如低压油路正常，再将高压管拆下，转动曲轴，看是否出油。如不出油，就是高压部分故障。也可直接将喷嘴装外面，直接观察出油情况来确诊。

154. 油路 3 效的实际功效如何？

提问：车辆当中，有的冷起动困难，买了几瓶推荐的免拆除炭剂"油路 3 效"，用后还是不见好转，有的车只用一瓶就好了，这辆车用了两瓶也没有好，这是什么原因？有的车冷起动后怠速抖动很厉害，热车后依然有些抖动；还有的也是用 1～2 瓶后就好了，有的用三瓶也没有好转，是否有的有效果，有的没有效果？有的奥迪 A6，低、中、高速行驶都正常，就是松加速踏板易熄火，清洗节气门，换火花塞、点火线圈，反复维修，添加 1 瓶"油路 3 效"就好了；有的同样的车，同样的故障现象，用 3 瓶也不好，总之感觉"油路 3 效"的效率只有 50% 左右，是这样的吗？为什么？

解答：汽车故障有很多是相同的故障原因，不同的故障现象；也有相同的故障现象，不同的故障原因。好比描述的有的冷起动困难，有的用了"油路 3 效"无效，那可能是冷却液温度传感器变质或 EGR 阀漏气。好比描述的"冷起动后怠速抖动很厉害，热车后依然有些抖动"就是典型的 EGR 阀关闭不严。EGR 阀一旦被积炭卡滞，怠速关闭不严，不光影响冷车起动，也会造成怠速抖动，严重的热车后怠速也会抖动，只是比冷车抖动症状轻一些。同样不会影响到低、中、高速的行驶，但会影响到松加速踏板易熄火。所以，描述的这几种故障现象，都可能与 EGR 阀有关，用"油路 3 效"肯定无效，只能通过拆卸清洗 EGR 阀来排除故障。

至于感觉"油路 3 效"的效率只有 50% 左右，确实没有说错，要知道，汽车故障 50% 是油路故障，油路故障中 80% 是积炭、胶质与水分故障。所以，"油路 3 效"只能排除汽车故障中的油路故障，而且只能排除油路故障中的 80% 故障，所以，这种感觉是正确的，只能说"油路 3 效"可以 100% 排除油路中的积炭、胶质、水分引起的故障。不是积炭、胶质、水分引起的故障，当然用后无效，只是养护了一下油路。

155. 检修高压直喷系统有哪些注意事项?

提问：现在很多缸内直喷汽油车行驶 1 万 km 左右就出现怠速不稳。应该如何检修？检修高压直喷系统有哪些注意事项？

解答：确实很多缸内直喷汽油车行驶 1 万 km 左右就出现怠速不稳。最常见的原因是汽油品质不好引起喷油器喷孔结胶堵塞，和气门杆上有胶质、积炭卡滞。

检修时，需要注意高压时流出的燃油，它可严重灼伤皮肤和眼睛。出于安全原因，当未断开蓄电池连接时，必须在打开燃油系统之前将燃油泵控制单元（大众是 J538）的熔丝（大众是 SB21）拆下，因为燃油泵是通过驾驶人侧门控开关激活的。

在拆下与燃油压力有关的部件（图 1-43）前，务必对燃油系统卸压。低压燃油系统卸压与传统进气道喷射相同，操作时请使用抹布盖住维修接口。

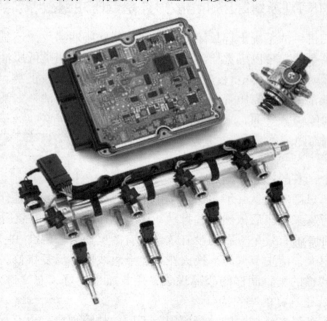

图 1-43 高压直喷四大主要部件

对第二代高压泵的燃油系统来说，高压燃油油路卸压可通过断开燃油压力调节阀的插头来完成，调节阀一断电，就会释放燃油压力。但是，对目前大量采用的第三代高压油泵来说，当燃油压力调节阀断电时，调节阀的阀门是关闭的，这就意味着不能通过断开插头来降低燃油压力，应当用故障诊断仪来卸压。此外，热车卸压后应迅速操作，否则即使发动机熄火，燃油压力也会因发动机舱内燃油系统受热而可能使高压油泵内的油压迅速上升到 14MPa。注意：向燃油压力调节阀供电 1s 以上就可能导致它损坏，所以不要期望用人工给燃油卸压。

检修中要知道，燃油泵压力为 0.4 ~ 0.68MPa，压力在车起动 10min 后不得低于

0.375MPa。燃油泵的功率消耗标准值最高电流为9A。更换发动机控制单元或燃油泵控制单元后必须做自适应。

上海通用对其缸内直喷汽油机的要求如下：喷油器一经拆卸，其密封垫必须更换，高压油管一经拆卸也必须更换，且在安装之前一定要使用不含硅树脂的润滑油润滑管路接头。但目前在实际维修中，各车型这些零件不损坏基本上都没有更换，也没有发现什么问题。

156. 怎么缩短发动机的预热时间?

提问：一辆长安福特蒙迪欧轿车，原来冷起动后，最多预热1min就可以正常挂档行驶，现在气温在10℃左右，冷起动需要预热5min才能正常挂档行驶。如果只预热1min，从P档挂N档、D档都会出现很大的异响声。这是什么故障？怎么检修？

解答：根据描述，分析可能是发动机冷起动后怠速过高所致，如果节气门清洗过，做过匹配，可以检查一下数据流，查看冷却液温度传感器是否变质。凭经验，可能是节温器关闭不严，造成预热时间过长，怠速过高，挂档冲击异响，更换节温器应能排除故障。如果单纯是冬天才出现这个情况，建议使用全合成机油，可以明显缩短预热时间。

157. 混合比失调怎么检修?

提问：一辆奔驰271.860发动机混合气的自调整是不是还分长期和短期？各自的原理是什么？处理混合比过浓的故障码（自适应向稀的方向调整）应该从哪些方面入手？

解答：只要是OBD-Ⅱ的车型，混合气的自调整都分长期和短期，显然该车也属于此类。采样主要依靠氧传感器，很简单，但它是优先级最高的监测程序之一。无论何时，只要发动机控制系统运行在闭环模式，燃油系统监测程序将连续监测短时燃油修正和长时燃油修正。为了防止尾气污染，当燃油修正量在±30%以内时，发动机ECU可以持续地对燃油修正量进行修正，但如果超出这一范围，这种修正便停止了，并生成故障码点亮故障灯。混合气的修正有两种状态——长时燃油修正和短时燃油修正。长时燃油修正主要依据发动机冷却液温度、进气温度、发动机转速、节气门开度、空气流量/进气压力等来判断修正。短时燃油修正主要依据控制喷油量的氧传感器反馈的废气中氧含量来判断修正。所以看见的氧传感器的信号都是持续变化的，这都是短时燃油修正所反馈出来的信息。

具体说的混合比过稀，一般由三个原因引起：一是进气太多，二是进油太少，三是缸压不足。混合比过浓，一般也由三个原因引起：一是进气太少，二是进油太多，三是点火能量不足。另外，小车发动机主要在两个工况下工作：一是怠速工况，二是行驶工况。所以，混合比过稀过浓，又各分为三种情况。好比混合比过稀分为：怠速时混合比过稀，2500r/min时混合比正常；怠速时混合比正常，2500r/min时混合比过稀；怠速与2500r/min时混合比都过稀。混合比过浓也分为三种情况：一是怠速时混合比过浓，2500r/min时混合比正常；二是怠速时混合比正常，2500r/min时混合比过浓；三是怠速与2500r/min时混合比都过浓。

维修实践表明，怠速时混合比过稀，2500r/min时混合比正常，故障原因一般是节气门后方漏气。怠速时混合比正常，2500r/min时混合比过稀，故障原因一般是汽油滤清器堵塞。怠速与2500r/min时混合比都过稀，故障原因一般是喷油器堵塞或汽油泵不良或二次空气系统引起。怠速时混合比过浓，2500r/min时混合比正常，故障原因一般是燃油压力过高。怠速时混合比正常，2500r/min时混合比过浓，故障原因一般是空气滤清器堵塞。怠速与 2500r/min 时混合比都过浓，一般是点火能量不足或氧传感器不良或其他传感器不良引起。说明只有发动机在主要的两个工况，即怠速工况与 2500r/min 工作工况，混合比都稀或都浓，才需要考虑电控系统及气缸压缩压力与点火进气方面的问题。另外，对于偶发性的过稀或过浓，例如汽车颠簸后或过沟过坎易熄火，常见原因是进气波纹软管产生裂纹，颠簸引起大量空气未计量漏入造成过稀熄火；汽车偶发性加速耸车，甚至熄火，熄火后起动困难，长时间将加速踏板踩到底断油才能起动，多半是由于喷油器漏油所致。对于单纯起动过程中的过稀过浓故障，如果将点火开关打开—关闭—打开几次，中间每次停顿 2s，发动机就好起动了，说明是油泵不存油引起的过稀；如果稍微加一点油就好起动了，说明是进气道脏污阻碍进气引起的过浓；如果需要连续使用多次起动机才能起动，要考虑积炭或起动信号缺失或冷却液温度信号失准引起的混合比过稀；如果不将加速踏板踩到底就不能起动，要考虑热蒸发过浓。对于有些既浓又稀，混合比调整超过调整值上限和下限的故障码，在关注电控系统的同时，还需关注积炭的影响，重视清洗匹配保养。

158. 凯迪拉克混合比为什么始终过浓？

提问：一辆凯迪拉克 2.0L 直喷车，故障现象是易熄火，调故障码是混合比超出调整值（过浓），更换过三元催化器及空燃比传感器，数据流中长时燃油调整始终为负数，说明混合比始终过浓，这是为什么？

解答：混合比过浓，可能原因是进气太少，或进油太多，或点火能量不足。对于直喷发动机，多半是由于图 1-44 中机械式高压泵磨损所致，如果常规检查后空滤芯没有堵塞，三元催化器没有堵塞，排放控制也没有发现问题，建议更换高压泵，应能排除过浓故障。

图 1-44 通用 2.0L 直喷发动机上的高压泵

159. 双燃料汽车为什么烧气时自动转换成烧油？

提问：一辆 2008 款爱丽舍，自从改装天然气后，车子在背力的时候，经常出现自动转换成烧油，在不到 1s 的时候又自动转换成烧气，该怎么办？

解答：双燃料汽车设计中，一般当车辆使用燃气运行且燃气量不足时（CNG 低于 0.8bar，1bar = 10^5Pa），系统将自动切换至汽油状态。当发动机熄火或转换为汽油运行时，燃气系统电磁阀关闭，系统转回汽油模式。另外，ECU 采集燃气压力信号的另一个作用是确定当气瓶内压力过低或燃气过滤器堵塞时，系统自动转换为使用汽油运行。像这样经常出现自动转换成烧油，在不到 1s 的时候又自动转换成烧气，一般属于控制信号不良，可能原因有以下三个方面：

1) 控制器不良或转换开关不良。

2) 改装线束不良或电控线束不良。

3) 燃气喷嘴不良或点火高压不良或气缸压力不良。

一般情况下，更换质量好的发动机电控线束或燃气线束可以解决问题。

160. 双燃料车出现油气混烧怎么办?

提问：一辆1.4的标致207，改装了天然气，在使用天然气后燃油表指示数依然下降，改装厂的师傅找不出原因，但确定没有油气混烧的情况。这是什么原因造成的？怎么办？

解答：常见油气混烧的原因有三种：一是模拟器损坏，二是模拟器线路接触不良，三是汽油喷嘴关闭不严。如果上述三项确定没有油气混烧，凭经验判断很可能是炭罐及炭罐电磁阀故障，因为一旦炭罐堵塞，汽油箱就会吸瘪，炭罐电磁阀打开时或电磁阀常开，汽油就可能吸入进气歧管中烧掉，所以建议更换炭罐及炭罐电磁阀来排除故障。

161. 发动机 ECU 在不同工况对混合比是如何修正的?

提问：在车辆维修过程中，经常遇到关于燃油喷射量修正的问题。现在只知道车辆在发动机起动、发动机冷却液温度低、蓄电池亏电等情况下，需要 ECU 对燃油喷射量进行修正。还有哪些情况 ECU 需要进行燃油喷射量的修正？

解答：发动机控制精度的不同，其燃油修正项目和修正范围也不同。下面列举几种常见的燃油喷射量修正项目供参考。

（1）进气温度修正　进气温度不同时，空气密度也不同，ECU 根据进气温度传感器送来的进气温度信号，对燃料喷射时间做出适当的修正。在发动机各个工况下，都会进行这种因进气温度的改变，对燃油喷射量的修正。

（2）起动燃油喷射量的修正　起动时发动机转速很低，这时基本燃油喷射量少。起动燃油喷射量修正是通过适当增加燃油喷射量来改善起动性能的。ECU 根据点火开关位置、冷却液温度传感器和进气温度传感器的信号做出起动燃油喷射量的修正。

（3）起动后燃油喷射量的修正　发动机起动后，ECU 在基本燃油喷射量的基础上增加起动后补充燃油喷射量，以保证发动机在温度较低、汽油雾化不良的情况下能稳定运转。ECU 根据点火开关位置、冷却液温度传感器的信号做出起动燃油喷射量的修正，即暖机修正。

（4）加速燃油喷射量的修正　为保证发动机有良好的加速性能，ECU 使喷油器在车辆加速时额外地喷射部分汽油，当节气门迅速开大时，ECU 在正常燃油喷射脉冲之间又额外地输出一个燃油喷射脉冲信号，使燃油喷射多喷一次。发动机温度较低时，加速一次的燃油喷射修正时间相对较长。

（5）减速燃油喷射量的修正　车辆减速时，ECU 控制喷油器减少燃油喷射或停止燃油喷射，以降低燃油消耗和排气污染。节气门开度突然减小至关闭时，ECU 输出减少燃油喷射量或停止燃油喷射控制的信号。在减速过程中，发动机的转速很高时，ECU 将不输出燃油喷射脉冲信号（停止燃油喷射）；而当节气门仍处于关闭位置，发动机转速低于某一个转速范围时（具体的转速值还与冷却液温度有关），ECU 使喷油器恢复燃油喷射，使发动机能维持运转。当冷却液温度较低，发动机的转速又不高时，ECU 将不发出停止燃油喷射控制的信号。

（6）根据蓄电池电压对燃油喷射时间的修正　当蓄电池的电压变化时，由于喷油器的电磁线圈电流会随之改变，使喷油器阀的开启速率发生变化。为消除因喷油器阀开启速率变化而引起的燃油喷射量偏差，ECU 将根据蓄电池电压的变化，对喷油器通电时间（燃油喷射脉冲宽度）进行修正。当蓄电池的电压较低时，ECU 适当延长燃油喷射时间，以补偿因开启速率下降而减少的燃油喷射时间和燃油喷射量。

（7）混合比浓度反馈对燃油喷射时间的修正　氧传感器通过监测发动机排出废气中的含氧量，来反映混合比的浓度。ECU 则根据氧传感器输入的信号对燃油喷射量进行修正。当氧传感器的输入信号电压为 0.8V 左右时，ECU 将做出降低混合比浓度（减少燃油喷射时间）的修正；当氧传感器的电压为 0.1V 左右时，ECU 则做出提高混合比浓度（增加燃油喷射时间）的修正。通过这样的反馈修正，使得发动机的空燃比始终保持在理论空燃比附近。

（8）自适应修正　当一些不可监测的参数（如发动机的磨损等）改变时，ECU 进行自适应修正，以使燃油喷射量与发动机的运行工况相适应。

162. 发动机低速机油报警的原因有哪些？

提问：一辆帕萨特 1.8T 刚刚大修好，冷车正常，90km/h 以上速度开十几千米，车子热后减速，警告灯闪烁，加速到 1800～2000r/min，机油灯亮（红灯），熄火重新起动后机油灯灭，再加速到 1800～2000r/min 警告灯闪烁，2100r/min 以上灯就熄灭了，机油泵、机油、机油感应塞都换过，机油冷却系统大修时也洗过，问题还是没解决，这是什么原因？

解答：应该说明是哪一年生产的车，因为机油报警控制有些不同。根据描述以为，如果不是机油感应传感器或者控制部分有问题或者有干扰信号，只要是润滑系统冷车正常，热车后机油灯报警，一定是安装间隙过大。由于冷车时机油黏度高些，机油压力尚可满足，一旦温度升高，机油黏度下降，机油压力降低，就会报警。具体讲，只有可能是曲轴轴瓦、连杆轴瓦、凸轮轴轴瓦等压力供油的地方出现间隙过大。也说明大修质量不良，可以从机油感应塞孔处连接机油压力表，测试一下即可确诊。根据描述 2100r/min 以上灯就熄灭了，说明问题还不是很严重，转速升高后，油压也能随转速升高，机油警告灯熄灭。若问题严重，还可能出现异响声。

163. 发动机积炭过多的原因有哪些？

解答：发动机使用的燃油本身就是碳氢化合物，不产生积炭是不可能的，只是产生过多的积炭或过早产生较多积炭有些不正常。常见的原因是使用的润滑油即机油品质不良、燃油品质不良、驾驶习惯不良和道路拥堵所致。

164. 积炭对发动机性能有什么影响？

解答：积炭主要聚集在进气门、进气歧管、燃烧室、节气门、怠速阀等部位。积炭过多会产生爆燃、怠速不稳、油耗高、噪声大、动力不足、起动困难、尾气排放超标、失火或熄火、自动加速或减速、加速抖或减速抖等故障。

165. 怎样清除发动机积炭较好？

提问：一辆本田 CRV 起动困难，怠速抖动，加速无力，极易熄火，咨询 4S 店的师傅说需要清理积炭，使用市场上除炭、除水、除积炭比较好的油路 3 效，一箱汽油用一瓶，用了两瓶，还是不见效果，这是什么问题？

解答：使用油路 3 效只能清洗油箱、油泵、油管、进气门杆、燃烧室、喷油器及三元催化器，即汽油流过的地方的积炭、胶质与水分，不能清洗节气门的积炭，更不能清洗 EGR 阀的积炭。根据描述，该车是典型的 EGR 阀积炭卡滞造成的漏气故障，需要人工拆卸 EGR 废气再循环阀，清洗后，怠速能保持关闭，故障即可排除。

166. 发动机打吊瓶免拆能清洗干净积炭吗？

提问：现在汽车由积炭引起的故障越来越多，很多车主不喜欢用拆卸气缸盖的方法来清除积炭，所以各种汽车免拆清除积炭的产品应运而生。免拆清洗能清洗干净吗？对发动机有没有危害？清洗中有哪些注意事项？

解答：汽车的很多故障和小毛病，经验统计有 70% 都是"修"出来的，所以，内行一点的车主在一般情况下是不允许工人随便拆卸爱车的。

针对清除积炭的工作，免拆清洗是有作用的，通过内窥镜可以直观看到。凭经验，不推荐经常对燃烧室进行免拆清洗，因为任何进入燃烧室的东西都可能对气门油封、机油和活塞环密封造成影响，极容易引起机油消耗超标等故障，特别是清洗后立即跑高速，可能会造成机件事故。对于进气道的清洗，实践证明其影响要微弱得多。而且积炭的危害主要在进气道，重点是进气门。由于是发动机工作吸入时清洗，危害微弱，但是清除积炭就不是很彻底，所以一些情况下还是需要人工拆卸进气歧管，人工配合清除气门顶杆上的积炭，效果才明显。

至于清洗中的注意事项，以特锐养护产品说明为例，讲解汽油车原车原地除炭的步骤（图 1-45）。

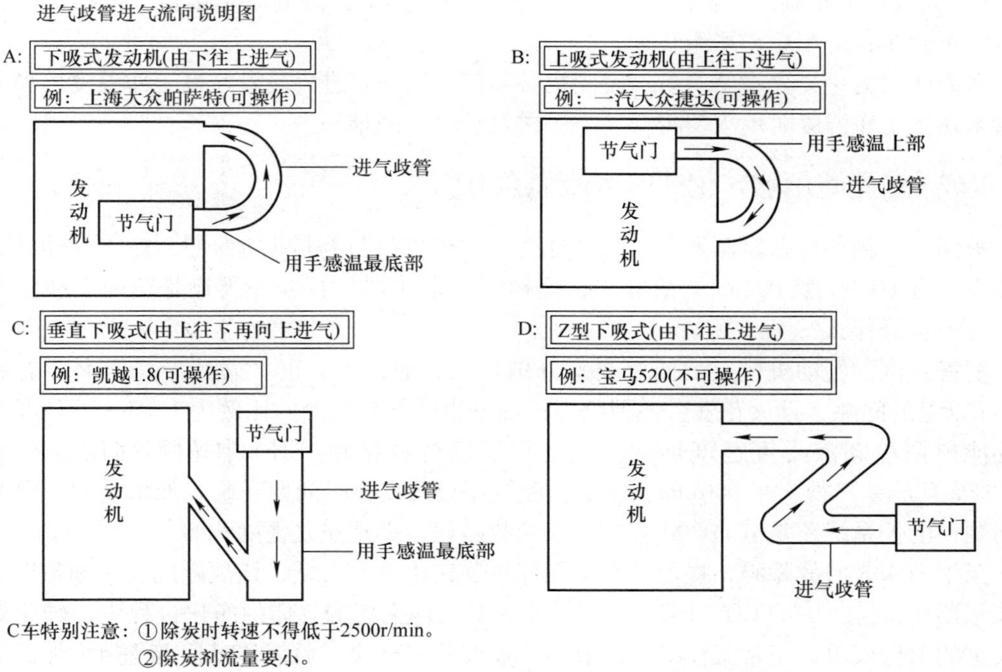

进气歧管进气流向说明图

A: 下吸式发动机(由下往上进气)
例: 上海大众帕萨特(可操作)
发动机 节气门 进气歧管 用手感温最底部

B: 上吸式发动机(由上往下进气)
例: 一汽大众捷达(可操作)
节气门 发动机 用手感温上部 进气歧管

C: 垂直下吸式(由上往下再向上进气)
例: 凯越1.8(可操作)
发动机 节气门 进气歧管 用手感温最底部

D: Z型下吸式(由下往上进气)
例: 宝马520(不可操作)
发动机 节气门 进气歧管

C 车特别注意：①除炭时转速不得低于 2500r/min。
②除炭剂流量要小。

图 1-45 发动机进气上吸式或下吸式结构

1）起动发动机，运转到正常工作温度，检视发动机节气门进气歧管（上吸式或下吸式），在节气门后靠近节气门的地方找到真空吸力管口（一次可清洗到全部燃烧室），确定除炭方法。

2）将除炭剂罐或专用设备接入真空吸力管口，操作人员进入驾驶室，控制转速在2000r/min左右，调整微调开关微开，连接除炭剂瓶口，除炭剂接入有负压的真空吸力管口（越接近节气门越佳）。遇有两个以上管口时，除炭剂需平均分配分量同时除炭。

3）踩动加速踏板，控制转速在1500～2500r/min（急踩急松的节奏），调节开关，可以看到透明管内泡沫状的除炭剂徐徐进入进气歧管。

4）调整流量，以一瓶20min的流量最佳，但遇到下吸式时（即由下向上吸）流量要调小，检视并调整至正确除炭工作方式（生成的泡沫连续进入真空吸力管口）。

5）除炭5min后，进气歧管整体由热变凉。如进气歧管底部不冰凉，表示未清洗到位，需找另外的管口，但要完成排炭工作。下吸式发动机要特别注意排炭动作，以免造成发动机机件挤压损坏。

6）除炭完成后，分离专用工具和除炭剂瓶口的连接，控制发动机转速在2000r/min，一般需要10～15min，进气歧管整体由冰凉变热后（要摸进气歧管的最底部），恢复正常的发动机温度，再进行排炭工作。

7）排炭时，在怠速运转的情况下，每10s慢慢增加500r/min，但不能强踩加速踏板，也不能松开。待发动机进、排气声音顺畅，再每次逐步加500r/min，直到进、排气声音更顺畅，最高加到3500r/min。至3500r/min后，可瞬间加到4000r/min（0.5s）。缓降到怠速最少3次以上，进、排气顺畅，确定一切正常后才可熄火。

8）完成以上步骤后，拆除除炭剂罐或专用设备接头，恢复原车接管。技师试车后一切正常才可交车，交车后切忌跑长途。

需要注意的是，除炭结束后，发动机必须持续发动至进气歧管恢复工作温度，如果进气歧管未达到工作温度时熄火，将会使下一次发动较为困难。

167. 三元催化器转化效能太低怎么办？

提问： 一辆科鲁兹轿车发动机故障灯亮、怠速发抖且行驶时加油无力。检查油压正常，电控系统有P0300和P0433的故障码，更换三元催化器后行驶一天还是这两个故障码，下一步应该检修什么？

解答： 汽油发动机检查的四个要素分别是火、油、压、正。火是指高压火要能够跳过10mm以上的间隙，且火花发蓝强劲给力；油是指空气与汽油的比例为14.7∶1，且混合气浓度还能根据冷却液温度适度加浓；压是指压缩行程结束，气缸中的压缩压力不得低于1000kPa且压差不得大于300kPa；正是指配气相位及点火时间要正确。如果这四个要素都没有问题，电控系统还是有P0300多缸失火的故障码，那重点是清除积炭。

至于P0433的故障码，提示的是三元催化器转化效能太低，该故障码表明预热以后的三元催化器在将排气中的CO、HC、NO$_x$转换为对人体无害的气体的净化过程中，转化效能低于设定的最低极限。正常工作时，前氧传感器变化速度快，后氧传感器变化速度慢，而且后氧传感器变化的速度是前氧传感器的一半。在三元催化器老化或损坏之后，催化器热效能低到设定的最低限值，ECU将设置故障码P0433。更换三元催化器后还需要考虑三元催化器损坏的原因，如使用劣质汽油、喷油器漏油、个别点火线圈不工作、发动机混合比长期过浓等，均会造成三元催化器较快损坏。检修过一辆缺水高温后的别克车，当时没注意到气缸已经拉伤，结果怠速发动机长期负荷率过高，ECU 只好提供浓混合气，总是出现 P0433 的故障码，更换三元催化器后还是这个故障码，最后更换缸套才恢复正常。

168. 打吊瓶后为什么三元催化器损坏？

提问：一辆途胜行驶 60000km 进行清洗积炭（免拆洗）后，CHECK 灯总亮，4S 店说三元催化清洗后就这样，开三四百千米后就没事了，结果开了 600km 后 CHECK 灯还亮。回 4S 店检查，故障码检测没问题，只是灯一直亮，4S 店调整后熄灭了，可几天后又亮了，4S 店告知三元催化器已坏，需要更换。他的回答完全正确吗？为什么清洗前没事，清洗后就出问题了呢？起初两次灯亮 4S 店也没说是三元催化器坏了，为什么？

解答：对发动机进行免拆清洗积炭，转速与流量控制不好极易造成三元催化器烧坏。根据描述，说明三元催化器已经烧坏，责任在 4S 店，只能更换。建议以后在燃油中添加"油路 3 效"来除炭，这样既安全又可靠。

169. 怎样利用测温仪检查三元催化器？

提问：怎样用红外线测温仪来检测三元催化器是否堵塞？正常情况下，是三元催化器前面温度高还是后面温度高？因为在杂志上看到两个版本，说法相反，这是怎么回事？

解答：三元催化器前面温度比后面温度高，说明失效，正常情况下，应该是后面的温度比前面的高 10℃ 左右，说明三元催化器在起转化作用。

170. 怎样快速检测三元催化器性能？

提问：怎样确定三元催化器是否堵塞？

解答：汽车预热后，将转速稳定在 3000r/min，持续 3min，然后迅速观察三元催化器外壳，如果烧红，即可确诊三元催化器堵塞。

171. 更换了三元催化器为什么还有故障码？

提问：2009 年奥迪 A6L 2.0T 出现故障码 01056——催化转化器效率小于门限值，已更换三元催化器和两列氧传感器，删除故障码后行驶 50km 又亮起故障灯；另外，它的燃油泵芯上怎么有两个出油孔，另外一个起什么作用？

解答：故障码是否有误？从文字分析，需要检查后氧传感器到发动机 ECU 之间的供电与信号等，前提是更换的配件质量一定要可靠。至于油泵多出的管口，是用来给驻车加热系统提供燃油的。极严寒地区，当发动机不工作时，可用来取暖，一般地区不需要。如果换上的新泵有多的出油孔，一定要堵死，否则会造成溢油故障。

172. 怎样检测不同的氧传感器？

提问：1）在氧传感器插头拔掉后测量从 ECU 过来的插头对应氧传感器信号的端子是 5V，也有 1.5V 的，传感器不到 1V 的信号 ECU 怎么识别？

2）电磁式传感器（如 ABS 传感器）拔掉插头测量有 2.5V 左右电压，这种不是无缘传感器吗？为什么也有电压？

3）拔掉喷油器插头测量限束端为什么是 7V 左右电压？

4）点火线圈信号线在不起动时测量为什么和搭铁线连通？

5）科鲁兹油箱盖电机拔掉插头测量为什么各端都是火线？维修人员说其中一根是虚电没电流，对吗？

解答：提问时应告诉具体车型，现按照描述的顺序解答如下：

1）这是氧传感器不同的原因，如氧化锆加热型氧传感器，混合气在接近理论空燃比时，输出 0.45V 电压。尾气稍微偏浓时，输出电压就突变为 0.7 ~ 0.9V；反之，尾气变稀后，输出电压突变为 0.1 ~ 0.3V，电压值为 0V、0.4V ~ 0.5V、1.1V 的恒定值时都说明氧传感器或者线路出现故障。

使用宽带氧传感器的电流信号转化为电压值显示出来。5 线 6 线的宽带氧传感器的电压规定值在 1.0 ~ 2.0V 之间变化。电压值大于 1.5V 时混合比过稀（氧多），电压值小于 1.5V 时混合比过浓（氧少）。电压值为 0V、1.5V、4.9V 的恒定值时都说明氧传感器线路有故障。用示波器观察的电压峰值有可能达到 4.9V，这是正常的。

还有丰田的 4 线型宽带氧传感器，两根信号线，一根 3.0V，一根 3.3V，两根加热线。3.3V 以下为浓，3.3V 以上为稀。

使用氧化钛式氧传感器是改变电压，电阻和电压信号在 0.2 ~ 1.2V 之间变化，中间值最理想，电压低为稀，电压高为浓。

2）不是所有的 ABS 传感器都是无缘传感器，因为有的用的是霍尔式或光电式有缘传感器，当然还要考虑虚电现象。

3）喷油器在点火开关打开后应该有 12V 供电。负极搭铁时，如果没有工作时有 7V，就存在虚电现象，若工作时只有 7V，说明线路高电阻，存在接触不良。

4）因为电路是个整体，要联系全盘分析，有的是通过其他电器搭铁构成回路，肯定有一定电阻，只是没注意。当然也有可能是搭铁断路。

5）一个灯泡的搭铁线断了，电流通过其他灯丝传来，测量就全是火线，搭铁线恢复就好了。这就是虚电。电工常用工具主要有数字万用表、12V3W 小试灯与发光二极管小试灯。二极管小试灯可测量微电流及无电流有电压电路，优点是安全。缺点是不能区分实电虚电，虚电是有电压无电流的电路。12V3W 小试灯可测实的电压，即既有电压又有电流的电路。还可以模拟信号发生器，驱动该电路。

173. 排气管烧得发红是什么原因？

提问：一辆金杯车发动机加速无力，试车车速根本提不起来，回厂后检查发现排气管烧得发红，这是什么故障？

解答：单纯从排气管发红来看，老旧车多半是由点火时间过迟引起，电喷车多半是由个别点火线圈工作不良引起，总之是有未燃烧完的混合气或汽油排入排气管中继续燃烧的结果。对于描述的金杯车，综合分析，可能是点火时间过迟所致。由于电喷车是 ECU 控制点火时间，所以，如果发动机配气相位及正时没有错误，也没有不工作的气缸，多半是由于爆燃传感器损坏失效、线路断路短路或屏蔽不良。当然，也不排除三元催化器损坏引起的烧红故障。

174. 发动机故障灯为什么偶发性点亮？

提问：一辆宝马 530i，发动机性能不够，主要表现在故障灯偶发性点亮，加速不理想。检查火花塞，发现其总是发黑，更换后不能彻底解决问题。如何修理？

解答：分析可能与燃烧不良有关，需要检查氧传感器与三元催化器性能，清洗喷油器、进气道、燃烧室及三元催化器，视需要更换氧传感器与火花塞来排除故障。如果从源头上解决了混合比偏浓的问题，估计火花塞就不会再发黑了。

175. 为什么故障灯点亮后车速不能超过 40km/h?

提问：一辆荣威 550，1.8T，采用 18K4G 发动机和自动变速器，发动机故障灯亮之后，加速踏板踩到底时速也不能超过 40km，转速不超过 2000r/min。用解码器检测故障码，显示 P2282 进气负荷不合理。把故障码清除试验后还是加不到 2000r/min。把车熄火停驶 20min 左右，再起动上路试车，在急加速超车时，故障灯又亮了起来，车速又不能超过 40km/h，转速不超过 2000r/min。这是什么故障？应该如何检修？

解答：P2282 对应发动机的紧急模式，故障范围如图 1-46 增压系统所示。

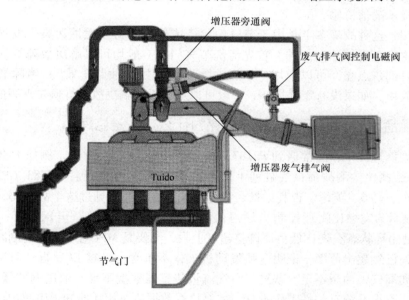

图 1-46　增压系统参考简图

ECM 中存在故障码"P2282——节气门体 - 进气阀空气泄漏/空气流量限制"并点亮 MIL 灯；行驶时车辆进入跛行模式，发动机转速限制在 1800r/min（车辆速度在 40km/h 以下）；发动机怠速偏高，大于 1000r/min。

P2282 生成原因概述如下：

一般而言，节气门体前部漏气、进气不畅，或增压器旁通阀、涡轮增压器废气排气阀控制异常等原因均易导致 P2282 的生成，故需重点检查节气门前部至空气滤清器的进气管是否有漏气现象，包括至增压器旁通阀、增压器废气排气阀及废气排气阀控制电磁阀的空气管/

真空管是否安装到位；还需检查增压器旁通阀真空管、废气排气阀控制电磁阀高压管、增压器废气排气阀控制管、废气排气阀控制电磁阀低压管。

176. 出现燃油修正稀的故障码常见原因有哪些？

提问：伊兰特故障灯亮，有燃油修正稀的故障码，应该怎么检查？

解答：应该详细介绍一下车辆情况，是双燃料车还是单燃料车，行驶多少千米，是在城市工况工作还是在高速工况工作等。单纯发动机故障灯亮，调出有燃油修正稀的故障码，一般情况下有三种原因：一是进气太多，二是进油太少，三是缸压偏低。可以顺着这三点进行检测。如果能更详细地介绍车辆维修情况，可能会更好地帮助排除故障。

177. 发动机故障灯亮并且加速无力的原因是什么？

解答：发动机故障灯偶尔点亮，是汽车三高故障。汽车三高故障是高污染、高油耗、高隐患。故障灯点亮后，ECU 可能采用降级或者跛行模式，车辆会表现加速无力，肯定油耗高，由于有毒有害气体排放超标，所以，会严重污染生存的环境。同时也会造成三元催化器、氧化感器早期损坏，电控系统一般会存储故障吗。正确的做法是用诊断仪调取故障码，根据故障码提示酌情检修。

经验表明，这种故障多半是由于节气门污染或使用了劣质燃油污染了发动机等原因导致，建议车主到正规加油站加油。首先清洗节气门，一般均可以解决故障灯偶尔点亮的故障。如果还是偶尔点亮，可以使用一些燃油除炭剂（如"油路 3 效"）清除燃油系统的积炭、水分及胶质，如果没有零件损坏，一般可以从本质上解决故障灯偶尔点亮的故障。

178. 混合比过稀引起的故障灯点亮为什么这么难修理？

提问：维修过程中，经常遇到 P2187 这个混合比过稀的故障码，例如大众途观故障灯亮，用 5052 检测仪检测故障：气缸列 1 怠速时系统过稀。故障码：08583（P2187）。还有新圣达菲汽车、马 6、英伦、吉利远景、蒙迪欧致胜等，都遇见过这个故障码，有的故障码 P2187 后面显示为空燃比闭环控制自学习值超上限（低负荷区）。上网查了一下，故障码 P2187 指的是闭环状态空燃比低负荷调整超过上限，主要是 MPI 对于闭环控制时空燃比在低负荷时的调整已经超出范围，证明电喷发动机工作不正常，光靠 ECU 自学习调整已经调整不过来，比如漏气，油压不足，缺缸，空气流量传感器数据不准，油压调节器、油泵损坏，喷油器损坏，点火系统有部件工作不良，需要检查数据流对比才能知道哪里出问题。可是这么多故障原因，说了也是白说，以上原因都可能导致该故障码出现，感到很茫然，不知所措。实践中有好多修好了但不知道是换什么好的，因为修换的零部件太多，也有好多只是偶发性故障灯亮的情况，为什么？这个故障码应该怎样准确快速诊断？

解答：随着科技的进步，过去的故障码只能定性，定一个大的范围，现在好多故障码还可以定量了，直接告诉了具体原因。如这个新故障码 P2187，不光是定了性，也定了量，非常直观、简单地说出了故障原因，使得检修工作更简捷。而为什么有的没有修好，有的即使修好了也是知其然不知其所以然，说明还需要一定的经验积累。汽车诊断需要经验、悟性、灵感，还需要注重细节。如这个故障码 P2187，含义定性是混合比过稀，定量是怠速混合比过稀，有的描述不同，但意思一样，如闭环状态空燃比低负荷调整超过上限，也是指的怠速过稀。

下面来分析一下混合比过稀的原因。笼统地讲，混合比过稀，一般由三个原因引起：一是进气过多，二是进油太少，三是缸压不足。在网上查的原因基本上都是正确的，比如漏气，油压不足，缺缸，空气流量传感器数据不准，油泵损坏，喷油器损坏等。不足的是，维修实践中，发动机主要在两个工况下工作，一个是怠速工况，一个是行驶工况。那么故障现象中，就应该进行分类，如怠速时混合比过稀，2500r/min 时混合比正常；或者反过来，怠速时混合比正常，2500r/min 时混合比过稀，这两种故障原因是不一样的，混淆在一起，就把问题搞复杂了，检修起来就难了。第一种情况，怠速时混合比过稀，2500r/min 时混合比正常的故障原因是漏气；第二种情况，怠速时混合比正常，2500r/min 时混合比过稀的故障原因是汽油滤清器堵塞。但是，如果不注重细节，仅仅简单地检查一下进气道不漏气，不去检查曲轴箱强制通风管道漏不漏气，炭罐进气管道漏不漏气，进气门漏不漏气，就不可能真正找到漏气的原因。假设确实不存在漏气，可以拓展思维想一下，看是否是喷油器堵塞引起进油太少。反过来 2500r/min 时混合比过稀的原因是汽油滤清器堵塞，如果汽油滤清器是通的，可以拓展思维想想，会不会是汽油泵性能不良。总之，P2187 故障码的维修实践证明，一般不是漏气就是喷油器堵塞。清洗喷油器如图 1-47 所示。

图 1-47　检查清洗喷油器

179. 发动机故障灯有时点亮怎么办？

提问：一辆凯美瑞的发动机故障灯有时点亮，调故障码是氧传感器故障，换过多次没有效果。

解答：描述的故障是典型的积炭故障，可以通过从燃油中添加除炭清洗剂或者拆卸清除积炭来排除该故障。

180. 发动机冷却液温度过低的原因有哪些？

提问：一台型号为 CA6DE2－17 型的发动机，车辆才行驶 4000km，但不知为何冷却液温度不能超过 50℃，用手感觉散热器的温度也不烫手，为什么？

解答：发动机燃料或燃烧的热效率不高（比如压缩比过低、转速过低），行驶中雨水冲洗散热器降温过大，或者散热太好（没有节温器、散热器过大、散热水容量过大、风扇过早工作或风扇过大等）均会引起所描述的情况。

181. 新款奥迪轿车冷却系统循环与老款奥迪相比有哪些不同？

解答： 老款的奥迪冷却系统只有一个回路，节温器也只是一个传统蜡式节温器，只能在一个温度范围内调节，冷却液循环的过程是：小循环—大循环。新款奥迪冷却系统有两个回路，一个回路用于冷却缸体，另一个回路用于冷却缸盖。因此，三分之一的冷却液流向缸体，三分之二的冷却液流向缸盖。冷却液流由节温器壳体内的两个热电偶来调节。用于小循环的节温器热电偶调节缸体内的冷却液流动，而用于大循环的节温器热电偶调节缸盖内的冷却液流动。冷却液温度在 87℃ 以下时两个热电偶都关闭，发动机很快达到正常工作温度。冷却液温度约在 87～105℃ 范围内时，用于大循环的节温器热电偶打开，于是缸盖内的冷却液温度就被调节到约 87℃。但缸体内的冷却液温度会继续升高，当冷却液温度超过 105℃ 时，两个热电偶都打开，于是缸盖内的冷却液温度被调节到 87℃，而缸体内的冷却液温度被调节到 105℃。冷却液循环的过程是：不循环—缸盖大循环—缸体小循环。新款奥迪冷却循环示意图如图 1-48 所示。

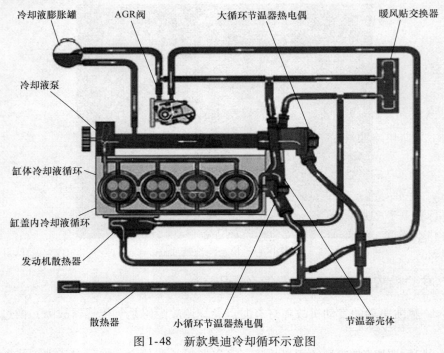

图 1-48　新款奥迪冷却循环示意图

182. 冷却液温度警告灯点亮散热器开锅怎么办？

提问： 一辆标致 307 轿车，在高速路上行驶时间过长，偶尔会出现冷却液温度警告灯点亮，冷却液温度过高开锅的情况，停放冷却后，冷却液温度恢复正常，在市区内行驶，从来不出现该故障。更换过两个节温器了，冷却液温度传感器也换了，散热器也彻底清洗过，故障依旧，下一步应该检修什么地方？

解答： 高速路行驶出现冷却液温度过高，一般说明冷却系统循环不畅。既然已经更换过节温器，清洗过散热器，那只有一种可能，就是水泵不良。而且水泵轴或叶轮可出现偶发性不转动的情况，也符合描述的偶尔会出现冷却液温度警告灯点亮、冷却液温度过高开锅的情况，更换水泵也可排除该故障。

183. 风扇线路经常性发热烧坏怎么办？

提问：君威、GL8及老别克风扇线路有两处很容易因发热烧坏：一是发动机线束与风扇线束之间的接头，有些车50000～60000km就开始烧坏；二是发动机线束与熔丝盒之间的接头。作为汽车维修电工，只能将线路焊接或铰接做这种临时性处理，若更换线束，客户嫌价位高接受不了，怎么办？

解答：这属于厂家设计缺陷故障，在北半球用车可能不会出问题，在南半球用车这两处可能容易烧坏。2.8mm宽度的端子连接，新车型都改成6.3mm宽度的端子连接。维修中简单焊修焊不牢，也不妥，烧黑易引起汽车自燃。建议找配件商购买专门解决这一缺陷的别克风扇控制器，既可少花钱，又能彻底解决问题。

184. 发动机进水怎么办？

提问：一辆2010款本田轿车，打开发动机舱盖，防火墙上的17位编码为LH-GCP1686A2024245，因为涉水驾驶后发动机进水，曾经到4S店做排水保养，4S店当时也没有说有什么问题，保养出厂后，只跑了1个多月，结果汽车行驶中，突然听到发动机发出一声巨响，发动机舱热气直冒。4S店检查缸体，发现3、4缸处被连杆打穿了一个洞，保养后正常行驶1个多月，连杆又突然断了。这是怎么回事？

解答：暴雨天，路有积水，有些驾驶人不知道危害，故意快速冲水过路，好自动清洗车辆，有的不减速快速冲过积水处，由于发动机活塞往复运动，某缸进气时正好将进入进气道的水一并吸入气缸内。因水不可压缩，导致该缸连杆顶弯。高速进水严重时，活塞连杆当时就可能断裂顶破缸体，造成发动机中缸报废。根据描述说明发动机当时进水不严重，也就是说一无异响，二不影响工作。4S店工作人员无经验或粗心大意，发动机进水保养后留下隐患，所以行驶1个多月后出了机件事故。可以肯定的是发动机当时第3缸进水，由于第3缸连杆弯曲并不严重，没有发生碰撞缸体异响，也没有明显影响该缸工作。所以4S店仅给车做了常规保养，弯曲的连杆成了机件事故的隐患。发动机工作时由于变形应力集中，连杆疲劳断裂需要一个过程，加之弯曲情况不一样，材料质量不一样，所以断裂时间、捣破气缸体的时间会有所区别。

185. 汽车涉水后怎么办？

解答：以后要避免发动机进水，遇水要缓行，水位高于汽车轮胎的50%，就不要强行通过。一旦遇到发动机进水了，就需要拆卸油底壳检查连杆。实践表明，连杆一旦顶弯，从发动机下面可以凭肉眼清楚看出，及时更换弯曲的连杆就可以防患于未然。如果不怕麻烦，拆卸气缸盖，哪缸活塞不能平缸，就是哪根连杆顶弯了，但拆缸盖检查工作量大，单纯检查连杆是否弯曲没有必要，只拆油底壳，在车下肉眼可以看清楚连杆是否弯曲变形。

186. 发动机工作时出现流水声怎么办？

提问：一辆逍客SUV，搭载的MR20DE发动机，车主要求排除发动机工作时出现的流水声。

试车，确实是有水流动的声音，但不知道是什么原因，需要换水泵吗？另外，逍客 VDC 包含哪些功能？

解答： 发动机工作时出现流水声，属于水道有不畅通的地方。实践证明，一般是由于电子节气门加热水管出现脏堵，如图 1-49 所示。需要拆卸电子节气门上的两根循环水管，清通脏堵，让水流畅通即可消除流水声。当然，也需要关注冷却系统的膨胀壶及空气进入情况。

逍客 VDC 即电子稳定系统，它包含下列功能：

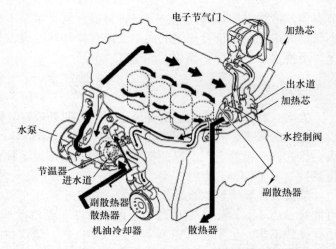

图 1-49　逍客 MR20DE 发动机冷却系统水流示意图

1）控制单个车轮的制动压力，并减小发动机转矩，以帮助保持稳定性和汽车控制（横向摆动控制）。

2）防抱死制动系统（ABS），限制车轮锁止，以在大强度制动中保持稳定性。

3）牵引力控制系统（TCS），控制单个车轮的制动压力，减小发动机转矩，以在特定附着情况下得到最大牵引力。

4）电子制动力分配系统（EBD），在急减速制动过程中，最大限度提高后轮制动力。

5）转弯制动控制（CBC），在弯道部分制动时帮助稳定汽车的功能。通过 VDC 传感器，它可以减少内侧车轮的压力，从而增加车辆行驶的稳定性。

6）发动机转矩控制（AMR），通过 VDC 单元和 ECM 之间的软件接口，可以减小发动机转矩，从而提高汽车稳定性。

7）制动转矩控制（BMR）、软件控制，它对打滑或滑转的车轮作用制动压力，以利用可用的附着系数。

8）转向不足补偿控制（EUC），改进不足转向控制将对全部 4 个车轮施加制动，以降低车速和使侧向加速度低于轮胎附着极限。

9）液压热衰退补偿控制（HFC），当进行紧急制动时出现制动器发热（衰退）现象，HFC 可以减少所需的踏板制动力。

187. 汽车汽油味道重的原因是什么？

提问： 一辆 2004 年的桑塔纳 3000，最近车内总能闻到汽油味，但油耗未增加，这是什么原因？

解答： 总是闻到汽油味，一般有三种情况：一是炭罐饱和失效，二是油泵油管有渗漏的地方，三是混合比过浓，燃烧不完全。可以自检一下有无漏油的地方，观察排气是否冒黑烟，若没有黑烟，更换炭罐即可排除故障。

188. 怎样排除汽车的疑难杂症？

提问： 一辆奥迪 A6L 3.0T，报故障码 4、5、6 缸失火，急速时发动机发抖，之前该车更换过全部点火线圈、火花塞、两个后氧传感器，后来在行驶中发动机故障灯点亮，EPC、侧滑灯、胎压警告灯都点亮，读取故障码，有"气缸压缩比，间歇式"；"气缸1，静态"；"气缸5，间歇式"；"气缸6，静态"；"气缸4，静态"；"油箱排气系统通过量不正确，间歇式"；"检测到不发火，静态"；"气缸列1凸轮轴位置传感器G40/曲轴位置传感器G28分配不正确，间歇式"。消除上述故障码后着车，怠速还是发抖，刚开始没有故障码，过一会儿报故障码4、5、6缸失火。读取数据流1、2、3缸点火正常，4、5、6缸断火严重。该车亮故障灯时是EPC、侧滑灯、胎压警告灯先点亮，然后发动机故障灯点亮。更换两个新的油压调节器，4、5、6缸的数据流显示断火现象好转，但仍然还是间歇性断火，试车跑一会就会出现故障码"4、5、6缸失火"。这是什么原因？

解答： 从影响发动机性能的三个主要方面找原因，一定能发现问题。一是压缩比，二是混合比，三是点火正时。根据描述，感觉还是应该给故障原因定性，就是半边气缸失火，而不是提供数据流或具体检测数据来给故障定量。建议第一步检查4、5、6缸共用的三元催化器，看是否堵塞；第二步检查进气歧管是否漏气；第三步检查气缸压缩压力与配气相位是否正确。根据检查情况酌情检修即可排除故障。暂时不去考虑那么多的故障码，分析可能不是电控方面的问题。

189. 怎样检查发动机 ECU 与防盗系统无法通信的故障？

提问： 一辆凯旋出租轿车，发动机无法起动，诊断 ECU 调故障码是发动机 ECU 与防盗系统无法通信，故障码记了下来，之后怎么清除故障码也清不掉，测量发动机 ECU 和防盗的 CAN 线网关电阻 60Ω 都正常。应从哪里下手检修？

解答： 凯旋车 CAN 线有个特点，防盗系统 CAN 线先到 ABS ECU 处理后再到发动机 ECU，所以检测 CAN 线要从 ABS ECU 插头下手，将 ABS ECU 插头拆下测量，看 ABS ECU 线束插头的 CAN 线到发动机和 ABS ECU 线束插头到防盗系统 CAN 线是否导通，不导通是线路问题，导通就是 ABS ECU 的问题。首先检查 ABS ECU 插头，接触不好就会造成发动机 ECU 与防盗系统不能通信，车辆将无法起动，故障码也清除不掉。

190. 怎样避免发动机降级模式发生？

提问： 双燃料凯旋出租车有几种典型的故障现象，思路不是很清晰，不知道从哪儿下手检修。现以其中的两个案例说明。一辆是 1 档进 2 档时车身发抖，发动机转速升到3000r/min以上非常吃力，发动机故障灯闪烁。接着发动机熄火，熄火后风扇高速转动，用油用气都一样。另一辆是冷起动1min后风扇高速运转，同时伴有怠速发抖、发动机故障灯闪亮、空调不能起动。熄火后重新起动，有时又可以恢复正常，但行车中故障还会再现。特别是等红灯时，开始发抖，故障灯一亮，故障现象就都出现了。

解答： 根据描述，两辆车的故障现象有几个共性，都是发动机故障灯闪亮，风扇高速运转，加速无力。首先来看看凯旋的风扇是怎样运转的。原厂资料显示发动机 ECU 依据以下参数来确定风扇电动机的控制：

1）来自发动机冷却液温度传感器的温度信息和发动机 ECU 中预存的程序。

2）来自制冷空调的冷却需要。

3）来自变速器的冷却需要。

4）发动机停机冷却需要（发动机熄火后，即使关闭了点火开关，如果来自发动机温度传感器的温度高于一个阈值，ECU 控制风扇低速运行不超过 6min）。

5）发动机 ECU 得到风扇运行反馈信息与控制指令不符时，发动机 ECU 会控制风扇高速运转。

6）发动机温度传感器失效也会导致以下动作：风扇电动机以高速运转，制冷压缩机停止运转，组合仪表上 STOP 灯亮和发动机故障警告灯亮，多功能显示屏显示短信息，发动机 ECU 中记录一项故障。风扇起动条件主要依据发动机冷却液温度和空调压力，确定运转状态。

简配的出租车，只有两种风扇速度，即低速和高速，如图 1-50 所示。一旦风扇控制失效（低速或高速的控制故障），就会引起风扇高速运行。按发动机冷却液温度进行的调节十分严谨，两个温度间隔允许风扇以低速或高速运行。故障出现时发动机故障灯会亮起，发动机 ECU 中会记录一项故障。检修时，首先应该用汽车故障诊断仪调取故障码，然后根据故障码酌情进行检修。

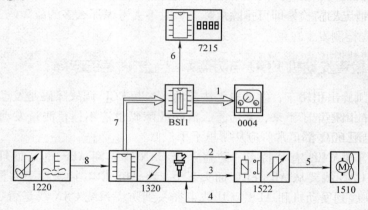

图 1-50　冷却风扇控制示意图

1—发动机的故障信息　2—风扇的低速模拟控制　3—风扇的高速模拟控制
4—风扇的旋转信息（诊断）　5—风扇的高/低速模拟控制　6—显示报警信息
7—制冷管路压力、发动机冷却液温度的报警信息　8—发动机冷却液温度信息
1220—发动机冷却液温度传感器　1320—发动机 ECU　1522—双速度风扇控制盒　1510—风扇
BSI1—智能控制盒　0004—组合仪表　7215—多功能显示屏

实践中已经检修过多辆类似故障，调出的故障码是发动机气缸失火，故障现象是混合比过稀，失火的原因也是混合比过稀。虽然故障码只能定性不能定量，但是可以指出一个检查的方向。由于用气成本低廉，所以实际使用双燃料汽车时，一般驾驶人很少用油。其结果会导致少量汽油在油箱中变质，甚至水分过多，严重影响发动机燃烧，造成失火故障。在降级模式下，发动机故障灯闪烁，风扇高速运转，加速不良，BSI 断开空调压缩机，所以开空调也没有风。一旦熄火后，在空调提前打开的情况下，发动机提供的是加浓修正的混合比，所以有时又可以正常运行一段时间。

所以，建议用天然气的汽车，每间隔 3000km，一定要用汽油连续行驶 50km 以上。或者每间隔 5000～10000km 加满汽油并添加一瓶除炭燃油添加剂，连续行驶 100km。每天冷起动暖机也必须用汽油。汽油一旦变质，就需抽出换油或加满油冲淡变质油的影响。燃气减压阀要定期清洗，滤清器要定期更换。另外要重视平时的正常维护，不让气缸失火故障出现，就可以有效避免上述降级模式故障再现。

191. 发动机频繁出现降级模式是什么原因?

提问：一辆凯旋双燃料出租汽车，烧气时出现以下症状：怠速抖动、风扇电动机高速运转、制冷压缩机停止运转、组合仪表上 STOP 灯亮和发动机故障警告灯亮。熄火重新起动后过一段时间故障再现，这是什么故障?

解答：清除进气门杆上的积炭即可，如果时间长不清理积炭，积炭包裹气门，引起气门散热不良烧坏。可以先在燃油中添加除炭剂，专门用油行驶一个星期，如果不能排除故障，就需要拆卸气缸盖，更换气门甚至缸盖才能修好。

192. 发动机 ECU 为什么易损坏?

提问：一辆本田奥德赛旅行车，发动机 ECU 一个月内换了三个，都是 ECU 中点火集成块烧坏。这是什么原因?

解答：既然是点火芯片易烧坏，分析不是供电电压过高或接触不良，就是点火线圈限流功能缺失。建议先检测发电机电压及 ECU 搭铁线，若没有问题，就酌情更换带限流功能的点火线圈或模块来排除该故障。

193. 发动机 ECU 真的需要更换吗?

提问：一辆丰田凯美瑞轿车，故障现象是发动机故障灯点亮，调出是氧传感器的故障码，但是氧传感器已经更换过几次，更换后过不了多久，又出现故障灯点亮，还是氧传感器的故障码。线路清理了没有问题，有的维修人员说可能需要更换发动机 ECU，应该怎么修理?

解答：该车是混合比失调的故障，混合比失调的真正原因是油路故障，油路故障中 80% 是积炭故障。建议从燃油箱中添加除炭清洗剂来排除该故障。当然，想快速起效，可以拆卸进气歧管，用人工清理干净进气门杆上的积炭与进气道的积炭，即可排除故障。

194. 维修电喷柴油车与电喷汽油车有哪些不同?

提问：在检修电控高压共轨柴油发动机时，发现用维修电控汽油机的经验来诊断维修柴油机故障，有的管用，有的不管用。如换档时抖动、等交通信号红灯时熄火、加速动力不足等故障，就是非常明显的几个故障现象。平时一般将油路清洗一下，都可解决，但有的就是解决不了，甚至将喷油器的线圈和喷嘴总成换了，高压泵拆洗了，低压泵换了都不行，这是什么原因?

解答：高压共轨柴油轿车，在结构上与汽油电喷轿车大同小异，如柴油轿车上的离合器开关信号，一旦离合器分离时，ECU 收到其信号，会短时减少喷油量，防止换档时抖动，信号失效也会引起熄火故障。另外就是制动灯开关信号和制动踏板开关信号，一旦加速踏板位置失效并施加制动时，为了安全，发动机将被调节，其中一个信号失效，发动机将减少喷油量，功率必然下降。而且这些信号使用频率特别高，所以故障出现也相对较多，不妨在这些信号与相关部件方面做些检查。

195. 油水分离器是怎样分离油水的？

提问：1）奥迪轿车上的油水分离器是如何工作的？

2）曲轴箱强制通风系统和废气再循环系统是同一种系统吗？它们有什么区别？

3）燃油蒸发系统有什么工作条件？

解答：1）油水分离器，顾名思义就是将油和水分离开来的部件。原理主要是根据水和油的密度差，利用重力沉降原理去除杂质和水分，内部还有扩散及滤网等分离元件。

2）曲轴箱强制通风和废气再循环系统不是一种，曲轴箱强制通风用来解决活塞环漏入曲轴箱的废气，防止污染机油或形成压力引起漏油。废气再循环是从发动机燃烧后的废气中，抽出少许废气再送进进气管中，降低燃烧室温度，降低氮氧化合物排放量。

3）燃油蒸发系统的工作条件，也就是炭罐电磁阀的工作条件，如爱丽舍轿车，冷却液温度在 60℃就会工作。不同的车工作条件有些不同，有的依靠发动机转速信号控制。

196. 什么是点火顺序排气歧管？

提问：一辆 2.0T 奥迪事故车，排气歧管破了，需要更换，更换时，配件商说是"点火顺序歧管"，排气管为什么需要点火顺序？

解答：四缸涡轮增压 FSI 发动机的排气歧管是设计成"点火顺序歧管"，如图 1-51 所示。在图 1-51 中可看到歧管内有一条分离筋，这条筋可使得废气的气流均匀地作用到涡轮上，因而就会按点火顺序将气道分成 1、4、2、3 缸气道。另外，分离筋还可以阻止废气压力膨胀后进入其他气缸内，这样就可以保持需要的涡轮转速，并可以优化涡轮增压器的相应特性。

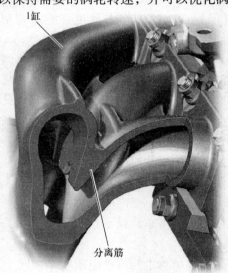

图 1-51　四缸涡轮增压 FSI 发动机的排气歧管结构

197. 选择蓝驱汽车有哪些好处？

提问：蓝驱高尔夫汽车的优点在哪？

解答：蓝驱汽车的优点与何时换机油无关，蓝驱的特点主要表现在以下三个方面：第一个特点是起动停车技术，简单说起动停车技术就是等红绿灯及临时停车的时候只要踩下制动踏板，发动机会自动熄火，松开制动踏板、踩下加速踏板则发动机自动起动，它并不需要改变驾驶习惯，却达到了节能减排的目的；第二个特点是制动能量回收技术，就是车辆制动减速产生了多余的能量，制动能量回收系统将这些多余的能量以电能的形式回收储存，该系统还可以控制在车辆加速或匀速行驶时降低发电机的电压甚至完全关闭发电机以降低发动机负载，从而提高燃油经济性；第三个特点是采用低滚动阻力轮胎，在轮胎方面，蓝驱标配的是拥有节能胎纹设计的环保低滚动阻力轮胎，这种轮胎在加速畅行中能够化解阻力，即减小滚动阻力，从而减少能耗。

198. 内置式燃油泵的燃油调节器为什么没有真空管?

提问：宝马内置式燃油泵的燃油调节器为什么没有真空管，它是怎么调节油压的?

解答：使用无回流型燃油喷射系统，省去了从发动机舱到油箱的回油管。燃油压力调节器一般情况下不是在油箱内，就是在燃油滤清器内。去掉了来自发动机舱的回油管，避免将发动机舱内的热量带回油箱。但是这种结构，燃油压力调节器不再与进气歧管压力关联。油管压力是固定不变的，但喷油器的压差却是变化的。在小负荷情况下，喷油器的压差变大，而在大负荷的情况下，喷油器的压差减小。这就需要动力控制模块必须计算喷油器的压差，大幅度调整喷油器脉宽来补偿压差变化，也就是利用进气压力传感器来完成这项工作。换句话讲，即使有空气流量传感器的汽车，也要安装进气压力传感器，来感知进气道的压力变化。

199. 机油滤清器中两个阀起什么作用?

解答：当前车辆发动机使用所谓的主流量机油滤清器。顾名思义，机油滤清器位于机油泵与发动机润滑部位之间的主机油道内。也就是说，机油泵输送的全部机油在到达润滑部位前都要通过该滤清器。因此润滑部位只获得经过清洁的机油。为了在主流量机油滤清器已污染的情况下仍能确保为润滑部位供油，在此与滤清器并联安装了一个滤清器旁通阀（短路阀）。因滤清器堵塞而导致机油压力增大时就会开启该阀门，从而确保（未经过过滤的）润滑油到达润滑部位处。回流关断阀用于防止例如机油滤清器或机油通道排空机油。在此使用的是单向阀。这些阀门只允许机油朝一个方向流动，防止机油朝相反方向流动。如果没有回流关断阀，在发动机静止期间，机油滤清器和机油通道就会排空机油。尤其在发动机长时间静止后，只有发动机起动一段时间后，才能为润滑部位提供发动机机油。维修时必须注意，不能让任何污物进入回流关断阀或机油通道，否则可能会造成泄漏。机油通道会因此排空机油，尤其在发动机长期停用的情况下会在起动发动机后产生噪声，甚至会在起动发动机后立即出现发动机运行较差的情况。

200. 奥迪 AVS 系统有什么功用?

解答：AVS 系统，是奥迪第一次开发的一种可以改变气门升程轮廓但又不损害气门运动学的气门系统。作为模块化设计，AVS 系统通用性对于 4 气门 FSI 发动机既可使用在进气凸轮轴上，也可用于排气凸轮轴，如图 1-52 所示。

两级 AVS 系统是一种可达到全可变的、机械的阀门设计，但使用成本却明显降低。AVS系统在奥迪 A6 上的 2.8T FSI 发动机可节省燃料达 7%。AVS 系统将作为一个新的核心技术，应用于第二代奥迪 FSI 和 TFSI 的大多数发动机上。

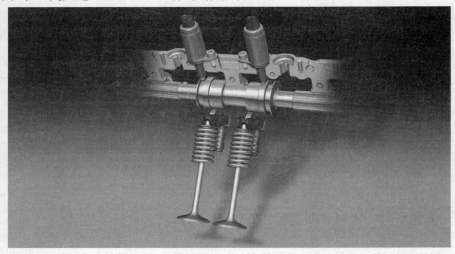

图 1-52 奥迪 AVS 系统结构

201. 发动机气缸是按照什么顺序编号的?

解答: 为了能够准确标识各个气缸，规定了气缸编号顺序。该顺序并不表示气缸点火顺序。只是气缸位置规定，站在确定发动机旋转方向时的相同位置，距离最近的是气缸 1。随后各气缸向动力输出端依次编号。从相同方向看去，第一个气缸列位于左侧。多气缸列发动机也基本上适用上述方式，首先从第一个气缸列开始排序，随后是第二个气缸列，如图1-53所示。

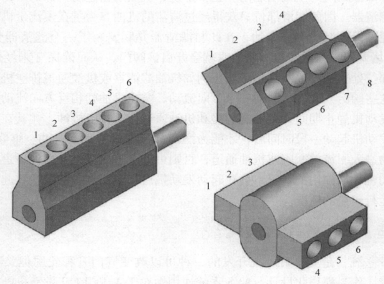

图 1-53 气缸编号顺序

202. 哪种火花塞更节油?

提问:使用普通火花塞更节油,还是使用钇金、铱金或铂金火花塞更节油?

解答:在 3 万 km 的使用寿命内,使用普通火花塞更节油。因为它需要较高的跳火电压,燃烧效果好些。使用钇金、铱金或铂金火花塞,寿命长些,电极越尖跳火电压越低,不易发生失火。如果使用普通火花塞长期不换,量变就会引起质变,时间长了,相对钇金、铱金或铂金又会费油些。最好使用各车原厂使用说明书推荐的火花塞。

203. 为什么排气管会锈蚀?

解答:汽油中含有硫,劣质汽油中含硫量很高,这样燃烧后生成的硫化物和水分混合形成酸性物质会对排气管造成腐蚀。想减轻或延缓排气管的锈蚀,请到正规加油站加油,并避免车辆涉水行驶或长期处于停驶状态。车辆例行保养时,可以找修理工人在排气管尾段最低处且容易积水的地方,用电钻钻一个小孔来排水。

204. 什么是等容燃烧?

解答:汽油发动机的燃烧过程快于柴油发动机。柴油发动机的燃烧速度比较缓慢,可与活塞向下移动的速度保持同步,因此做功行程期间燃烧室内的压力基本上保持恒定,称柴油发动机进行的是等压燃烧。汽油发动机中,燃烧室内的压力急剧增大,因为活塞向下移动的速度没有燃烧速度快,在整个燃烧期间燃烧室内的容积几乎保持不变,故汽油发动机的燃烧过程是等容燃烧,如图 1-54 所示。

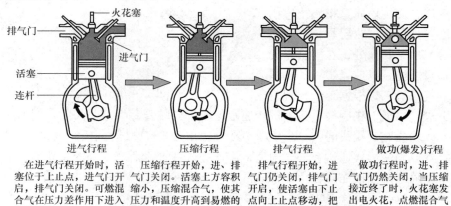

在进气行程开始时,活塞位于上止点,进气门开启,排气门关闭。可燃混合气在压力差作用下进入气缸

压缩行程开始,进、排气门关闭。活塞上方容积缩小,压缩混合气,使其压力和温度升高到易燃的程度

排气行程开始,进气门仍关闭,排气门开启,使活塞由下止点向上止点移动,把燃烧后的废气挤出气缸

做功行程时,进、排气仍然关闭,当压缩接近终了时,火花塞发出电火花,点燃混合气做功

图 1-54 汽油发动机工作原理示意图

205. 节气门上两条水管起什么作用?

提问:4g20d41 发动机节气门体总成里有两条钢管,其中一条用软管连接着炭罐电磁阀,另一条没有用软管连着,不知道是出厂时就这样还是后期丢失了。如果出厂时没有连着软管,空的部分起什么作用?

解答:4g20d41 发动机节气门体总成里的两条钢管是循环加热水管,用来防止节气门因为气流而冰冻。这两条钢管接上了炭罐蒸气管，说明炭罐电磁阀管路接错位置，应该接在进气歧管或者节气门体下座的单独接头上。

206. 发动机为什么要装长短进气管而且还设置进气翻板？

提问： 发动机进气歧管上装有长短进气管，是怎么控制的？有的还有进气歧管翻板，进气歧管翻板起什么作用？

解答： 发动机进气歧管上装有长短进气管，有两个可变位置，即"长通道"和"短通道"（分别对应于功率和转矩）。图 1-55 发动机转速低于 4000r/min 时翻板关闭，空气走长通道，进气通道变长，横截面面积减小，利用进气惯性增压作用来增加充气量，提高转矩。发动机转速高于 4000r/min 时，翻板打开，空气走短通道，横截面面积增大，利用降低进气阻力来增加进气量，保持原设计功率。翻板打开是通过真空来实现的，回位则是通过弹簧力来实现的。塑料翻板拥有非常有助于空气流动的叶片断面形状（流线形），为了防止泄漏，翻板上配备了弹性注入式密封件。吸入空气的流动强度通过进气歧管翻板来调节。为了降低流动损失，进气歧管翻板是呈偏心支承的，所以在打开位置时，翻板与空气道近乎合为一体。发动机控制单元通过霍尔传感器感知翻板的位置。

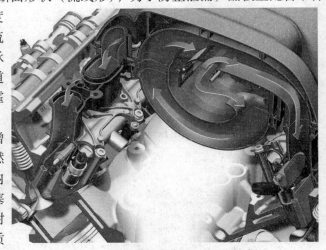

图 1-55　进气系统示意图（V 形发动机）

进气歧管翻板用于 TFSI（涡轮增压分层缸内直喷）发动机，进行均质燃烧、分层燃烧转换。均质是指燃烧室内混合比浓度各处均等。分层是指火花塞附近的混合气浓于其他处，在气缸壁附近混合气稀薄燃烧，以节省燃油。均质模式时，进气歧管翻板根据工作情况打开或关闭下进气通道，在中等负荷和低转速范围时进气歧管翻板是关闭的，燃油在进气行程喷入燃烧室，均质充气模式的"1"为 1。分层模式时，进气歧管翻板完全关闭下进气通道，吸进来的空气以涡流形式通过上进气通道，加速进入气缸，活塞顶部的特殊形状加剧了气流的涡流效应。喷油始于压缩行程上止点前约 60°，结束于压缩行程上止点前约 45°，燃油被喷射到火花塞附近，混合气必须在压缩行程上止点前 40°~50° 之间形成，如果小于这个范围，则无法点燃混合气，如果大于这个范围，混合气就变成均质充气了。分层充气模式的"1"为 1.6~3.0，首先点燃火花塞周围的混合气，在燃烧的混合气和缸壁之间形成一个气体分层，这样能够改善气缸体散热损失，提高热效率。不过，现在的 4 缸 TSI 取消了"进气歧管翻板"，进气道实现"扰流"，不过，随着"分层燃烧"技术逐渐在 TSI 发动机上的淡出，"均质充气"成为了目前该系列发动机的主流充气模式。

207. 科鲁兹进气歧管微调控制阀是什么？

解答： 进气歧管微调控制阀指的是图 1-56 中的 Q22 进气歧管调谐电磁阀，该阀由发动机 ECU 控制，电磁阀控制真空调节器，真空调节器再来调节长短进气歧管的转换。

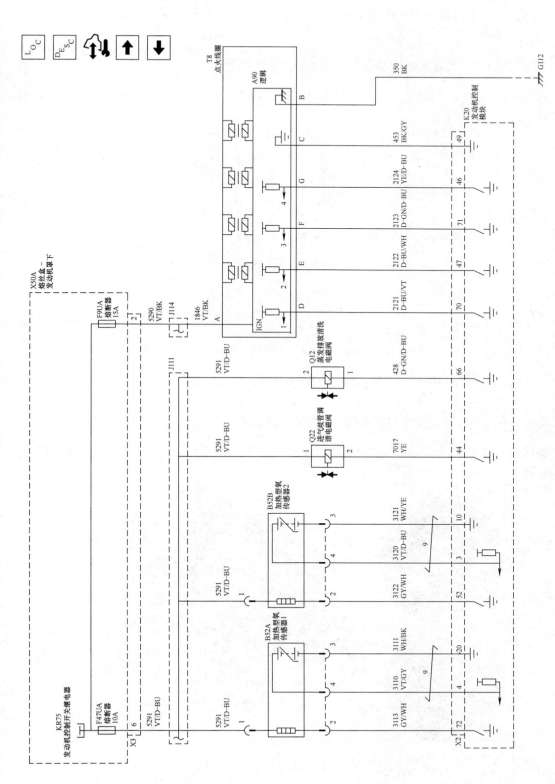

图 1-56 进气歧管微调控制阀电路图

注意：科鲁兹故障码 P0661 指的是进气歧管微调控制阀控制回路低电压，一般不是电磁阀短路就是线束短路。

208. 高尔夫 7 发动机机油压力传感器在什么地方？

解答：高尔夫 7 EA211 发动机机油压力传感器 F378 安装在润滑系统的油道上，如图 1-57 所示。

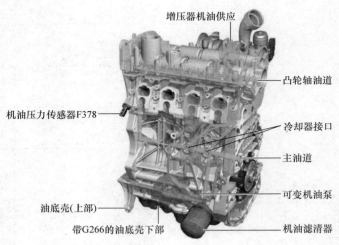

图 1-57　EA211 发动机润滑系统

209. EA211 发动机铝合金缸体中有缸套吗？

解答：EA211 发动机铝合金缸体中有灰铸铁气缸套，缸套由珩磨加工并通过粗糙铸造技术与缸体贴合，如图 1-58 所示。

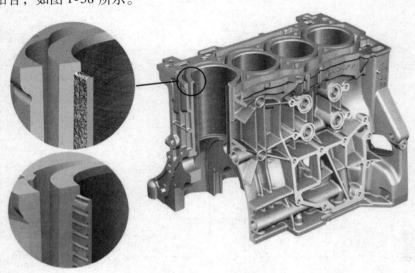

图 1-58　EA211 铝合金缸体与缸套

铝合金缸体为敞顶式铝压铸而成的气缸体，这种缸体的优点如下：铸造容易（没有砂芯），成本低，气缸在较热时的冷却效果更佳，缸盖和缸体之间用螺栓联接时，缸套的变形很小，对活塞环的作用力小，且可降低机油消耗。缸体内浇注有压力机油供应通道、机油回流通道和曲轴箱排气通道，这就减少了附加部件的数目，也降低了加工费用。

210. EA211 发动机排气相位可调有什么好处?

解答：可变气门正时和升程技术可以使发动机的"呼吸"更为顺畅自然，如果参加过长跑比赛，就能深刻体会到呼吸节奏的把握对体能发挥的重要性，跑步时太急促或刻意地屏息都可能增加疲劳感，使奔跑欲望降低。所以，在长跑比赛时往往需要不断按照奔跑步伐来调整呼吸频率，以便时刻为身体提供充足的氧气。对于汽车发动机而言，这个道理同样适用。可变气门正时和升程技术就是为了让发动机在各种负荷和转速下按需要地呼吸，从而提升动力表现，提高燃烧效率。

高尔夫 7 配置 EA211 1.4TSI 在 110kW 的发动机上装备进/排气相位调整机构，进气相位调整角度：50°曲轴转角；排气相位调整角度：40°曲轴转角。动力提升，节省燃料，降低排放的效果将更加明显，如图 1-59 所示。

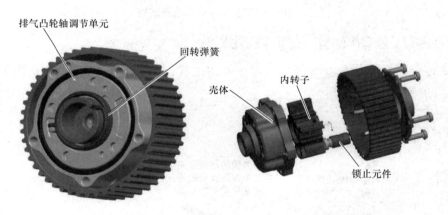

图 1-59　EA211 1.4TSI 在 110kW 的发动机上装备的排气相位调整机构

211. EA211 发动机凸轮轴为什么不能单独更换?

解答：EA211 发动机凸轮轴不能单独更换是由其结构决定的，EA211 发动机采用集成式缸盖罩，如图 1-60 所示。深沟球轴承起止推作用，前端支承由滑动摩擦变为滚动摩擦，减小轴径尺寸，增加支承点，提高凸轮轴刚度，凸轮轴采用冷却安装工艺，不能单独更换。

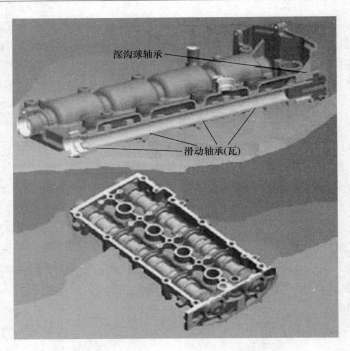

图 1-60   EA211 发动机凸轮轴结构

212. EA211 发动机凸轮轴怎样固定?

解答：检修 EA211 模块化发动机，需要专用工具，如图 1-61 所示，可从图 1-61 中按需选择固定凸轮轴的专用工具。

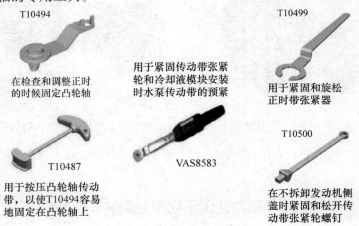

图 1-61   EA211 发动机专用工具

213. EA211 发动机正时带行驶多少千米就应更换?

解答：EA211 发动机为模块化结构的发动机，正时带设计使用寿命为 30 万 km。但是，考虑到发动机工作条件的苛刻程度，建议每间隔 5 万 km 检查一下，以 18 万 km 更换较妥。正时带安装情况如图 1-62 所示。

图 1-62　EA211 正时带安装情况

214. EA211 为什么称为模块化发动机?

解答：这是由 EA211 发动机技术特征决定的，发动机分解成几个不同结构的模块化如图 1-63 所示，如铝合金缸体、两段式缸盖、凸轮轴在罩盖中的双循环冷却系统、长寿命齿形带传动、废气涡轮增压、长短进气歧管、可调式机油泵、集成式排气歧管等。

图 1-63　发动机模块化结构

215. EA211 有几种不同排量的发动机?

解答:EA211 发动机 R3 有一种排量,R4 有三种排量,如图 1-64 所示。

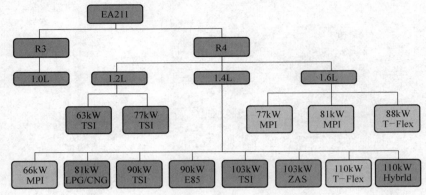

图 1-64 EA211 发动机排量示意图

216. 高尔夫 7 为什么用 EA211 发动机替代 EA111?

解答:使用全新设计的 EA211 发动机替代 EA111 发动机,可以使油耗及 CO_2 排放降低 10% ~ 20%;满足未来更加严格的排放标准;另外,发动机重量降低了 30%;通过紧凑性结构,缩短整车前悬架长度;通过模块化结构,可以实现全球范围内的生产,并统一大众汽车集团范围内其他发动机的安装位置。两种发动机的外形比较如图 1-65 所示。

EA211   EA111

图 1-65 两种发动机的外形比较

217. 奥迪 2.8L 直喷发动机有什么特色?

解答:2.8L(AVS)是奥迪发动机家族中的新成员,功率为 210PS(1kW = 1.36PS),添补了 2.4LV6(177PS)、3.2LV6(255PS)及 3.2LV6 AVS(263PS)发动机之间的空白,是带有 AVS 系统的第一款奥迪发动机。点火顺序为 143625,燃油压力为 3.0 ~ 5.6bar(低)和 40 ~ 110bar(高)。油路如图 1-66 所示。汽油经低压电动泵—带压力限制阀的滤清器—低压燃油压力传感器—机械高压油泵—高压燃油压力传感器—共轨管道—喷油器。ECU 采集低压与高压信号，对高低压供油分别进行控制。

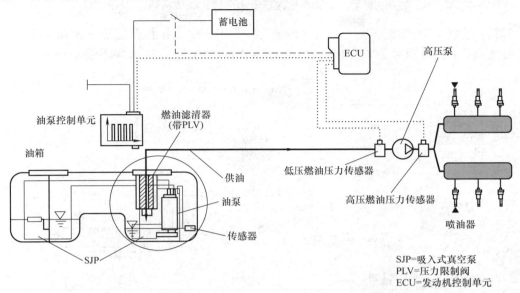

图 1-66 油路（6 缸发动机）

218. 直喷发动机和传统电喷发动机的本质区别在哪里？

解答： 直喷发动机好比插胃管吃东西，食物不经过喉咙，直接进入胃中，即汽油直接喷入燃烧室，如图 1-67 所示。传统电喷发动机好比正常吃东西，食物要经过喉咙吞咽后才能进入胃中，即汽油经过进气门后，才能进入燃烧室。

解答： 传统电喷发动机属于进气道喷射，喷油器安装在进气歧管上，汽油喷射在进气道，在进气歧管内和进入进气道的空气混合后才进入气缸。混合气必须经过进气门才能进入气缸。好比人吃食物，必须进过喉咙才能进入胃中。而直喷发动机，喷油器安装在缸盖上，像火花塞一样，喷油器的喷孔和火花塞电极直通燃烧室。好比人插胃管吃东西，食物直接进入胃中，即汽油直接喷入燃烧室，不经过进气门。

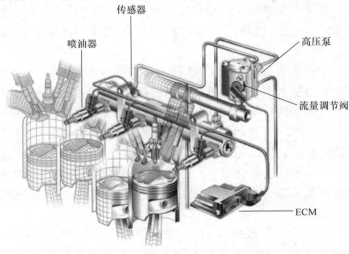

图 1-67 直喷发动机喷油器喷孔直接在燃烧室内部喷射

219. 直喷发动机相对进气道喷射发动机有什么优点?

解答: 直喷发动机电控系统由输入传感器、ECU、输出执行器组成,如图 1-68 所示。其主要优点是:提升功率,改进性能(13%),减少燃油消耗(2%),减少排放(50%)。

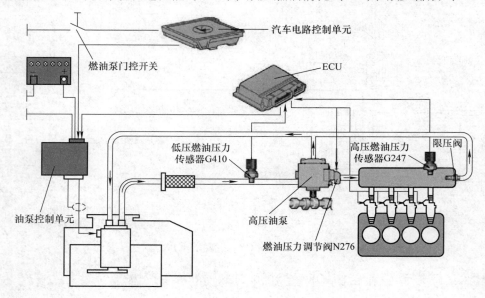

图 1-68　直喷发动机结构

220. 直喷发动机低压油路是如何调节的?

提问: 原来检修过老皇冠轿车,汽油泵转速通过电压调节,现在一些大众车用高压直喷,说是按需调节低压油路,两者是一回事吗?

解答: 老丰田皇冠轿车,电动汽油泵控制电路中增加了一个控制器,控制器受发动机 ECU 中的两个端子信号控制,使汽油泵得到不同的工作电压,让汽油泵处于低速、中速、高速,实现按照发动机工况供油,实质也是按需分配。只是那样设计的目标,主要是为了延长汽油泵的使用寿命。现在大众高压直喷的控制就更先进了,控制目标才是真正地按需调节。

大众高压直喷发动机电控系统如图 1-69 所示,与传统的进气道燃油喷射系统相比,其低压油路增加了燃油泵门控开关、燃油低压压力传感器 G410 和油泵控制单元 J538。

燃油低压压力传感器采用传统三线式压力传感器。燃油泵门控开关能使打开驾驶人侧车门时燃油泵即开始工作,车门开关信号被送至 ECU。燃油泵被触发提前运行 2s。燃油泵提前工作是为了迅速建立高压,以缩短起动时间。

有些汽车还具有碰撞燃油切断装置,它是通过燃油泵继电器断开燃油泵的。燃油泵上的回油管不是用于低压燃油系统,它仅用于高压燃油系统。低压燃油系统都采用无回油式的结构。

低压油路在发动机工作时仅保持 0.4MPa 油压,以节电。在汽阻状态则使油压保持在 0.5MPa。然而,发动机工作时燃油消耗是不固定的,因此燃油低压压力传感器时刻将燃油压力信号发送到 ECU，ECU 根据此信号向燃油泵控制单元发送一个有 20Hz 频率的脉冲宽度调制信号。燃油泵控制单元根据这个指令，为电动燃油泵送去脉冲宽度调制电流，形成闭环控制。换言之，此时燃油泵上的电压不是 12V，而是由脉冲宽度调制电流产生的较低的有效电压。即燃油泵转速是受控可变的，不需要燃油压力调节器，输出油压也保持在 0.4MPa。

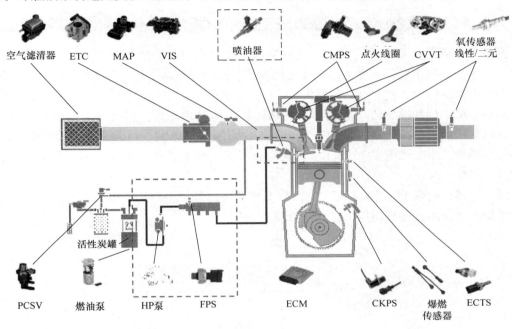

图 1-69　直喷发动机电控系统

221. 直喷发动机为什么进气门积炭多?

提问：现在检修的直喷发动机越来越多，故障现象主要是加速无力、怠速抖动、油耗高；用内窥镜检测，发现进气门上有很严重的积炭，明显比进气道喷射的发动机积炭多。请问，直喷车发动机为什么进气门上积炭多？这种积炭应该如何排除？

解答：进气道喷射结构的发动机，喷油器安装在进气歧管上，汽油在进气道喷射并且与进气道的空气混合，混合气从进气道经过进气门进入气缸燃烧室的过程中，对经过的地方都有一定的清洗作用，所以，相对来讲，进气道喷射结构的发动机，进气门上积炭委实要少一些。而直喷车发动机如图 1-69 所示，喷油器安装在气缸盖上，和火花塞一样安装，燃油直接喷入燃烧室，汽油不经过进气道就进入了气缸中。

但是，我们要明白一个道理，进气门、进气道，包括节气门上的积炭到底是哪里来的？积炭是燃烧的产物，这些地方又没有发生燃烧，怎么会产生积炭呢？要知道，发动机燃烧过程中产生的积炭胶质，主要产地在燃烧室。好比人吃了食物进入胃中，如果消化不良，可能反胃又回到口中。积炭也是由于发动机燃烧不良而反流到进气道中。知道了病根，清除了燃烧室积炭可以减少反流，提高燃烧室密封性可以改善燃烧，提高点火能量可以改善燃烧效率，定期清洗喷油器可以提高雾化质量减少积炭，添加质量好的汽油，使用质量好的机油，让发动机经常工作在经济转速，均可以减少积炭的产生。

对于直喷车，在燃油中添加除炭剂可以预防和减少进气道积炭的产生。一旦积炭过多，可以拆卸进气歧管人工除炭（俗称挖煤）。最简易有效的是使用特锐的直喷车清洗剂，从节气门后面打吊瓶快速清洗。直喷车清洗剂的选择非常重要，无效事情小，不要弄坏发动机事情大。

222. 第三代直喷比第二代直喷做了哪些改进？

提问：一辆大众CC，属于第三代缸内直喷系统，第三代直喷与第二代直喷系统有什么区别？该车现在热车后，偶发性出现无法加速及加速耸车情况，熄火后重启可以正常一段时间，调不出来故障码，这是什么故障？

解答：第二代和第三代高压燃油系统结构和工作原理相近，都是采用按需调节高压油路。目前常用的是第三代高压燃油系统。第三代高压油路系统中压力限止阀（限压阀）集成在高压燃油泵中，如图1-70所示，因此省去了燃油分配管至燃油泵的回油管。这是目前最常用的结构。

根据描述，大众CC故障的发生与温度变化有关，分析多为热敏电阻型传感器失准或失效，更换冷却液温度传感器应能排除该故障。

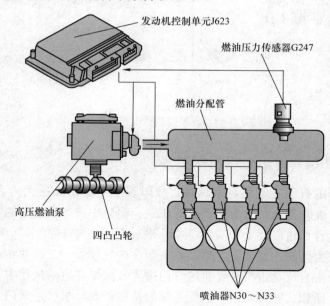

图1-70　无回油管的第三代高压燃油系统油路

第二篇

传动系统篇

223. 放松离合器为什么"当、当"响?

提问: 一辆 2005 年的别克赛欧,更换离合器、压盘后出现以下问题:怠速时松开离合器会有"当"的一声,速度升高后松离合器踏板也有这个声音。还有在市里开车,稳定加速踏板开 20 码(1 码 = 0.914m)左右,车会一闯一闯的,而且变速器有"当、当"的异响,感觉是齿轮撞击的声音。和差速器有关吗?

解答: 根据描述,与差速器无关,这是离合器的故障。理由如下:一是更换离合器之后出现的故障;二是离合器压盘弹簧弹力不足就会引起动力不能正常传递,动力不足时,车会一闯一闯的,而且变速器有"当、当"的异响,甚至全车振动异响;三是离合器分离轴承与滑套在移动中发涩,也会出现不正常声响。所以,建议重新拆检,视需要更换合格的离合器三件套来排除故障。

224. 手动变速器车离合器怎样检查打滑?

提问: 一辆三菱轿车油耗高,怀疑是离合器打滑,于是在试车时拉紧驻车制动器,如果汽车低档起步时发动机熄火,说明离合器不打滑;如果发动机不熄火,则说明离合器打滑。这种诊断离合器打滑的方法正确吗?

解答: 汽车挂低档起步时,离合器踏板抬很高,汽车仍不起步或起步不灵敏以及汽车加速行驶时行驶速度不能随发动机转速的升高而升高,且伴随有离合器发热、产生煳味或冒烟等现象,说明离合器打滑。引起离合器打滑的原因如下:

1) 离合器踏板没有自由行程,使分离轴承压在分离杠杆上。
2) 从动摩擦片油污、烧焦、表面硬化、表面不平或铆钉头露出。
3) 从动摩擦片、压板和飞轮工作面磨损严重,厚度减小。
4) 压力弹簧退火或疲劳,膜片弹簧疲劳或开裂。
5) 离合器盖与飞轮之间装有调整垫片或固定螺钉松动。
6) 分离轴承套筒与其导管之间因污尘发涩卡住而不能回位。

虽然离合器打滑并不是复杂难诊断的故障,但是由于诊断时采用的转速不对或诊断方法不当,就可能"误诊"。现代轿车发动机都是高转速车,平时不是怠速就是工作转速,工作转速一般在 2500r/min 左右,所以诊断要准确,就必须选择在工作转速。另外,汽车的驻车制动器只是用来停车的，很多驾驶人（特别是初学者）常常没有放松驻车制动器就上路行驶，所以用驻车制动器来约束诊断离合器打滑是不准确的。判断离合器打滑的方法是拉紧驻车制动器的同时，必须用三角木锁止驱动轮，然后挂 1 档，在慢慢加速的同时慢慢放松离合器踏板，可试验到 2000～2500r/min，离合器完全结合后，如果发动机停止运转，说明离合器不打滑；如果发动机继续运转，说明离合器打滑。

225. 高速起步为什么容易损坏离合器？

提问：一辆奇瑞 QQ 搭载 465 发动机，其故障现象是：车子在坑坑洼洼的路面起步，加速踏板要加得特别大，一个月内离合器换了两次，在平路上起步正常。把气门磨了，凸轮轴、分电器盖、分火头、分缸线、火花塞、离合器三件套、飞轮都换了，问题还没解决，怎么办？

解答：根据描述，故障主要是发动机动力不足引起，衡量汽车动力性主要从三个方面，一是最高车速，二是爬坡度，三是加速时间。该车属于动力不足，建议重点检查发动机配气相位，当然最好全面仔细检查气缸压力、混合比与点火正时。由于发动机动力不足，只能高速起步，容易造成离合器高温烧蚀与快速磨损。

226. 相同型号的车为什么离合器有轻有重？

提问：同一系列的轿车，在踩离合器踏板时，为什么有的感觉很轻，而有的感觉特别沉重呢？

解答：同一系列的轿车，在踩离合器踏板时，有的感觉很轻，说明性能良好；如果感觉到特别沉重，说明操纵部分有故障或锈蚀，或润滑不良，或者离合器压板不良。很可能是由装配工或配件不同引起的，因为同一系列的轿车，不可能只用同一个厂家提供的配件。

227. 换档冲击是什么原因？

提问：一辆帕萨特的故障是换档冲击，用计算机检测发现了空气流量传感器的故障码。换掉了空气流量传感器无效。这是什么原因呢？

解答：可能空气流量传感器信号超出范围时间过长，计算机选择了忽略空气流量传感器信号。需要在起动发动机后，进行自适应学习。就是拆卸掉空气滤清器，在发动机 3000r/min 时，用节气门或者化油器清洗剂，对着空气流量传感器中间少量轻轻喷射清洗剂，这时计算机就会调动最大的喷油量来学习，重新接收车上的空气流量传感器信号。因为平时进气量再大，也只能将热膜或热线的温度降低几度，用清洗剂可以降低几十度，欺骗计算机重新进行学习，起到了类似更换计算机的效果。另外，自动变速器换档冲击，还可以尝通过缓踩加速踏板和急踩加速踏板进行试验，如果缓踩加速踏板比急踩加速踏板冲击更大，显然是不符合控制逻辑的，说明问题可能出在节气门或者加速踏板位置传感器信号方面。如果踩加速踏板越急冲击越大，才可能是变速器或者发动机性能故障。

228. 低速自动加档过程中为什么出现顿挫感？

提问：一辆 2002 年的帕萨特 1.8T，配置手自一体变速器，最近在起步自动加档过程中有顿挫感，转速在 1500r/min 左右更为明显，这是什么故障？

解答：如果排除自动变速器的故障，还有三种可能：一是点火系统漏电，二是节气门脏污或不良，三是发动机积炭。若是发动机的问题，对油电路进行检修保养应该可以排除故障。

229. 起步无力、低速耸车是什么故障？

提问：一辆斯柯达轿车，装配的是 09G 自动变速器，该车起步无力，低速耸车。维修工诊断是点火系统的问题，将点火线圈、火花塞都换了，还是耸车。试车发现只要车速超过 50km/h，加速就恢复正常，高速跑起来很正常。ECU 检测电控系统没有故障码，这是什么故障？

解答：当车辆出现在 30～50km/h 以下加速不良、耸车，车速上升缓慢，过了低速区后加速良好的故障时，很可能是液力变矩器内支承导轮的单向离合器打滑。可以在发动机热机后，将 4 个车轮用三角木或砖头塞住，拉紧驻车制动器，踩住制动踏板，用眼睛盯住发动机转速表，将加速踏板完全踩到底，如果发动机的失速转速明显低于规定值，就说明液力变矩器内支承导轮的单向离合器打滑。

变矩器低速增扭，靠的是导轮（图 2-1）改变液流方向，变矩器内支承导轮的单向离合器打滑后，导轮没有了单向离合器的支承，在增扭工况时无法改变液流的方向。这样经导轮返回的液流流向和泵轮旋转方向相反，发动机需克服反向液流带来的附加载荷，于是液力变矩器变成了液力耦合器，低速增扭变成了低速降扭，所以汽车在低速区（变矩器增加转矩工况区域）加速不良。更换液力变矩器总成或用车床切割开液力变矩器，然后更换导轮和单向离合器即可排除故障。

图 2-1　导轮和单向离合器

230. 行驶中档位为什么突然失灵？

提问：2010 年迈腾 1.4TSI 轿车，搭载 7 档干式双离合器，行驶 8 万 km，发现有时出现无法行驶的故障，只好熄火。重新起动后又可以恢复正常，过一段时间又会出现无法行驶。根据资料介绍，双离合器变速器总是有一个离合器结合，一个档位啮合，不应该出现没有档位的故障。另外，该车正常情况下只要是急踩加速踏板，发动机就会抖动，同时点亮 EPC灯。电控系统中可以调出一个 12398 P306E 软件识别早燃后降低发动机功率（偶发）的故障码，清洗节气门，做油电路保养后，故障码可以清除，但是，只要一急加速，故障又会再现。怎样修好这两个故障？

解答：虽然双离合器结构自动变速器，工作时总有一个离合器结合，一个档位啮合，但是必须依靠油压压紧或者分离，所以，可以通过读取变速器控制单元的数据流，检查油泵的输出油压，多半是由于机电单元不良或离合器自身不良，酌情检修即可排除故障。

所有电喷车，过急加速，都有可能点亮发动机排放指示灯，即故障灯或 EPC 灯，所以操作加速踏板时，避免过急加速为上策。为了避免由于燃油品质不良导致发动机内部早期损伤，上海大众针对部分发动机控制单元进行软件升级，增加早燃识别功能。发动机识别到早燃后将通过减少进气量进行主动干预，如果 6 个燃烧循环之内再次发生早燃现象，发动机控制器将进行断缸，并限制发动机动力输出，此时发动机会出现抖动，同时也点亮 EPC 灯。针对上述问题，建议清洗油箱，更换燃油。如行驶里程过长，有不少途观车清洗油箱、对发动机控制单元进行升级后，还是故障依旧，最后买两瓶"油路 3 效"，自己清除积炭与胶质才恢复了正常，该车也不妨一试。

231. 变速器出现锁档故障怎么修？

提问：一辆 2008 年标致 307 轿车，行驶 5 万 km，现在变速器出现锁档故障，换档冲击大，行驶中进入强制 3 档。将发动机熄火后，重新起动后故障可以消失，但行驶一段时间后，故障又会再现。用诊断计算机进入自动变速器 ECU 中，调出的故障码为机油压力故障，想把阀体上的压力电磁阀更换一个，应该更换哪一个？

解答：建议最好同时更换两个电磁阀，即同时更换 LU 与 PL。因为平时更换 EVM 电磁阀时，都要求在拆下电磁阀后对 EVM 做标识，标记为："PL"——压力调节电磁阀，"LU"——变扭器锁止电磁阀，如图 2-2 所示。

图 2-2　标致 307 AL4 自动变速器阀体

更换两个电磁阀时，必须检查该车辆变速器 ECU 是否有要求的升级软件，如有，则必须按工艺升级。要求的软件有：307 - EW10A、9674021380 或 9674019580、307 - TU5JP4、9667408680 或 9673651080。软件升级后，使用性能将得到提高，维修后的质量与可靠性将得到提高。

232. 变速器突然自动降档是什么原因？

提问：一辆 2009 款 1.6 手自一体科鲁兹，累计行驶了 65600km，该车平时都是按时在 4S 店保养，但最近用车时发现变速器突然自动降档，加油加到 5000r/min 以上，车速也只有 40km/h，无法升档，于是靠边熄火停车，再次起动后故障消失。行驶途中故障现象再现，于是进厂检查，当时发现仪表盘故障指示灯也亮了起来。可能是什么故障？该如何修理？

解答：汽车上所有的电控系统，一般都具备自诊断功能，所以，只要故障灯点亮，维修人员不能摸出或者猜出是什么故障，都需要用诊断计算机，进入汽车上的自诊断系统，调出故障码，或者观察分析数据流，找出故障原因。该款车属于传统自动变速器结构，按说技术应该相当成熟。但是，维修经验表明，该款车配置的 GF－6 手自一体变速器，质量确实不敢恭维，分析可能变速器模块损坏，需要连同电磁阀一起更换才能排除故障。

233. 行驶中振抖是什么原因？

提问：2007 款本田 CRV，匀速行驶正常。加速到 40km/h 时，感觉到汽车车身振抖，车速超过 50km/h，振抖消失；继续加速到 80km/h 时，又出现振抖，90km/h 时振抖消失。之前去过 4S 店，怀疑是传动轴不平衡，调换后故障依旧，这是什么原因？

解答：根据描述，分析不可能是传动轴，如果是传动轴，不可能随车速而振抖；只有可能是自动变速器中的变矩器出了问题，即变矩器中的锁止离合器锁止不良，在锁止时引起车身振抖。更换变矩器应能排除故障。

234. 加速时车一顿一顿，咔啦咔啦地响是什么原因？

解答：多半是由于燃油混合比过稀，要检查油压是否过低，喷油器是否脏堵。当然也不排除有个别气缸不工作，不过这种情况怠速会有抖动。

235. 1 档变 2 档车会有"咔咔"声音，这是什么原因？

提问：一辆 2013 款哈弗 H6，提车的时候发现怠速时 1 档很好挂，但是 1 档变 2 档会有"咔咔"的声音。天冷的时候，如果不热车，2 档根本就挂不进去，一般就直接挂 3 档。4S 店更换了里面的一个零件，后来问题没有解决，回访的时候，他说一般天冷了车子都会这样。但是当时买的时候就有这个问题，以为需要磨合，可是过了磨合期，车子还是如此。现在 4S 店让下一次做保养的时候再去检查一下，自己感觉是变速器的问题，可是他让拖一段时间再去处理。在市内低速行车 1 档或 2 档时，加速一顿一顿的，咔啦咔啦地响，有的师傅说是分离轴承响，有的说是变速器响，这是什么问题？应该怎么处理？

解答：根据描述，说明哈弗 H6 新车配置的变速器确实存在质量问题，建议首先学习自己诊断，即在没有挂档时，先踩踏离合器做试验，如果有异响，说明离合器分离轴承可能存在问题。还可以在不踩离合器的情况下，尝试轻柔挂倒档，因为倒档没有同步器，当听到齿轮响声后停住且保持响声存在，然后轻轻踩下离合器踏板直到响声消失。如果响声消失后，离合器踏板还有踩下去的余地，说明离合器分离彻底；如果踩下后响声无法消失，或者响声消失后，踏板已经踩到底了，没有一点余地，也说明离合器分离不彻底。那么变速器不好挂档的原因就在离合器身上。

不过，根据异响声音描述，分析变速器可能存在质量问题，可以找 4S 店索赔更换变速器总成。如果单纯变速器低速档不好挂，不是同步器问题，就是变速器油黏度过大，可以考虑更换全合成的低黏度、质量好的变速器油来解决挂档困难的问题。

236. 变速器进入紧急模式是什么原因?

提问: 奥迪 Q5 显示屏显示: 变速器故障可以行驶, 调出的故障码为 P179E 和 P179F, 属于档位传感器电气故障或传感器本身故障。请问怎么修?

解答: 如果可以更换控制单元, 应选择更换阀体与模块。当然最好采用互换法更换变速器总成。

237. 克莱斯勒大捷龙为什么挂倒档无法行驶?

提问: 一辆 2005 年生产的克莱斯勒大捷龙, 装载 41TE 变速器, 此车挂倒档无法行驶。用诊断仪读取的故障是 "倒档传动比错误"。检查了油液液位, 在正常范围, 油液的颜色没有明显改变。测量了倒车档离合器, 低速/倒车档离合器油压在 1.13 ~ 1.62MPa (165 ~ 235psi)。路试发现, 前进位行驶都正常, 故障灯也没有点亮。这是什么故障?

解答: 倒档传动比错误, 又不存在泄压, 只有可能是倒档离合器或倒档制动器打滑。所以凭经验, 需要解剖变速器, 重点检查倒档离合器, 很可能已经烧坏了, 打滑了。换大修包及清洗阀体来排除故障。行星轮烧损也可以引起这个故障, 但前进位就会单一。

238. 奥迪 A6L 行驶中变速器内发出 "嗡嗡" 的声音, 这是什么原因?

提问: 一辆奥迪 A6L, 发动机型号 BDW, 变速器型号 01J, 行驶里程 35320km, 只要挂入 D 位或者 R 位行车时, 变速器产生 "嘎嘎" 的异响, 行驶中变速器内又发出 "嗡嗡" 的声音, 且 "嗡嗡" 响声随车速升高而增大。这是什么原因?

解答: 对于 01J 这款变速器, 异响声主要来源于输入链轮、轴承及飞轮减振器。当挂入 D 位或者 R 位行车时, 变速器产生 "嘎嘎" 异响, 需要重点检查飞轮减振器, 因为飞轮减振器减振弹簧疲劳松旷会出现 "嘎嘎" 异响。若还有 "嗡嗡" 的声音, 且 "嗡嗡" 响声随车速升高而增大, 应该重点检查轴承。可以借助听诊器进一步确诊在变速器前部还是后部或中部。确诊不了, 只有拆检进一步看诊或检测。如果异响声并没有随车速升高而增大, 还应考虑是否输入链轮磨损, 拆卸后也可以看出来。

239. 奥迪 A4L 0AW 自动变速器外部原厂滤网溢油, 油放不出来, 为什么?

提问: 一辆奥迪 A4L 0AW 自动变速器外部原厂滤网溢油, 想更换时, 拆开放油螺钉, 可是油放不出来, 这是怎么回事?

解答: 0AW 变速器没有单独的放油螺钉, 拆卸时所谓的放油螺钉, 实际是用来检查油液标准量的螺钉。想要放油, 把该螺钉拆下来后, 还需要再把里面的黑色塑料溢流管拆下来。注意换油后还需要清除自适应学习值。

240. 变速器再次发生烧片事故, 如何确定是修理质量问题还是使用不当造成的?

提问: 修完一台自动变速器后, 该变速器只使用了 3 个月, 又发生烧片事故, 如何确定是修理质量问题还是使用不当造成的?

解答: 自动变速器的故障, 80% 是由于高温或散热不良引起的, 所以, 将变速器修好后, 安装前一定要做几件实事。一是装车前需要清洗冷却系统, 最好采用反向逆流清洗法清洗，即从回油管向进油管方向清洗干净自动变速器散热器；二是变矩器中要先添加 1~2L ATF 后再安装；三是对反复烧片的冷却系统建议直接更换新件；四是要检查加速踏板位置传感器的信号电压，一旦升档过早也易烧片；五是对无油标尺的自动变速器，加油完成后，要起动发动机 10s，再关闭发动机，如此反复两次后再检查，添加 ATF 并从溢流孔流出之后安装好螺钉，试挂且在每个档位停留 2s，升温后最后还需要检查调整一次油平面。有的变速器是两种润滑油，即有的还需添加齿轮油。如果严格按照上述做了，更换的材料质量可靠，才需要考虑使用情况。

241. 奥迪 Q5 变速器符号灯为什么报警?

提问：一辆奥迪 Q5，累计行驶 16345km，仪表中变速器符号灯经常报警，一报警就加速不良，检测有由于离合器温度造成转矩受限的偶发性故障码，清除故障码，给变速器 ECU 升级，可以正常工作几天，几天后又会报同样的故障码，引导性故障查询，读取数据块，变速器油温当时只有 83℃，数据块中没有找到离合器油温读数，在功能部件选择中有一项驱动匹配，在做驱动匹配的过程中，一直显示离合器油温为 140℃，把车放凉重新进行驱动匹配也匹配不成功，这是什么故障?

解答：如果变速器软件升级后仍不能恢复正常，分析可能是机电控制单元出了问题，更换新的控制单元和液压控制阀体，可以排除该故障。

242. 自动变速器 4、3、2 三个档位为什么改成一个 S 位?

提问：原来的奥迪 A4 轿车自动变速器档位前进位除 D 位外，还有 4、3、2 三个档位，现在新款为什么将 4、3、2 这三个档位改成一个 S（运动）位?

解答：奥迪 A4 轿车自动变速器的档位设计将 4、3、2 三个档位改成一个 S 位，拓展了换档范围。当加速踏板位置保持不变行驶时将档位挂入 S 位，在规定的范围内变速器总是换入低档。为使车辆对加速踏板的动作有迅速反应，在行驶中液力变矩器是尽可能锁止的。在总的传动比中，5 档是超速档，那么档位只在 1~4 档间切换，这样不但保证了动力，又使自动化程度更高。图 2-3 所示为奥迪 A4 正常形式程序与运动形式程序的换档曲线。

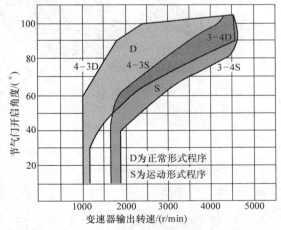

图 2-3　奥迪 A4 换档曲线

243. 自动档的四驱车型为什么不能两轮落地被牵引?

提问：去救援一辆奥迪四驱事故车，牵引时，驾驶人说他的车只能四轮落地牵引或者四轮都装在车上拉走，有这个规定吗? 不这样做有什么危害?

解答：驾驶人用车一般会看过或者学习过使用说明书，作为抢修人员应该尊重驾驶人的意见。现在新技术层出不穷，不学习或者用老经验办事就可能出错。例如奥迪四驱轿车的中间差速器采用的是托森差速器，这是一种完全不同于传统的差速器，原理如图2-4所示。在转弯行驶中，经托森差速器的差速调整，前轴驱动轮的转速大于后轴驱动轮的转速，在前、后轴地面附着力差异较大时，托森差速器的K_b值最大可达到3.5，即处于地面附着力大的车轴获得的转矩比地面附着力小的车轴所获得的转矩大3.5倍，这有利于车辆驱动行驶。为保证驾驶舒适性，不使用手动锁止，而是采用自动锁止；为保证行驶安全性，中间差速器的锁止错误操作被避免，弯道的驾驶性能得到进一步改善，防抱死系统和中间差速器之间的利用限制被取消。对于采用托森差速器的车辆，在救援时，只抬起两个前车轮，车辆将无法驱动；只抬起两个后车轮，车辆也将无法驱动；万向节传动轴从变速器上脱落，车辆还是将无法驱动。由奥迪公司提供的四轮制动测试装置满足这一测试需求，在单轴反力式滚筒制动试验台上进行四驱车辆的测试，滚筒驱动一个车轴上的两个车轮以相反的方向旋转，以避免向另一个驱动轴传递转矩，测试速度不允许超过6km/h（如果测试速度超过6km/h，托森差速器将严重损坏），否则，如果滚筒达到差速转速，EDL将被激活产生制动。

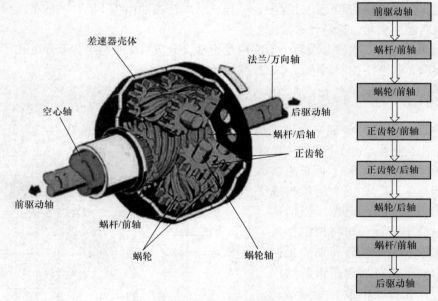

图2-4　托森差速器工作原理示意图

所以四轮驱动车牵引是有要求的，空档牵引车速不得超过50km/h，最长牵引距离不应超过50km。对于自动档的四驱车型，不允许抬起前轮或者抬起后轮进行牵引。

244. 变速器异响故障灯点亮怎么检修?

提问：一辆奥迪A6L，搭载0AN型CVT变速器，行驶中仪表故障灯突然亮起，变速器内伴有异响声。调故障码P0730（1840）传动比错误。请问怎么样修理？

解答：无级变速器出现类似情况，只能拆卸解剖大修或更换变速器总成。

245. 途观SUV被追尾后为什么开起来不舒服?

提问：一辆途观SUV，配置的是DSG干式7档双离合器变速器，前不久被别的车追尾，当时就是看到保险杠损坏了，换了一个保险杠。修复后，驾驶人感觉被追尾后，行驶性和舒适性下降了，总是感觉开起来不舒服。有时驾驶室还共振有异响，去4S店检查不出问题。这是什么故障？

解答：凭经验诊断为 DSG 干式双离合器出了问题，因为该 DSG 的双离合器（见图2-5）为自调式结构，该结构的特点是一旦检测到释放轴承的负荷随着离合器压盘的磨损增加后，能够自动调节碟形弹簧的支点，将踏板力及压合面负荷保持在固定水平。缺点是一旦发生追尾，也会发生离合器变形及自动调节碟形弹簧的支点位置，使用起来就极不舒服，必须更换离合器才能恢复正常。注意，要进行该变速器的维修，需要进行精确的测量。只有测量结果精确到 0.01mm，才能在 0.1mm 的范围内进行调节，这是十分必要的。

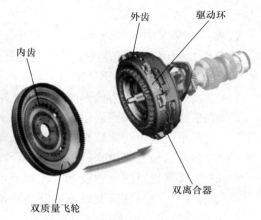

图 2-5　双质量飞轮与双离合器

246. 自动变速器换档时间太长的原因是什么？

提问：一辆别克 GL8 旅行车，累计行驶 120000km，自动变速器大修后，电控系统出现一个故障码是 P1800，无法清除，为什么？

解答：该故障码的含义是换档时间太长，已达到适应极限。自动变速器换档时，结合油压经过换档阀后将"兵分两路"，一路直接进入离合器活塞背后，推动活塞前移压紧离合器片；另一路经过蓄压器来压缩弹簧，缓冲进入离合器活塞背后的压力油，使离合器结合柔和平顺。如果改变离合器背压弹簧的硬度，可以改变分流到蓄压器的油液流量，改变油液流到离合器活塞背后的流速，使离合器结合快一点或慢一点。

现在出现的这个故障码是换档时间太长，也就是油液流到离合器活塞背后的流速慢了，必须将蓄压器弹簧调硬一点，让蓄压器少分流，换档就会提前，故障码就可能清除。大修自动变速器，如果直接更换 PC 阀和 1－2、2－3、3－4 档换档电磁阀，应该也能提高换档效率，就不会出现这个故障码。是否大修时没换这些零部件？

247. 自动变速器前进位为什么无爬行？

提问：一辆科鲁兹 1.8L 自动变速器挂 D 位不加油车就不走，没有爬行，R 位正常。调取故障码为"P0778，压力控制电磁阀 B 电气故障"和"P0878，变速器液压力（TFP）传感器/开关 D 电路高"，应该如何修理？

解答：根据描述，分析可能需要更换自动变速器 ECU。该车装配的是 6T40E 自动变速器，虽然故障原因包括压力控制电磁阀控制电路、插头或电磁阀自身，但多半是由于控制模块故障导致该故障码出现。这种情况需要更换 ECU 后在线编程。当然，首先还是先检测线路、电磁阀、传感器正常后再更换 ECU。这种故障初次出现就应该及时检修，拖时间长了还可能会引起内部摩擦片与活塞的烧蚀，增加维修费用。

248. SUV 离合器片在什么情况下需要更换?

提问: SUV 车中的离合器,如何正确地使用与延长其使用寿命? 在什么情况下需要更换?

解答: SUV 车中的离合器,也就是平常称的手动档车上的离合器,正确的使用非常重要,为延长其使用寿命或者决定是否需要更换,汇总了下面几点供参考:

(1) 怎样辨别是否要更换离合器片?

1) 当换档当中有动力传递滞缓或高速跑不起来等现象时。

2) 汽车加速踏板踩到底也只能跑 80~90km。

3) 汽车正常起步时前后有闯动感,抬离合时会有生涩感。

4) 离合器踏板变得越来越沉重,离合器自由行程越来越高。

5) 汽车爬坡之时感觉到没劲,比较严重时驾驶一段时间以后可闻到被烧焦的味道。

6) 挂 1 档,拉起驻车制动或踩制动踏板,再加油起步。离合器放松后发动机不熄火。

(2) 怎样延长离合器的使用寿命?

1) 行车当中不用离合器时,脚一定要离开离合器踏板,不要总压在踏板上。

2) 不要经常使用半联动方式来控制车速,或者使用半联动让车子停住。

3) 对怠速高的发动机驾驶时建议:起步不加油、加油不离合、加速后升档、减速后减档。

249. EMT 变速器故障码清除不掉怎么办?

提问: 一辆上海通用雪佛兰新赛欧,2011 款 1.2L 排量,行驶 44235km,该车配置的 EMT 变速器故障,多次检修,但是总有个变速器故障码 P2905 清除不掉,维修数次未能解决,多次维修故障仍在,去 4S 店也未能解决。怎么办?

解答: EMT 变速器实质就是在传统机械手动变速器的基础上,添加自动控制功能的变速器,至于雪佛兰新赛欧 EMT 变速器,则是基于机械式换档原理重新设计的新型变速器。由于 EMT 变速器和手动变速器齿轮机构相同,且不会像普通自动变速器那样存在比较大动力损失,所以油耗基本跟手动车型差不多。因为利用 ECU 控制换档,驾驶时与配置自动变速器的车感觉差不多。总之,EMT 变速器无须再操纵离合器踏板,无须在换档的同时操纵加速踏板,这对于拥挤的城市交通十分有用,EMT 综合了自动变速器简便驾驶方式与手动变速器低油耗、低使用成本等优势,相对自动档车型明显省油和降低排放。

但是,新赛欧 EMT 变速器的问题确实也不少,如频繁低速跟车,操作粗鲁一点,保养改装不当,D 位制动时间过长,均可能引起变速器故障灯报警。常见故障主要是,变速器错误报警、自动跳到空档、倒档挂不进、所有档位失灵、部分档位失灵、换档冲击或频繁掉档。车主需要在驾驶方面注意一点,临时停车最好挂入 N 位,减少离合器半联动时间;厂家在软件设计方面要改进一点,适当提高升档转速才可能有明显改善。

建议如下:作为厂家,在软件设计中,要进行改进,及时为用户更新程序。提高传感器与执行器的质量,提高控制系统抗干扰的能力。另外试车感觉变速器 2 档齿轮传动比与发动机动力不匹配,是否可以考虑重新设计? 当然这个意见值得商榷。

另外,提醒车主在使用中,尽量避免改装大功率音响、大功率遥控等,定期及时保养,包括点火电路，防止干扰信号过强，防止改装影响变速器散热，最终影响变速器自动控制功能。

250. 变速器运动模式灯为什么闪烁？

提问：一辆2001年款的别克三厢赛欧，自动变速器电路有问题。故障现象是：只要将变速杆拉到D位，S灯就开始闪烁，用解码器读取故障为：变速器选档范围开关电路故障，把点火开关关掉然后再打开，只要变速杆不在前进位，S灯就不亮。查了档位开关及相关线路没发现问题，换了一个新ECU板，故障依旧。望指点迷津。

解答：不明白为什么要换ECU板？当然，电控系统的故障一般是传感器、执行器或ECU故障。根据ECU的提示，应该更换档位开关。虽然说查了档位开关及相关线路没发现问题，可是该故障实际维修中，不是档位开关有问题，就是线束问题。绝大部分都是换掉这些后，运动模式灯就熄灭了。

251. 雪佛兰新赛欧突然挂不上档，还能听到执行机构有"咔咔"的声响，怎么解决这种故障？

提问：一辆2010年款的雪佛兰新赛欧轿车，1.2L，此车配备EMT变速器，最近突然出现挂不上档的情况，有时候停放一段时间或者断电，又可以挂上档，用X431和金德检测，只能读出"变速器故障"和"变速器执行机构故障"。车主反映刚买车的时候也经常出现这样的故障，去4S店重新写程序就好了。但是现在倒档能挂上，前进位挂不上，能听到执行机构工作的声音，有"咔咔"的声响，比正常挂上档的声音大很多，此时档位显示为N，且重复多次以后变速器故障灯点亮。由于当地没有雪佛兰的4S店，拖车距离太远，之前没有过EMT变速器维修的经验，所以想提问：这种情况是重新编写程序就可以解决还是需要更换或者维修某些部件甚至机构总成？

解答：雪佛兰新赛欧轿车配备EMT变速器，实质就是电控的传统手动变速器。不同的是，传统机械手动变速器，是依靠驾驶人大脑，指挥脚操作离合器，手操作变速杆来完成换档。EMT变速器无须再操纵离合器踏板和变速杆。驾驶人的大脑只需要操作加速踏板与制动踏板，换档指挥权交给了EMT ECU，ECU采集发动机转速传感器、车速传感器等信号，时刻掌握着车辆的行驶状态；ECU根据这些信号按存储于其中的最佳程序，最佳换档规律、离合器模糊控制规律、发动机供油自适应调节规律等，对发动机供油、离合器的分离与结合、变速器换档三者的动作与时序实现最佳匹配，从而获得优良的燃油经济性与动力性能以及平稳起步与迅速换档的能力，以达到驾驶人所期望的结果。

鉴于此，使用中，一是驾驶人要选对模式，是手动模式还是自动模式，注意在仪表盘上会显示A、M、S、N、D、R等具体的档位情况。二是车主在使用中，尽量避免改装大功率音响、大功率遥控等，定期及时保养，包括点火电路，防止干扰信号过强，防止改装影响变速器散热，最终影响变速器自动控制功能。三是电控变速器，只要故障灯点亮，就说明系统有存储的故障提示，所以，必须依靠诊断ECU调取故障码，然后根据故障码的提示进行检修。

根据描述，凭经验分析只有可能是变速器ECU自身故障，因为断电后可以正常工作一段时间。建议首先去4S店调故障码，重新编写程序后一般可以解决问题，否则说明EMT

ECU 或线束需要更换。

252. 自动变速器离合器片易烧损怎么办?

提问：一辆悍马 H2，自动变速器使用时间不长就烧离合器片，平均一至两年需要大修一次自动变速器，是修理包的质量问题还是其他原因?

解答：悍马 H2，搭载 4L65E 自动变速器，该车变速器离合器 C3 总是爱烧蚀。可以更换美国雷贝斯托专门设计的维修套件 ZPAK001 来解决。即将原来双片摩擦片改为单片摩擦片，并取消了原来的钢片。由于原来的摩擦片是将两片摩擦材料分别粘贴在钢片的两个表面上，散热效果差，新摩擦片只将一片摩擦材料粘贴在钢片的一个表面，这样，一个摩擦材料就由一个钢片来散热，就可以避免油膜传递动力时，油液出现高温汽化，导致烧片。该车更换单面摩擦材料的新型摩擦片，按照标准间隙 1.27 ~ 1.78mm 调整，装复故障排除。

253. 换火花塞为什么能够排除自动变速器故障?

提问：一辆本田 CRV 自动变速器故障，反复维修不好，更换火花塞后就好了，始终不明白，为什么报自动变速器电磁阀的故障码，更换火花塞后故障消除了?

解答：火花塞工作时间过长，电极间隙过大，或者漏电，都会向外界发送干扰信号，这干扰信号就会影响其他电子产品的正常工作，所以更换火花塞，消除了干扰源，变速器的故障就排除了。

254. 自动变速器为什么换档冲击大?

提问：一辆北京现代伊兰特轿车，装的是 FA4A42 型自动变速器，故障现象是换档冲击过大。在起步时，由停车档或空档挂入倒档或前进位时，汽车振动较严重。行驶中，在自动变速器升档的瞬间汽车有较明显的抖动。特别是在 1 档升 2 档时抖动最严重。更换了 ATF 后故障现象依旧。这种故障现象应该从什么地方着手检修?

解答：对于电控自动变速器出现换档冲击，首先试车时可以快速加油或慢速加油检测一下。如果加速踏板踩得越慢，冲击越大，那显然是不符合换档控制逻辑的，故障原因一定在信号方面，需要重点检测加速踏板位置传感器信号与车速信号。如果加速踏板踩得越快，冲击越大，那是符合换档控制逻辑的，因为加速踏板踩得越重、越快，油压越大，冲击相对越大。如果是非正常的冲击，还是故障码优先。好多车都是调故障码显示某某电磁阀断路或搭铁短路，或车速传感器不良等，更换即好。另外，试车中还有一个窍门，就是如果每个档都冲击，那可断定故障出在公共部分，如油泵、阀体、主油路调节阀、节气门或车速传感器、ECU 等。如果仅是个别档位冲击，那可断定故障出在与该档位相关的部件上。总之，自动变速器冲击大的原因一般有：发动机怠速过高、主油路压力过高、换档执行元件磨损严重、阀体有故障、换档电磁阀有故障、自动变速器控制单元有故障。

常规检查需要检查发动机怠速转速，若怠速转速正常，检查 ATF，查看油颜色是否正常，如果换油时，在放出来的油中发现有金属磨屑，那就可能是自动变速器内部的问题，需要将自动变速器拆卸下来解剖检修，因为自动变速器内某部件一定严重磨损了。更换大修包并需要对自动变速器的内部阀体、变矩器进行清洗。如果换油时没有发现什么问题，也需要对自动变速器电控系统进行故障码读取和数据流分析，对主油路油压进行检测。如果这样检测还是没有发现问题或排除故障，建议还是需要对变速器进行解剖维修，一是重点对电磁阀进行电流检测，电流大的要换掉。另外，要注意对 ATF 的检测，一定要用专用的合格的 ATF，因为已经有多个用油不当，造成图 2-6 中四个蓄压器的塑料受热膨胀，起不到应有的缓冲作用的案例发生。一旦这四个蓄压器卡滞，将导致该车换档冲击故障，特别是在 1 档升 2 档时冲击更明显，一般需要更换这四个蓄压器才能排除冲击故障。

图 2-6　四个塑料蓄压器

255. 如何保养自动变速器?

提问：在保养自动变速器时，有两个困惑：一是自动变速器油有好多颜色，更换时不可能全部换干净，一旦买不到相同颜色的 ATF，就可能两种 ATF 混合在一起，这样做有什么危害？二是听说若没有循环换油机，只能更换一半的 ATF，那旧油新油混合用，会出问题吗？

解答：自动变速器油不是按照颜色来选择的，只要是厂家指定的标准级别 ATF，红的绿的混合在一起没有关系，当然选择一样颜色专用的最佳，问题是原厂供应给 4S 店的所谓专用油，不是所有修理厂家都能买到的，只能选择大公司有资质的厂家用油。不过，只要不用假冒伪劣的 ATF，只要换的是厂家规定的标准级别 ATF，只要不加多或加少，就尽管放心使用。一般情况下，没有循环换油机的修理厂，确实只能更换一半左右的 ATF。这样就可能出现旧油新油混合使用的情况，旧油越多，换油效果肯定越差。只要是换的相同标准级别的 ATF，问题是出不了的，只是使用周期可能会缩短。但是，这也只是指的 ATF 散热器与发动机散热器在一起的结构。如果是独立冷却系统的变速器，就只能利用传统的人工方式换油。还有，就算是与发动机散热器一体的结构，如果采用动态换油法，同样可以达到 95% 的换油率，可以和循环换油机媲美。方法是起动发动机，怠速运转，然后拆除散热器上的回油管开始放油，一边放油，一边添加新油，直到从回油管中流出新油，再将发动机熄火，并装好回油管，然后检查调整好 ATF 平面高度即可。这样换油与用循环换油设备换油的换油率相同，而且还节省一些 ATF，因为用循环换油设备换油浪费要多些。

256. 长期不更换 ATF 有什么危害？

提问：长期不更换 ATF 有什么危害？为什么有不少厂家提供的变速器上写明终身免维护？不维护有什么危害？

解答：作为汽车的设计者，只要能做到，总是想设计出终身免维护的产品，只是这些往往是设计师的一厢情愿。当然，规定每间隔多少千米应该怎么样保养，或者说每 6 万 km 应该更换 ATF，也有营销之嫌。很多国际著名的自动变速器研发和制造公司，其产品质量毋庸置疑，理论上目前新款变速器是可以做到终身免维护的，但是实际上，由于各车使用条件和维护情况不同，变速器还是需要维护保养的，特别是经常大负荷运转的车辆，或者制造质量保证不了的车辆。例如，有的不到 6 万 km 换油周期，变速器就已经出故障了，更有甚者，厂家为了维护经销商的利益，弥补经销商在销售汽车方面的利润，故意降低产品质量，很多一过质保期就开始出问题。所以，最好的保养就是检查，一旦检查 ATF 有问题，就提前检修或更换，检查后若没有问题，就不用更换，这就体现了时代性与科学性。

257. 更换 ATF 时为什么要换滤清器？

提问：更换 ATF，是否需要同时更换滤清器？去 4S 店换 ATF 时，维修人员说要换滤清器及油底壳，为什么还要换油底壳呢？

解答：平时更换发动机机油时，如果不同时更换机油滤清器，会怎么想？恐怕会担心造成润滑不良吧！因为滤清器是过滤润滑油中杂质的，即使再好的工作环境，或多或少都有些杂质，只有在换油时同时更换滤清器，才有可能确保换油的质量。而且现在很多自动变速器只需要拆卸油底壳，就可以更换滤清器。只是金属的油底壳在更换滤清器后，还需要同时更换油底壳垫子。而塑料的油底壳由于和滤清器制成一体，所以，更换滤清器往往就是更换油底壳及垫子。

258. 为什么自动变速器车型在行驶中换档有冲击感？

解答：自动变速器换档时，由于其结构的原因，每个档都有相应的离合器或制动器交替结合与分离，各档的速比差异导致换档过程会引起发动机转速的变换，有轻微的冲击感，这属于正常现象。如果车主感觉换档冲击较大，建议找修理人员进行试车和检查，确认是否属于故障。

259. 发动机修好后为什么自动变速器油泵出现异响？

提问：大修一辆大众车发动机，修好试车后发动机出现异响声，返修抬上抬下三次发动机，最后总算将发动机修好了。但是，试车中，突然出现一种啸叫声，后来这种啸叫声就一直不能消失。最后经过听诊确定是 01N 自动变速器发出的啸叫声。没有修自动变速器，只是将变速器总成与发动机分开结合，即变速器总成拆装过几次，这个故障大修者有责任吗？

解答：在汽车运转过程中自动变速器内始终有一个异常响声，或者汽车行驶中自动变速器有异响，停车挂空档后异响消失，均属于自动变速器有异响故障。可以按照诊断自动变速器异响声的四个步骤来进行诊断：

1）检查自动变速器液压油油面高度。若太高或太低，应调整至正常高度。

2）用举升器将汽车升起，起动发动机，在空档、前进位、倒档等状态下检查自动变速器产生异响的部位和时刻。

3）若在任何档位下自动变速器中始终有一连续的异响，通常为油泵或变矩器异响。对此，应拆检自动变速器，检查油泵有无磨损，变矩器内有无大量磨损粉末。如有异常，应更换油泵或变矩器。

4）若自动变速器只在行驶中才有异响，空档时无异响，则为行星轮机构异响。对此，应分解自动变速器，检查行星排各个零件有无磨损痕迹，齿轮有无断裂，单向超越离合器有无磨损、卡滞，轴承或止推垫片有无损坏。如有异常，应予以更换。

根据描述，基本上可以断定是油泵损坏。因为这辆车进厂维修发动机时，自动变速器没有异响声，多次拆装后，极易造成油泵受损，所以说，大修者肯定是有责任的。再说换个油泵（图2-7）费用很低，对于修理工来说也不费力，车主负责换油泵的费用即可。

图 2-7 拆卸更换油泵

260. 奥迪 Q5 双离合器变速器转矩受限怎么维修？

提问：我接修的一辆奥迪 Q5，行驶中出现加速不良，仪表中变速器符号灯报警。用诊断仪检测有离合器转矩受限偶发的故障码。从车主了解到，为这个故障，他去过4S店修过两次也没有修好，请问应该从哪里下手检修这款 05B 型号的变速器？

解答：根据描述，分析可能需要从更换变速器 ECU 阀体总成这方面下手来检修这款双离合器变速器。该变速器一旦出现转矩受限，多见油温传感器故障。但是油温传感器和变速器模块是一体的，变速器模块和阀体也是一体的。加之该车去4S店检修过，分析可能升级与驱动匹配也做过，还是不能解决问题，那只能更换变速器机电一体化控制单元了。

261. 无级变速器"嗡嗡"的异响是什么原因？

提问：我接修的一辆奥迪 A6L，01J 变速器，无论是前进位还是倒车 R 位，行驶中均出现"嗡嗡嗡"的异响声。请问是否需要解剖修理变速器？

解答：01J 为无级变速器，可以将车架起来，从变速器下部进行听诊。如果确诊异响声音是变速器中发出的，那肯定需要拆卸变速器进行解剖检修。根据描述，分析可能是变速器内部轴承磨损，轴承磨损异响声还会随发动机转速升高而变大。如果异响声出现在后部，解剖后建议重点检查轴承及输入链轮轴，严重的异响说明可能链轮轴也被磨坏。

262. DSG 7 档干式双离合器变速器需要多少润滑油？

提问：保养一辆 DSG 7 档干式双离合器 OAM 变速器，需要更换多少润滑油？

解答：所问的 OAM 变速器（图 2-8）需要更换两种润滑油：齿轮油 1.7L G052 171 和液压油 1.0L G 004 000。两种独立的油路，使用不同的油液，与功能相适应。对润滑油的要求是，具有低温特性，即温度对黏度影响小，免维护，长效。

图 2-8　两种独立的油路循环

263. 大众 7 速 DSG 干式双离合器变速器如何工作？

提问：大众 7 速 DSG 干式双离合器变速器的双离合器的工作原理是否和以前的解放牌大车双离合器片一样？飞轮、离合器摩擦片、中压盘、离合器摩擦片、压盘全部压紧后，发动机动力就可以传到变速器输入轴？

解答：大众 7 速干式双离合器变速器的双离合器由五个直径相近的部件组成，K1 压盘＋K1 离合器片＋（驱动盘）中压盘＋K2 离合器片＋K2 压盘。位于两侧的两个离合器摩擦片分别连接 1、3、5、7 档和 2、4、6 档以及倒档齿轮，中压盘在中间不移动，分别与两个离合器片"结合"或"分离"，中压盘将转矩通过各个离合器传递到输入轴上。机电控制单元根据加速踏板位置、车速和匹配情况，识别需要挂入的下一个档位，始终选择并挂入下一个最佳档位。不管驾驶人是希望车辆具有最大的行驶动力还是想节省燃油，机电控制单元都随时待命，等待合适的换档时间点，并在瞬间完成换档动作。

图 2-9 所示为离合器 K1 结合的情况，外面长结合拨叉和轴承压向离合器的力，换向类似于将离合器 K1 拉紧而结合。图 2-10 所示为离合器 K2 结合的情况，直径较小的 K2 是负责 2 档、4 档、6 位和 R 位传动的离合器摩擦片，中间短结合拨叉和轴承压向离合器的力，直接将压盘压紧让离合器 K2 结合。

而传统手动变速器的离合器，好比以前的解放牌大车双离合器片，把飞轮算进去，也是由 5 个直径相近的部件组成，只是工作原理完全不同。之所以要用双离合器片，是因为理论上摩擦片的面积越大支持转矩越大，普通离合器在转矩变大时，离合器直径与转矩成比例变大。而解放牌大车利用双离合器增大转矩缩小直径。

传统的手动变速器，当踩离合器时，动力传递就会中断，发动机与变速器之间的动力传递被断开了。而 OAM 大众 7 速"干式"双离合器变速器，当踩下离合器时，动力不会中断，也就是说，动力会从发动机传递到变速器上。操纵杆拨叉压向离合器，离合器分离，所以拨叉又叫分离叉。而 OAM 正好相反，操纵杆拨叉压向离合器，离合器结合，拨叉又叫结合叉。

 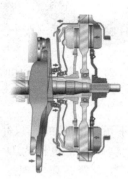 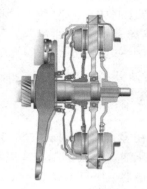 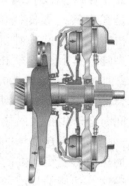

图 2-9　离合器 K1 结合　　　　　　　　　图 2-10　离合器 K2 结合

264. 福克斯、新嘉年华、翼搏等车的 DSG 变速器是否容易损坏?

提问：福克斯、新嘉年华、翼搏等车，配置的 DPS6 干式双离合器变速器，普遍存在变速器漏油及离合器抖动的故障，是产品设计缺陷吗? DSG 这种变速器质量怎样?

解答：新式双离合器变速器分湿式离合器片和干式离合器片两种。湿式就是离合器片浸泡在液压油里面，主动轮和从动摩擦片结合时，必须先把液压油挤出。干式就是离合器片之间没有油液，只有空气，所以干式离合器片的结合速度更快，传动效率更高。然而，干式离合器片也有自己的问题，就是工作温度偏高，已经达到高温。因为离合器片频繁地结合、分离，每一次动作都是一次半联动滑磨的过程，所以，高温是干式双离合器片需要认真对待的问题。福克斯、新嘉年华、翼搏等车，配置的 6DCT250（DPS6）干式双离合器变速器的特点是，通过两个电机驱动来实现离合器的结合与分离，这样换档时间进一步缩短。分析故障可能是由于工作温度过高，加之外输入轴和内输入轴油封偏偏不耐高温，于是出现漏油故障，油一旦漏到离合器片上，必然引起滑磨加重，表现在行车中出现顿挫和滑档，加速无力，低速抖动，油耗增加。漏油必然引起噪声增大，引起变速器结合与分离及动力传递一系列故障。

该变速器在齿轮结构上依然是两个输入轴和两个输出轴。厂家提供的维修方案就是彻底清洗双离合器，更换外输入轴和内输入轴油封，特别提醒清洗时不要清洗含油轴承，即避免清洗剂喷到轴承上。

清洗更换新油封（图 2-11）并安装完毕后，必须使用诊断仪进行变速器换档位置、换档毂、离合器的自学习。进行学习过程中，会自动清除掉原来的学习值。注意一定要认真完成所有的学习步骤，否则会产生换档性能和驾驶性能不良的问题。

至于 DSG 变速器是否容易损坏，作者以为，这种变速器实质是 ECU 控制的传统结构的手动变速器，软件设计很重要，如果程序设计不妥，日常的降档动作就会造成离合器片剧烈摩擦，好比快速踩加速踏板，发动机转速迅速升高，而车速可能没有同步升高，发动机显然是在空转，等低档位啮合完成后，发动机转速下降并将伴随有离合器摩擦的焦糊味。这个过程就相当于手动档车向下踩加速踏板，发动机转速升高后再松离合器踏板，离合器片将发生剧烈磨损，同时会产生很大的热量。

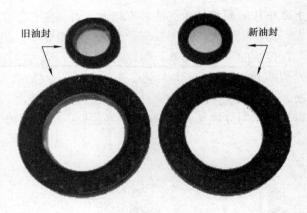

图 2-11　新旧油封对比

另外，自动档的车在 D 位，踩制动时动力是不可能切断的，只是将动能变成了热能，加热液力变矩器内的液压油。一放松制动，汽车就会爬行，也称为 D 位驻车蠕动特性，实现这一功能的是液力变矩器。DSG 变速器没有液力变矩器，要实现这一功能，就只能通过电控半离合状态来实现蠕动。所以 DSG 变速器在 D 位踩制动时，容易磨损离合器，而且要比空档息速油耗高，因为动力损失在离合器身上。也就是说，在 D 位踩制动驻车时，离合器片一直处于半离合的摩擦状态，发动机驱动力转变为热量也就不足为奇，在拥堵道路中这种情况也就更加严重。所以，在城市拥堵路面 DSG 变速器故障率相对来说会高些。但可以通过软件程序和驾驶习惯来改善。

265. 无级变速器油与自动变速器油有什么区别?

提问：无级变速器油与自动变速器油有什么区别？加错了怎么办？

解答：自动变速器油简称 ATF，是专门用于自动变速器的油液。早期的自动变速器没有专用油液，而是用发动机机油代替。由于工作状况和技术要求差异很大，所以发动机油作为自动变速器油液的方法很快被淘汰。如今使用的自动变速器专用油液既是液力变矩器的传动油，又是行星轮结构的润滑油和换档装置的液压油。ATF 一般正常行驶情况每 12 万 km 更换一次，恶劣行驶情况每 6 万 km 更换一次。尽量选用原厂的 ATF。不能错用、混用 ATF。汽车保养手册上使用何种型号的 ATF 就用哪种型号的。ATF 由于型号不同，摩擦系数也不同。某些汽车厂家是根据汽车变速器的技术指标设计出有针对性的油品，使用这样的油品可以保持变速器良好的力学性能，延长寿命。

机械式无级变速器油称为无级变速器油，又称牵引油。在无级变速器传力元件接触区内，润滑油膜承受高压、高剪切应变率，同时还由于受到剪切而发热，因而对油品有许多特殊要求。如果说自动变速器可以用黏度低一点的矿物油，无级变速器必须用黏度低一点的全合成润滑油。

严格讲，变速器油一定要对号入座，不能把普通 ATF 用在无级变速器中。不同类型的 ATF 也不能互换使用，因为各自的润滑要求不一样，加错后可能短时间不会出问题，也可能短时间就出问题，因为这还与使用条件相关，不是说选用的产品不合格，而是可能选用的产品不能满足该车标准参数要求。一旦用错，特别是将普通 ATF 用到无级变速器中，应当尽快更换。

266. 冠形齿轮差速器有什么特点？使用、维修中有什么注意事项？

解答：冠形齿轮差速器属于具有非对称动态力矩分配功能的自锁式中间差速器，它具有以下优点：牵引力更大（牵引状况改善了）；集成度更高（相对于采用制动介入的电子调节系统）；体积小巧，重量轻。自锁式冠形齿轮差速器不需要保养，不需要驾驶人的任何操作。对于四轮驱动系统，还应注意以下几点：

1）自锁式冠形齿轮差速器仍无法与纯机械式的差速锁相比。如果整个车桥在空转或者某个车轮打滑时，ESP 通过制动介入（电子差速锁介入）产生支承力矩前不会产生驱动力。只有当转速差和发动机转矩超过某一值时，电子差速锁介入才会终止。驾驶人必须踩加速踏板，让制动介入产生相应的支承力矩，才会在具有牵引能力的车轮上产生驱动力矩。为了防止在电子差速锁介入过程中因力度大、持续时间长导致制动器过热，在制动盘温度（ESP 控制单元计算出来的）超过某一值时，电子差速锁就被关闭了。一旦制动器冷却下来了，电子差速锁又会自动接通。

2）应避免前桥和后桥之间持续地高转速补偿或高负荷运行，否则对冠形齿轮差速器是有损伤的。

3）雪地防滑链只能用于某些特定的轮辋/轮胎组合，且只能用在前桥上（一定要注意使用说明书中和车轮/轮胎备件目录中的说明和规定）。

4）只允许在四轮辊式试验台上进行功率试验。

5）制动器的试验检测可随意在一台转速较慢（不高于 6km/h）的制动器试验台上，这时的动力来自这个试验台。

6）类似奥迪 A7 四驱结构的车辆不允许在抬起前桥或后桥的情况下，由拖车牵引行走。

7）如果车上装备的是自动变速器，在必须由拖车牵引行走时，拖车的速度不可超 50km/h，拖动行驶距离不得超过 50km，且变速杆必须在空档（N）位置。

第三篇

行驶系统篇

267. 四轮定位中前束与外倾角有什么关系?

提问: 1) 前束与外倾角有没有关系? 是不是前束配外倾角, 负前束配负外倾角?

2) 负外倾角起什么作用?

3) 前束负值和前驱、发动机位置有关系吗?

解答: 1) 前束与外倾角是四轮定位的两个方面。前束的作用就是要消除车轮外倾造成的不良后果, 补偿轮胎转离正直位置的偏差。负前束配负外倾角是不对的。

2) 负外倾角的车辆在转向时外倾角减小, 车辆倾斜程度也相应减小, 可提高车辆横向稳定性。

3) 前束负值和前驱、发动机位置一般没关系。

268. 前轮内侧异常磨损的原因有哪些?

提问: 一辆哈飞路宝事故修复后, 左前轮吃胎。事故时撞击正面, 伤及大梁, 并没有伤及左右轮胎或悬架。修复后试车发现左右轮倾角都为负数, 调整至标准值后交车。几天后车主发现左前轮吃胎(内侧)严重。观察右轮也有点吃内侧。检查轴距倾角前束都在标准值内, 但发现左前轮轴承有间隙, 转向机内球头也有松旷。更换两前轮轴承和转向机内球头, 重新调整倾角前束。试车仔细观察左前轮内侧轮面上还是有一点异常斑点, 右前轮基本正常。这种吃内侧胎如何调整? 听说这种情况可以调整为反前束, 是否可行? 原理是什么?

解答: 根据描述, 哈飞路宝"事故后吃胎"出现伤胎, 左前轮吃胎(内侧)严重, 这是典型的倾角故障。调整前束不能解决问题, 鉴于该车无法调整倾角, 只能通过校正解决。肯定有地方变形了, 只是变形看不出来。

269. 胎压监控系统如何做复位和初始化?

提问: 一辆汉兰达车, 胎压监控系统如何做复位和初始化?

解答: 胎压监控系统复位和初始化的办法如下:

复位方法:

1) 打开点火开关。

2) TPWS 指示灯亮时, 按下 TPWS "SET" 键 1~2s。

3）TPWS 指示灯熄灭之后松开"SET"键。

初始化方法：

1）打开点火开关。

2）按住轮胎"SET"键直到指示灯以 3 次/s 的频率闪烁。

3）在轮胎气压指示灯闪过 3 次之后，松开按钮。

4）驾驶汽车行驶一段时间，即可完成轮胎压力初始化设定。

270. 如何区分轮胎气压监测系统是需要学习还是故障？

提问：不少上海通用车出现右前胎压传感器故障，进行胎压学习操作还是不能解决，这是什么原因？如何进行正确的胎压系统自学习？

解答：出现与轮胎气压监测系统相关的状况时，区分检查轮胎气压/轮胎气压过低故障和维修轮胎监测系统故障是很重要的。理解两个不同故障的区别有助于区分正常系统操作（轮胎需要充气）和系统故障。检查轮胎气压/轮胎气压过低警告灯和维修轮胎监测警告灯有两个重要的不同点：

1）"检查轮胎气压/轮胎气压过低"警告灯始终点亮，系统未设置故障码。轮胎气压监测系统正常工作。校正轮胎气压即可解决。

2）驾驶人信息中心 DIC 提示"请检修胎压监测系统"，警告灯闪烁，系统设置故障码。此时车辆需要诊断修复。

轮胎气压监测系统用于向驾驶人提示轮胎气压或系统本身故障。具体描述如下：

（1）检修轮胎监测系统（警告灯闪烁并保持常亮）　当系统出现故障时，轮胎气压警告灯将闪烁约 1min，且 DIC 显示"请检修胎压监测系统"。例如：如果一个或多个轮胎气压传感器在一定时间内未发送任何信号，则轮胎气压监测系统将设置故障码，显示该信息并使警告灯闪烁约 1min，在剩余的点火循环中灯将保持点亮。如果系统故障为间歇性的，则报警信息/警告灯也可能为间歇性的——在某些点火循环中点亮，在其他循环中熄灭。此时使用诊断工具检查车辆，设置相应的 DTC，参考维修手册相关内容排除故障。

（2）轮胎气压过低或过高警告（警告灯常亮）　如果轮胎气压监测系统检测到某一轮胎气压低于标定值，则 DIC 显示"××胎压低"或"××胎压高"信息，轮胎气压警告灯会点亮并保持常亮。报警信息和警告灯可能本身就是间歇性工作的，尤其在寒冷天气时。

导致轮胎气压过低或过高报警信息/警告灯显示的条件如下：

1）轮胎可能被扎或有缓慢的漏气。

2）在过去的六个月内未检查轮胎气压。

3）当前冷态轮胎的气压可能处于系统需要警告驾驶人的状态。然而，该轮胎的温度和气压会在客户驾驶过程中逐渐升高，使信息和警告灯熄灭。

4）轮胎可能已换位、气压已调节且新的轮胎位置没有重新读入车辆。该情况可能发生在前后轮有两个不同标签气压的车辆上。

5）车轮和轮胎总成可能有缓慢的漏气（气门杆、轮辋或铝制车轮漏气孔漏气）。

当出现上述情况时，需要检查或更换相关部件［若更换轮胎或胎压传感器，需首先执行（4）中的重新读入胎压传感器］并调整胎压至 240KP。

（3）胎压无显示或部分显示　当胎压监测系统正常工作时，驾驶人信息中心 DIC 会正确显示四个位置轮胎胎压值。出现下列情况，DIC 胎压值全部或部分显示"——"：

1）车辆蓄电池被断开过后四个胎压值显示"——"。此时不需任何维修工作，正常行驶（车速大于 20km/h）20min 后胎压显示恢复正常。

2）胎压学习过程未正常完成。车辆正常行驶（车速大于 20km/h）20min 后胎压仍然无显示或部分显示，需要按照（4）中的学习过程重新读入胎压传感器。

3）更换过轮胎或胎压传感器，相应的胎压显示"——"，此时需要按照（4）中的学习过程重新读入胎压传感器。

4）胎压学习过程中学到其他汽车车辆的轮胎导致本车相应胎压显示"——"，此时需要按照（4）中的学习过程重新读入胎压传感器。

（4）胎压传感器的读入　维修站在更换轮胎或轮速传感器后使用下述方法读入胎压传感器。具体方法如下：

1）变速杆置于"P"，接通点火开关至 ON，通过 DIC 进入胎压显示界面，同时 DIC 显示"按 Set/Ctrl 键重新学习"。按下 Set/Ctrl 键，转向灯起动 3s 且喇叭发出两声"嘀嘀"声，进入学习模式。

2）从左前轮开始，将 J－46079－30 工具的天线朝上顶住气门芯位置，紧贴轮辋的轮胎侧壁，按下工具起动开关，当喇叭发出一声"嘀嘀"声表示已读入胎压传感器信息。

3）按照上述方法依次对右前—右后—左后车轮轮速传感器执行读入过程，当学习过程结束后，转向灯起动 3s 且喇叭发出两声"嘀嘀"声。

读入过程结束后车辆已记录下胎压传感器 ID，DIC 能显示四个位置的轮胎压力值，维修人员需按照车辆上轮胎负载信息表调整轮胎压力值至 240KP。

注意：在执行上述过程时请确保与其他车辆保持一定距离，以防止误读入其他胎压传感器信息。

271. 修补过的轮胎还能跑高速吗？

提问：轮胎漏气补胎后跑高速，结果途中补的那条轮胎爆了，险些出事故，是否补的轮胎不能跑高速？

解答：修补的轮胎一样跑高速，因为国内高速公路一般限速 120km/h，分析修补装胎时可能有问题或该轮胎已经不良。需要提醒的是，装胎时应在轮胎胎圈部位涂抹水制润滑剂（肥皂水），以减小装胎阻力及初装充气压力。实践证明不润滑有三大危害：①增大装胎阻力和初装充气压力，易损坏胎圈及发生爆胎事故；②影响轮胎的动平衡；③影响轮胎的气密性。另外，还有一点需要说明的是有的公司生产的轮胎，在胎侧部位均有外观检查合格章、一个均匀性高点（红点）及一个静平衡轻点（黄点）标记，在装胎时一定要将黄点与轮辋气门嘴相邻，这样轮胎和轮辋组合件会取得最佳的动平衡效果。

272. 汽车后轮胎需要做动平衡吗？

提问：长安车左边后轮毂没有平衡块，也没有安装平衡块的痕迹，需要做动平衡吗？

解答：如果汽车行驶中发生方向摆振，需要做轮胎动平衡。后轮影响小，一般可以不做动平衡，但是，如果轮胎滚动异常或振动磨损异常，就需要做个动平衡来进行检测。

273. 如何选择汽车轮胎?

解答：轮胎好比鞋子，直接影响行走或跑步的效果。选择轮胎首先要根据车辆的行驶速度及用途，选择适合自己车辆的轮胎。规格选好后，重点注意轮胎的生产日期及一低二力三性四耐；一低就是低噪声；二力就是负载能力和抓地能力；三性就是操控性、稳定性与可靠性；四耐就是耐冲击、耐热、耐腐蚀、耐磨。由于橡胶容易老化，所以生产日期最近的最佳，如图3-1所示。

图3-1　轮胎生产日期

DOT—美国运输部（Department of Transportation）　7V—制造商和制造厂编码
3V—轮胎规格编码　H6VX—制造商自选编码　4402—制造日期：2002年第44周

274. 为什么有的车前轮轴距比后轮轴距大些?

提问：有的车前轮轴距比后轮轴距大些，说明前后桥并不是等轴距的，为什么前轮轴距要大些？有人说可能与控制侧滑有关，侧滑又是指的什么？为什么高速行驶发飘需要更换减振器？

解答：汽车前后轮距有三种情况，有前后轮距一样的，有前轮距略窄于后轮距的，也有后轮距略窄于前轮距的，这是根据车型不同设计的。当然，轮距不同有时候会直接影响车辆的驾驶特性，往往前轮距宽的车在弯道当中会感觉更稳当，但是随着前轮距加宽，转向的精确度会相对降低，理论上前轮距大于后轮距的好处是当汽车高速过弯时外侧前轮受力大，其前轮轮距越宽，过弯侧倾的力矩越小。

后轮距宽的汽车，在转弯的精度上来讲会非常高，前轮距比后轮距窄些，还可以使汽车高速直线行驶稳定性增加。越野车一般都是前后轮距相等，这样在通过障碍的时候，后轮压前轮轨迹通过，滚动阻力更小。

行驶的汽车因制动、转向、加速等引发某车轮出现横向移动的现象称为侧滑。如果汽车的侧滑量过大，将破坏车轮的附着条件，丧失定向行驶能力，引发交通事故。另外，减振器失效也会使轮胎与地面的接地力减少30%，甚至不与路面接触，造成高速行驶发飘、弯道行驶摇晃，方向难以控制，制动易跑偏侧滑。

275. 天籁车修理后，有"推头"的感觉如何处理？

提问： 一辆天籁事故轿车，修好后，车主抱怨转向时有"推头"现象，认真做过四轮定位也无效，后来换了 4 条新胎，做了动平衡后，再次认真做了一次四轮定位，结果还是有"推头"现象。如何减少推头现象的发生？

解答： "推头"的学称为"转向不足"，前驱车常常会在弯道极限时出现这种现象。所以，修车界流传着一句顺口溜："前驱车易推头，后驱车易甩尾。"要想减少前驱车的推头现象，需要从驾驶、车况、设计三方面来改进。

所谓前驱车，就是前轮驱动结构的车。它是指发动机的动力直接传递给前轮，从而带动车辆前进的驱动方式，也就是前进时前轮"拖动"后轮行走。前轮驱动的优点是更容易布置车内成员空间，机械结构简单，造价便宜，从而节省成本。所以，绝大部分的小车都采用前轮驱动。前轮驱动的缺点是：由于前轮既负责驱动车辆又负责车辆转向，前轴负荷较重，这使得前轮驱动的车辆在过弯时前部重心会因惯性而前移，容易突破前轮的地面附着力，而后轮又没有动力，则会发生转向不足，即俗称的"推头"现象。

而后轮驱动是指发动机的动力通过传动轴传递给后轮，从而推动车辆前进的驱动形式，后轮驱动是一种比较传统的驱动形式，最早的汽车基本上都是后轮驱动。在后轮驱动中，后轮为驱动轮负责驱动整个车辆，而前轮为导向轮负责转向，也就是前进时后轮"推动"前轮，带动车辆行走。后轮驱动的优点是后轮负责驱动，令前轮可专注于转向工作，因此转向时车辆反应更加敏捷。此外，车辆起步、加速或爬坡时重心后移，后轮作为驱动轮抓地力增强，有利于车辆起步、加速或爬坡，提供更好的行驶稳定性和舒适度。后轮驱动的缺点是制造成本较高，空间利用不便，同时在转弯的时候，如果后轮转速高于前轮，便会出现转向过度的情况，即所说的"甩尾"。后轮驱动一般都应用在一些中高级轿车上，比如奔驰、宝马、凯迪拉克等。

老天籁采用的是传统"连杆"结构，新天籁车采用的是梯形控制臂独立后悬架和 ATC 主动循迹控制系统，组成"梯悬架 + ATC"组合，操控性得到大幅提升。其下控制臂是一个 H 形的梯形结构，上控制臂是一个连杆，这种上短下长的控制臂组合，使新天籁在保持舒适度的基础上，有效提高了悬架的刚性。当车辆转弯时，ATC 循迹控制系统通过电子系统主动识别转向不足的情况，对转弯内侧车轮进行实时制动，自动协调内外轮转速，加强整体循迹性能，可明显减少推头情况的发生。平时驾驶中，注意避免转向打到极限位置，维修中注意及时更换磨损与松旷的配件，定期做好四轮定位，可以减少推头现象的发生。

276. 如何检验电控悬架性能的好坏？

提问： 检验或者购买四轮电控悬架的高档车，应如何检验电控悬架性能的好坏呢？

解答： 检验四轮电控悬架性能好坏可以用四个字来记忆，就是"刹加转乘"，即刹不点头、加不后仰、转不外倾、乘不晕车。具体说就是制动不点头，加速不后仰，转弯不外甩，乘坐不晕车，坏路升高走，好路降低跑，普通路舒适，高速路安全。

277. 空气减振器有什么特点？

提问： 看到大众辉腾 W12 只有空气减振器，如果车辆配置了空气减振器就可以省去液压减振器吗?

解答: 减振器的作用是尽可能快地降低车体与车轮的振动能量并将其转化为热量。一旦减振器失效,振动将逐渐累积,直至车轮不能与地面接触。一般减振器是配合各种弹簧一起工作的,除非是完全承载式结构,钢制与气体支柱共同产生弹簧的承载力,即只有空气弹簧作为承载弹簧元件时才是完全承载式空气弹簧。辉腾顶级轿车的空气弹簧和液压减振器一体,如图 3-2 所示。

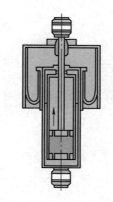

图 3-2　辉腾的空气弹簧和液压减振器一体

278. 空气减振器塌下去了是什么原因?

提问: 一辆保时捷帕纳美拉,4.8T,前面的两个减振器塌下去了,后面两个是好的,技术组的几位师傅分析,既然后面的两个空气弹簧是好的,说明空气压缩机也应该是好的,只有可能是前面的高度传感器或者空气袋出了问题。两个空气袋不知道是哪一个出了问题,因为两个一起落一起升,只好更换前面的两个气袋及高度传感器。这么分析正确吗?

解答: 在主动式空气悬架系统中,每个减振器都可以通过改变其中的气压来改变阻尼系数。车辆行驶中,悬架控制单元可以通过发动机输出转矩和加速度传感器的数据,来预测车身的摆动幅度,减振器的阻尼系数会自适应地增加。所以,检测一定要在静态进行。上述分析有一定的道理,但是,实际情况要先用 ECU 进入自动悬架控制系统,调取故障码,读取数据流分析最佳。为什么不首先利用自诊断系统呢?假设前面的气袋有泄漏的地方,气泵将不停地工作,温度高了,虽然有保护,但是实践中,常常遇到气泵磨损或卡滞,有时敲击一下气泵,前面又可以升起来。如果是描述的情况,就可能需要更换前面的气袋,同时还需要更换气泵,而不是更换高度传感器了。至于气袋漏气的检查方法,最好是利用诊断仪的数据流功能,进入车身高度控制系统,通过观察 4 个空气袋的高度,看哪一个最先下降,一般应该相差 1mm,即可确诊先下降的为漏气的气袋。当然,还可以拆卸附件,直接利用肥皂水检漏。

279. 如何鉴定减振器好坏?

解答: 行驶中的减振器会有一定的温度,如果停车后马上摸减振器外壳,会感觉到减振器发热。如果摸着没有温度,说明减振器已经失效了。停驶的车辆,按压减振器部位的车身上下几次,放松后车身随即停止上下跳跃,说明减振器正常。如果继续跳跃,说明减振器失效。

第四篇

转向系统篇

280. 液压助力转向与电动助力转向哪个更好些?

解答： 电控助力实际分为流量控制、反力控制和电动机控制三种。前两种都是在原来液压助力系统的基础上增加电控调节，其本质没有变化，还是液压助力转向系统，只是流量控制型增加了旁通流量控制阀、控制电路、车速传感器、转向角速度传感器及控制开关。可以通过车速传感器信号，来调节改变压力油输入、输出流量，控制转向助力的大小。反力控制式同样利用车速传感器信号，不同的是还要利用反力控制室油压，来改变压力油输入、输出的增益幅度来控制转向助力的大小。而电动机控制式，即电动助力 EPS，可能是需要了解的。电动助力通常由转矩传感器、车速传感器、电子控制单元（ECU）、电动机和电磁离合器等组成。电动助力 EPS 是利用电动机作为助力源，根据车速和转向参数等，由电子控制单元完成助力控制。

当操纵转向盘时，装在转向盘轴上的转矩传感器不断地测出转向轴上的转矩信号，该信号与车速信号同时输入到电子控制单元。电控单元根据这些输入信号，确定助力转矩的大小和方向，即选定电动机的电流和转向，调整转向辅助动力的大小。电动机的转矩由电磁离合器通过减速机构减速增扭后，加在汽车的转向机构上，使之得到一个与汽车工况相适应的转向作用力。电动助力 EPS 将电动机、离合器、减速装置、转向杆等各部件装配成一个整体或分置，这使其结构紧凑，重量减轻。一般电动助力 EPS 的重量比液压式 EPS 重量轻 25% 左右，而且没有液压式动力转向系统所必需的常运转转向油泵，电动机只是在需要转向时才接通电源，所以动力消耗和燃油消耗均可降到最低。由于省去了油压系统，所以不需要给转向油泵补充油，也不必担心漏油。同时可以比较容易地按照汽车性能的需要设置、修改转向助力特性。电动助力还具有车速控制，即当车速高于 43 ~ 52km/h 时，停止对电动机供电的同时，使电动机内的电磁离合器分离，按普通转向控制方式工作，以确保中、高速行车安全。

电动助力 EPS 还有临界控制功能。这是为了保护系统中的电动机以及控制组件而设的控制项目。在转向器偏转至最大（即临界状态）时，由于此时电动机不能转动，所以流入电动机的电流达最大值，为了避免持续大电流使电动机及控制组件发热损坏，所以每当较大电流连续通过 30s 后，系统就会控制电流使之逐渐减小。当临界控制状态解除后，控制系统就会再逐渐增大电流，一直达到正常的工作电流值为止。

和所有电控系统一样，电控转向系统也具备自诊断和安全控制功能。当电子控制单元检测出系统存在故障时，可显示出相应的故障码，指出在什么范围内进行检修。当检测出系统的基本部件如转矩传感器、电动机、车速传感器等出现故障而导致系统处于严重故障的情况下，系统就会使电磁离合器断开，停止转向助力控制，转向盘就会变为纯机械控制，虽然沉重，但确保系统安全、可靠，一样可以操控方向。

281. 动态转向系统与主动转向系统一样吗?

解答: 二者都是通过改变传动比来实现转向的，所以应该是一样的，就好比一个人有两个名字。

282. 奥迪转向柱控制单元的功能有哪些?

解答: 转向柱控制单元（图4-1）主要负责处理转向柱开关的信号，记录点火开关信号，管理多功能转向盘，控制转向盘加热，自诊断所有转向柱上的开关和转向盘上的按钮，计算转向角度传感器，并通过动力总线进行传递。

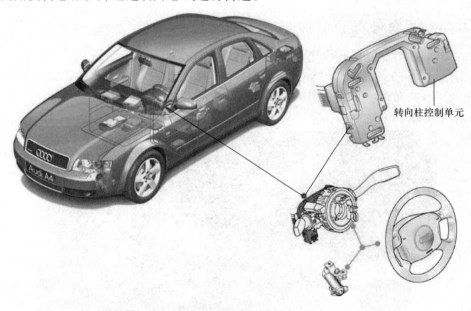

图4-1 转向柱控制单元

实际装车的有三种不同功能的类型:

1）Low – line 型（标准）。识别转向开关位置，识别刮水器开关位置，控制车载计算机，控制喇叭，确定转向角度。

2）Mid – line 型（在标准型基础上附加的功能）。识别CCS开关位置，控制多功能转向盘。

3）High – line 型（在上述两种类型的基础上又附加的功能）。转向盘加热。

对应不同的转向柱电器系统也有三种不同功能的类型:

1）band > 气囊和喇叭（标准型）。

2）bands > 多功能转向盘按钮。

3）bands > 转向盘加热。

J527 接收如下触点信号：

P—驻车灯；

86s—点火开关触点；

75—卸荷；

15—点火开关接通；

50—起动机通电。

283. 驾驶辅助系统在什么情况下关闭?

解答：在环境温度超过 28℃时，"识别出行人时做上标记"功能会自动关闭。和天足够亮时该功能也会自动关闭是一个意思，即白天关闭，因为夜晚温度一般低于 28℃。超过28℃，系统就认为是白天。白天肯定要关闭夜视系统，关闭只是不特别提示打圈，图像还是有显示。

284. 如何检查与添加转向助力油?

解答：转向助力油应该在冷态时不起动发动机，摆正前轮。检查油面高度，应在 MIN和 MAX 附近（2mm）。暖机时（约 50℃以上），起动发动机，摆正前轮。拧下转向油壶尺盖，用一块干净抹布擦净油尺，用手拧紧油尺盖并将其再次拧下。检查油面高度，应在 MIN和 MAX 之间，如图 4-2 所示。

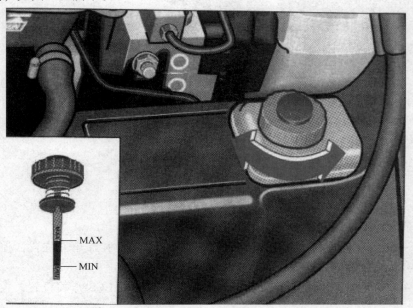

图 4-2　转向助力油的检查与添加

注意：如油面高于规定值，应抽出一些转向助力油。如油面低于规定值，应先检查液压系统是否泄漏，不能只是补加转向助力油。如液压系统没问题，再补加转向助力油。

285. 怎样检修动态转向系统?

提问：一辆奥迪Q5，故障现象是转向系统（图4-3）故障灯点亮，车主说有时转向盘转不动，不知道该车装配的是动态转向系统，还是主动转向系统，也不知道检修工艺是怎样的。如何检修？

解答：现在的高档车，每个系统都是计算机控制，开着这样的一辆车，转向盘就好像是计算机的键盘，车身好像是配装4个轮子的计算机。根据描述，该车转向系统故障灯点亮，检修工艺的第一步就是需要用诊断计算机调取故障码，然后根据故障码的提示酌情检修。就跟检修其他电控系统一样，没有什么特别的地方，不也就是传感器、ECU、执行器与线束吗，只是所有系统都联网了。对于该系统，所谓动态和主动，可以说是同义词。

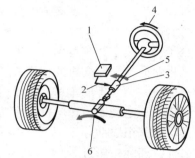

图4-3　奥迪动态转向系统
1—主动转向系统控制器J792　2—控制信号
3—电动机械驱动机构（作动器）
4—驾驶人的转向运动　5—叠加角度
6—有效转向角

动态或主动就是说，转向盘的转角与车轮转角的对应关系是可变的。计算机想知道车轮的实际转角，需要两个数据，即转向盘转角和转向伺服电动机的转角。计算机通过对这两个数据的计算，得到车轮的实际转角。当两个数据任意缺少一个时，车轮的转角将无法获得，故障灯就会点亮，并报传感器及相关的故障码。所以，调取故障码是很关键的一步。

知道了它们之间的逻辑关系，检修起来就可以主动。清理线路没有问题，不是传感器就是执行器（转向机），一般更换后进入系统清除故障码，对伺服电动机传感器进行匹配，即可恢复正常。

286. 自动泊车和车道保持辅助功能为什么都失效了?

提问：一辆大众CC　2.0L轿车，车主反映打转向盘特别重，仪表上助力转向指示灯亮，红色，用大众5054检测44助力转向系统，故障码所提示的内容为"16344—控制单元电路电气故障，静态"，后来检测线路正常，决定更换转向机总成，更换后仪表上助力转向指示灯还亮，但是为黄色，检测44助力转向系统，故障码为02546，代表"转向锁止位无或错误的基本设置/匹配，静态"。匹配后故障码02546消失，打转向盘也很轻，就让车主开走了。过了一天，车又开过来了，称该车的自动泊车和车道保持辅助功能都失效了，而且仪表上的"车道保持辅助"选项也不显示了，检测后发现车道保持辅助有故障码"03550—转向机型不兼容，静态"，44助力转向系统无故障。故障码分析是转向机中的道路辅助功能没有开通，首先用功能引导检查匹配道路辅助系统，但是不能成功激活该功能，后来查资料得知，应该进入44中，选择系统登录车输入64835，确认后查资料得知应该选择12－04将0改1，但无法更改。所以像03550－转向机型不兼容这个故障应该怎样匹配？自动泊车和车道保持辅助不能使用也和这个故障有关系吗？

解答：根据描述，认为维修工艺应该注意一下。一是要更换配套的转向机总成，二是同时更换转向机线束及隔热罩较妥。首先简单匹配后做个四轮定位，做完四轮定位再重新做匹配。如大众 CC 更换转向机后存储"03550 - 转向机型不兼容"这个故障码,说明新的转向机控制单元 J500 默认车道辅助功能是关闭的,打开即可。可以用引导功能进入地址动力转向(44),选择匹配车道辅助,通道 6 为方向稳定辅助控制单元通信,将"0"改为"1",重新打开一次点火开关就能清除故障。如感觉转向时手感轻或重,还可以对转向机的助力曲线进行刷新。

至于自动泊车和车道保持辅助不能使用肯定也和这个故障有关系。要知道自动泊车的实质就是将转向盘即转向机的指挥权从驾驶人手中接管过来,驾驶人只需控制加速踏板或制动踏板来保持一个合理的车速,车子就可以顺利停入车位。还有驾驶人辅助系统、电动助力转向控制单元、电动助力转向机、多功能转向盘、转向柱控制单元、道路偏离预警控制单元、仪表等均是其组成部分。

另外,实际检修过程中,更换了转向角传感器 G85、转向机总成(含转向控制单元 J500)、转向开关总成(含控制单元 J527),做过一次车轮定位的调整,或出现故障码"00778",需要做转向零位(中间)位置的设定。做过转向零位(中间)位置设定后,或出现故障码"02546",需要做转向极限位置的设定。方法是:前轮处于直线行驶状态,起动发动机,转向盘朝左转动荡 10°左右,停顿 1~2s,回正,再朝右转动 10°左右,停顿 1~2s,回正,双手离开转向盘,停顿 1~2s,然后方向朝左打到底,停顿 1~2s,再朝右打到底,停顿 1~2s,转向盘再回正,关闭点火开关,6s 后生效。

287. 转向变沉重的原因有哪些?

解答:汽车四轮定位值失准后,车辆在转弯时会变得沉重,回正性不好,轮胎出现偏磨现象。转向沉重的原因一般有三点,一是转向助力失效;二是转向支承与随动机构过紧或定位失准;三是转向机自身过紧或润滑不良。一般在转向助力或转向机自身没有问题的情况下,做四轮定位可以发现并排除转向沉重的故障。

288. 本田 CRV 为什么转向沉重或发飘?

提问:一辆本田 CRV 事故车,修好后,总感觉转向沉重,换了很多零件也没有改善。后来试着将前轮前束调大些,感觉转向轻便了。但是,行驶中,又感觉转向盘发飘,忽左忽右。这是什么问题?应该怎样解决?

解答:车辆行驶稳定性差,既有转向机的原因,也有转向辅助部分的原因。根据描述,将前轮前束调大些,感觉转向轻便了,这种做法是不可取的,因为这种轻便是病态的轻便,转向会忽左忽右发飘,严重影响行驶的安全性,必须将前轮前束恢复到原厂数值。根据维修经验,分析可能是经过维修的事故车上的转向梯形机构变形。一旦转向机构没有梯形定位,转向时就会出现转向轮运动干涉,转向偏重。将前束调大,起到了建立转向梯形的作用,所以转向就变轻了。

要知道,为使汽车在转弯时减少附加阻力和轮胎磨损,汽车转向时各个车轮都应做纯滚动,此时,各轮的轴线必须相交于一点,如图 4-4 所示。交点称为转向中心。该中心随驾驶人操纵的前轮转角的变化而改变,因此也称为瞬时转动中心。为达到这个目标,转向时内侧车轮必须比外侧车轮转向一个更大的角度,同时内侧车轮的转向半径比外侧车轮的转向半径要小。这种自动进行的转向轮转向定位,必须依靠转向梯形结构来保证。如图 4-4 所示,即从轮胎轴端到转向摆臂铰接处的距离，要比到转向轴的距离短，这就迫使转向时，内侧车轮转到一个较大的角度。

鉴于此，需要检查，看是否需要校正或更换转向梯形臂或转向节才能排除故障。具体到本田 CRV 舒适性多功能车，由于梯形臂与前减振器一体，所以，必须更换两根前减振器后，再去做个四轮定位，才能排除故障。

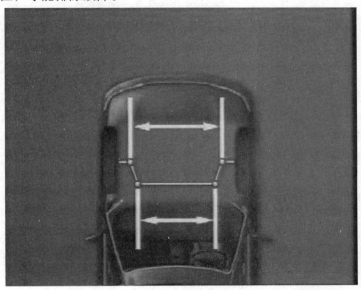

图 4-4 转向梯形定位

289. 动态转向变速器出现锁档故障怎么修？系统为什么转向沉重、高速不稳？

提问：一辆奥迪 Q5 事故车修好后，车主对外观及涂装很满意，就是对转向系统不满意。说转向沉重，高速开起来不稳。咨询奥迪公司说这款车是动态转向系统，需要在线匹配。也不知道这个动态转向系统的工作原理，更不了解在线匹配，它的工作原理及匹配方法是什么？

解答：奥迪 Q5 是电动助力动态转向系统，系统结构如图 4-5 所示，该动态转向系统内集成了一个叠加传动装置，通过该叠加传动装置，转向盘与前轴在任何位置上都存在机械连接。出现严重系统故障时，叠加传动装置的电动机轴被锁死，这样就避免了功能失效。一个控制器负责确定转向角增加还是减少。该控制器控制着驱动叠加传动装置的电动机。车轮的总转向角度就是该叠加角度和驾驶人在转向盘上施加的转向角度之和。叠加角度的三个功能分别是：增加驾驶人施加的转向角，减少驾驶人施加的转向角，在驾驶人无转向动作情况下实现转向角。

主动转向系统控制器 J792 计算实现可变转向传动比而需要的叠加角度。这主要依据当时的车速和驾驶人施加的转向角。这一调节功能在系统无故障时始终是激活的。另外，还有 ABS 辅助稳定干预功能。ABS 控制器 J104 通过稳定功能计算出为实际动态行驶稳定性而需要的转向角修正值。这些修正值通过组合仪表/底盘 CAN 总线发送到主动转向系统控制器 J792 上。主动转向系统控制器 J792 将相应的修正值累加在计算出的叠加角度上。然后，修正的转向角在所有车轮上生效。安全系统监控主动转向系统控制器 J792 的功能是否正确。所有可能导致与安全有关的动作误干预的故障都被加以诊断。根据故障情况，采取从关闭部分功能到关闭整个系统的各种措施。主动转向系统控制器 J792 不参与 CAN 总线端子延时。主动转向系统控制器 J792 是组合仪表/底盘 CAN 总线的用户，并向 CAN 其他用户发送相关的信息：系统状态发送到 ABS 控制器 J104 和车载电网控制器 J519 上；总叠加角度信号发送到 ABS 控制器 J104 上；总叠加角度的方向信号发送到 ABS 控制器 J104 上；动态储备信号（通过控制电动机可以以何种速度调

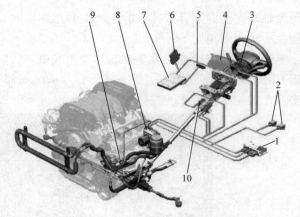

图 4-5　奥迪 Q5 动态转向系统

1—主动转向系统控制器 J792　2—ESP 传感器单元 G419 和 G536
3—转向角传感器 G85　4—组合仪表中的控制器 J285
5—开关模块 E592　6—数据总线诊断接口 J533　7—车载电网
控制器 J519　8—ABS 控制器 J104　9—转向液压泵 V119
10—动态转向系统的转向柱

节多少度的转向角）发送到 ABS 控制器 J104 上；警告灯控制信号发送到仪表板内的控制器 J285 上；系统警告信号发送到仪表板内的控制器 J285 上；当前行驶程序信号发送到车载电网控制器 J519 上；转换请求识别信号发送到车载电网控制器 J519 上。

（1）初始化　基于当前法规要求，动态转向系统在结构上被设计成：即使能够电动机械调节，转向盘和转向机构主动齿轮之间仍存在永久机械连接。这样，当动态转向系统关闭时，仍然可以通过操纵转向盘来控制车轮转向（例如在升降台上维修时）。但是，在此时的转向过程中动态转向系统不进行转向角的叠加，即不实现可变特性线。在这个过程中可以看到指示灯闪烁，并且在发动机起动时显示屏上出现"初始化"字样。如果汽车在初始化过程中移动，那么显示内容保持激活，直到初始化结束。在这种情况下，初始化在"后台"运行，驾驶人几乎感觉不到。利用位置传感器和转向角传感器的信号进行初始化。转向角传感器把转向盘的当前位置告知控制器。而位置传感器报告空心轴的位置以及轴承的偏心度。控制器计算出电动机的标准位置与实际位置之差，并通过控制电动机进行必要的修正。如果误差大于 8°转向盘转角，那么在汽车静止时就已开始修正。汽车一旦起步就终止修正，并通过转向过程中的修正来代替。如果偏差较小，一般会在下一次驾驶人转向过程中修正。当下一次系统起动时，即随着发动机的起动，前轮的转向角不再符合可变特性线，而是根据相应的转向盘转角而转到规定的车轮转向角。现在初始化的任务是确定这个与标准值的误差，并实现必要的转向角叠加，以恢复前轮的正确转向角。停车初始化过程中，驾驶人不进行操作，转向盘也会自行运动。

（2）故障后的初始化　如果主动转向系统控制器 J792 因某个严重故障，而不能关闭点火开关时，可靠存储位置传感器的信号，那么一个专门的初始化程序开始运行。该过程需要初始化传感器在转向器处于中间位置时发出一个信号。通过基本设置，主动转向系统控制器 J792 获得转向角传感器（转向盘位置）、位置传感器（偏心度位置）和初始化传感器（转向机构主动齿轮的位置）测量值之间的对应关系，并可以利用初始化传感器的脉冲和转向

角传感器的位置对位置传感器重新进行初始化。接着，"标准"初始化程序对可能不处于正中位置的转向盘进行同步处理。

（3）基本设置　通过基本设置，主动转向系统控制器 J792 一次性获知转向角传感器（转向盘位置）、位置传感器（偏心度位置）和初始化传感器（转向机构主动齿轮的位置）测量值之间的对应关系。在新车上，各个传感器信号之间的对应关系是在制造厂中配置好的。这因此成为初始化的前提，同时也确保了在平坦道路上直线行驶时转向盘保持水平。执行该过程时必须格外仔细。在以下情况下需要进行服务基本设置：

1）安装了新的/其他的主动转向系统控制器 J792。

2）安装了新的/其他的动态转向系统转向柱。

3）安装了新的/其他的转向角传感器 G85 或重新校准了转向角传感器。

4）更改了车轴调节数值。

（4）设码　主动转向系统控制器 J792 通过 SVM（软件版本管理）进行在线设码。

290. 急转弯时底部有"哒哒哒"的异响，这是什么原因？

提问：一辆斯柯达昊锐 1.8T，行驶了 100000km，在急转弯时无论向左转还是向右转，驾驶人侧底部都出现"哒哒哒"的异响，将车辆举升检查没有发现任何松旷的地方，这是什么异响？应该如何检修？

解答：车辆结构不一样，异响可能有所区别。根据描述，建议检查左右传动轴上的外球笼，特别是左边的外球笼易出现异响，看是否橡皮套破损造成外球笼异响，估计需要更换外球笼来排除故障。

291. 颠簸路面行驶时为什么转向柱传出金属敲击声？

提问：一辆奔腾轿车，平路上行驶正常，只要在颠簸路面，就从转向柱中传出沉重的金属敲击声，该车只行驶了 5 万 km，需要换转向机吗？

解答：遇见过该类车型，在颠簸路面行驶时，从转向柱中传出沉闷的类似金属敲击的噪声，拆检后，发现是转向柱总成的中间轴花键滑行部分缺少润滑所致，对中间轴花键部分进行润滑后即可消除该异响声。最好用厂家规定的专用润滑脂。

292. 转向机始终向左跑偏的原因是什么？

提问：一辆明锐 1.6L 轿车，搭载 CDF 发动机，累计行驶 7 万 km 以上。正常行驶中，转向机始终向左跑偏，且助力转向红色灯会偶尔点亮。做过多次四轮定位无效。该车也没有出过任何事故，不存在变形等外部因素。这是为什么？

解答：该车为电控助力转向系统，该系统一旦出现故障，除机械原因之外，一般还有三个原因：①转向转矩传感器 G269 不良；②转向角传感器 G85 不良；③转向助力控制单元不良。

根据故障码优先的检修原则，应该先进入助力转向系统中去调出故障码。有这样一个维修案例，有一款同类型的车，从助力转向系统中调出故障码 00573，转向转矩传感器 G269 电路中电气故障。该车的转向转矩传感器 G269 集成在转向助力控制单元 J500 中，如果真的是传感器问题，估计需要更换电控转向机总成。为了避免误诊，先将电控助力转向部分的电气插头脱开，即不用电控助力再试车，结果汽车直线行驶正常，不再向左跑偏。于是诊断为电控助力转向机故障，需要更换助力转向机总成。更换转向机总成后，用设备进入访问认可，2008 年以前生产的车输入 31857，2008 年以后生产的车输入 40168，再进入基本设置，输入 60，点激活，并将转向盘左打到底或右打到底，熄火后抽出钥匙，重新起动试车，结果发现故障依旧，行驶中还是继续向左跑偏。说明跑偏原因不在电动助力转向机总成。难道是机械故障引起的跑偏？于是直接检查两边的横拉杆长度，发现长度相差较大，转向盘的中心位置与转向柱的中心位置向右偏差几十度，这才是车辆始终跑偏的原因。重新调整左右横拉杆的长度，并将转向盘和转向柱中心位置对正安装，然后重新做了一个四轮定位，车辆行驶恢复正常，不再跑偏。

分析由于电控助力转向系统有主动回正功能，即当车辆在直线行驶时，如果转向角传感器 G85 检测到转向盘不在 0 点，即中心位置，则 J500 会根据 G85 的信号控制助力转向电动机（V187）工作，从而给转向盘提供一个回正转矩，使转向盘回到中心位置。虽然是因为转向盘和转向柱的中心位置出现错位安装，但通过做四轮定位调整到各个参数正常，没有助力时，汽车也能直线行驶。可是，一旦驾驶人将转向盘打正行驶过程中，转向角传感器 G85 检测到转向角向左或向右偏差，电控系统收到偏差信息，就会主动进行调整，结果，明明不跑偏的车辆，反而跑偏了起来。该车就是转向角传感器 G85 检测到转向角向右偏差几十度，助力转向控制单元 J500 根据 G85 信号，控制助力转向电动机（V187）工作，提供向左的回正力矩，结果造成车辆主动向左跑偏。

293. 奥迪 A7 方向跑偏时为什么转向盘振动？

解答：可能是车道主动辅助系统在售车时已经设定，好比转向干预模式如图 4-6 所示。帮助驾驶人，使之不致因疏忽而将车驶离车道，也可通过转向盘振动来对驾驶人发出警告（当然是先在 MMI 中激活这个功能），驾驶人可在 MMI 上设置该模式或不设置该模式。该模式通过持续不断地转向介入（转向干涉），来帮助驾驶将车辆保持在车道中心处。

转向干预"晚"这个模式帮助驾驶人，使之不会疏忽而将车驶离车道。在该模式中，只有当车辆已经接近车道边界线时才会引发奥迪主动车道保持辅助系统的转向干预。

图 4-6　转向干预"晚"

如果驾驶人的转向力矩大于反方向作用的系统转向力矩，则车辆将继续朝相邻车道方向行驶。如果车辆已经到达相邻车道，系统转向力矩将随之减小，直到最后数值为零。在这种情况下，系统认为驾驶人希望变换车道。转向干预"早"和转向干预"晚"这两个模式系统转向力矩的最大值几乎相同。

转向干预"早"（图 4-7）这个模式帮助驾驶人将车辆保持在车道中间。在此模式下，奥迪主动车道保持辅助系统持续不断地进行转向干预，来帮助驾驶人将车辆保持在车道中心处。奥迪主动车道保持辅助系统所需的转向力矩由图像处理控制单元 J851 来请求，该控制单元是奥迪主动车道保持辅助系统的主控制单元。转向干预"早"这个模式中，一旦车辆不再处于车道中间时便会发生转向干预。转向干预的前提条件是：警告系统功能正常，而且没有操作转向信号灯。车辆离车道中心越远，系统转向力矩就越大。驾驶人觉察到作为转向建议的这个转向干预，

图 4-7　转向干预"早"

而是否采纳该建议则由他自己决定。要想把车辆换到临近车道，则驾驶人施加的转向力矩必须大于反方向作用的系统转向力矩。

294. 转向助力油壶盖有三个刻度，哪个是标准值?

提问：标致车的转向助力油壶盖有三个刻度，哪个是标准值？在什么情况下需要更换油壶盖？

解答：关于转向助力油壶盖的刻度，请打开转向油壶盖时，查看油壶盖上标尺显示的液位情况：1.6L 车型有三个油位刻度（图 4-8），冷车时，室温状态下转向液液位应处于 C 线到 ADD 线之间；热车状态下，转向液液面不得高于 H 线；2.0L 车型有两个油位刻度，转向液液位需在两个刻度之间。

注意：在打开转向油壶盖查看时，不能把油滴在转向油壶表面，不要倒置油壶盖，以防止油液从密封垫旁的缝隙中渗

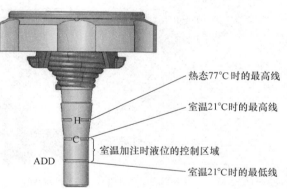

热态77℃时的最高线
室温21℃时的最高线
室温加注时液位的控制区域
室温21℃时的最低线

图 4-8　1.6L 标致助力油壶盖油位刻度

出。检查完毕在拧紧还原前，一定将转向油壶表面清理干净，吹干转向油壶盖上的油液。由于转向系统工作时助力油的温度不断升高，壶盖上的泄压阀打开，少量的油蒸气从泄压阀渗出，在油壶盖表面形成一层油膜，这是正常现象。为解决油壶盖拧紧力过大的问题，油壶盖密封圈处涂了润滑脂，高温后润滑脂变成液态流出，这也是一种正常现象，无须更换油壶盖。若助力油壶壳体上有明显的油迹或者严重漏油现象，则在排除管路原因后可直接更换转向油壶盖，或者转向油壶油位低于最低刻度时直接更换转向油壶盖来排除故障。

295. 转转向盘时为什么助力油总是溢出?

提问：一辆道奇公羊车，动力转向助力油在转转向盘时总是溢出，这是什么原因？

解答：如果动力转向油壶内缺少滤网，容易使杂质进入动力转向助力泵，造成动力转向助力泵磨损而引起噪声过大。另外，动力转向油壶内缺少滤网，使动力转向助力泵回油管路中动力转向液没有遇到阻力而直接冲到动力转向油壶内，使动力转向油壶内液体产生翻滚溢出现象。对存在上述故障现象的车辆，首先检查动力转向助力泵油壶内是否安装了滤网，若动力转向助力泵油壶内没有滤网或滤网破损，则必须更换新的油壶，才能解决助力油溢出问题。当然，前提是助力油按照标准添加，添加过多也会溢出。

296. 转向系统更换油管后为什么异响声很大？

提问：一辆奥迪 V6 发动机车的转向漏油，更换高压油管后，出现好大的异响声，这是怎么回事？

解答：可能更换的高压油管有质量问题，一定要用原厂配套的高压油管，因为奥迪 V6 转向高压油管都带单向阀装置，若更换不带单向阀的油管，不仅转向沉重，而且有异响。

297. 速腾车电动转向助力系统由哪些元件组成？

解答：速腾车电动转向助力系统的部件有转向盘、转向柱、转向角传感器、转向力矩传感器、转向齿轮、转向助力电动机及转向助力控制单元等，如图 4-9 所示。

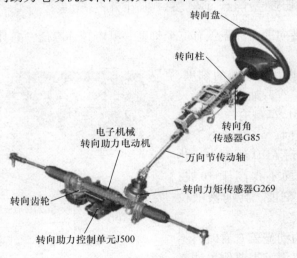

图 4-9　速腾电动转向系统组成

298. 速腾电动转向系统是如何工作的？

解答：如图 4-10 所示，当驾驶人旋转转向盘时，转向助力系统开始工作。安装于转向柱上的转向角传感器将检测到的转向盘的旋转角度和旋转速度，以电信号的方式送至转向助力控制单元。与此同时，作用在转向盘上的力矩经过传递驱动转向小齿轮旋转，转向力矩传感器检测到旋转力矩并将其传给控制单元。根据转向力、发动机转速、车速、转向盘转角、转向盘转速以及存储在控制单元中的特性曲线图，控制单元计算出必要的助力力矩并控制电动机开始工作。由电动机驱动的第二个小齿轮（驱动小齿轮）提供转向助力，从而驱动转向齿条。

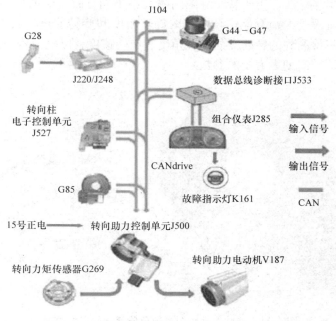

图 4-10　速腾电动转向系统的工作原理

另外，电动转向系统还有下列特殊功能：

（1）主动回正功能　如果驾驶人在转弯的过程中减小了施加在转向盘上的力矩，旋转杆上的转矩也相应减小。于是转向力在减小的同时，转向角度和转向的速度都相应减小，回转速度也相应被精确地检测到。控制单元根据转向力、车速、发动机转速、转向角度、转向速度和存储在控制单元中的特性曲线图计算出电动机所需的必要的回正力，并控制电动机工作，促使车轮回到直线行驶的方向，即中心位置。

（2）直线行驶功能　直线行驶功能是主动回正功能的一个扩展，当没有力矩作用在转向盘上时，系统将产生助力使车轮回复到中心位置。为实现直线行驶功能，又分为长时间法则和短时间法则两种不同的情况。

长时间法则：当长时间发生背离中心位置任何一侧时，系统将起到平衡的作用，如将夏季使用的轮胎换到冬季使用。

短时间法则：当短时间发生背离中心位置的任何一侧时，系统将起到平衡的作用，如受到侧向风时。

当车辆受到持续的侧向力时，驾驶人将给转向盘一个力矩，使车辆保持直线行驶状态。此时，控制单元根据转向力、车速、发动机转速、转向角度、转向速度和存储在控制单元中的特性曲线图计算出要保持直线行驶状态电动机需要提供的必要的力矩，并控制电动机工作，使车辆回到直线行驶状态，减轻驾驶人的工作强度。

299. 速腾转向盘转角传感器是如何工作的？

解答：转向盘转角传感器为光电式传感器，安装于转向柱上。当驾驶人转动转向盘时，转向柱带动转向盘转角传感器的转子随转向盘一起转动，光源就会通过转子缝隙照在传感器的感光元件上产生信号电压。由于转子缝隙间隔大小不同，故产生的信号电压变化也不同，好似有一双眼睛盯着驾驶人，看操作转向盘的旋转角度和旋转速度。其工作原理如图 4-11 所示。转角传感器将检测到的转向盘的旋转角度和旋转速度，以电信号的方式送至转向助力控制单元，作为计算转向助力力矩的参数。

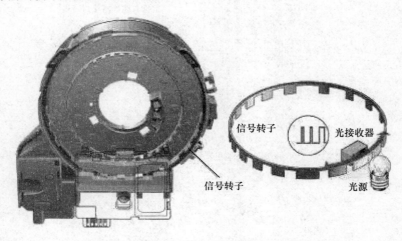

图 4-11　速腾电动转向盘转角传感器的工作原理

300. 速腾转向力矩传感器起什么作用?

解答: 速腾转向力矩传感器为磁阻式传感器，其磁性转子和转向柱连接块为一体，磁阻传感元件和转向小齿轮连接块为一体。当转动转向盘时，转向柱连接块和转向小齿轮连接块反向运动，即磁性转子和磁阻传感元件反向运动，因此转向力矩的大小可以被测量出来并传递给控制单元，其工作原理如图 4-12 所示。根据不同工作状况的需要，驾驶人作用于转向盘上的力矩大小不同，由该力矩产生的驱动转向小齿轮旋转的力矩大小也不同。转向力矩传感器根据小齿轮杆的旋转情况，检测出转向力的大小并输送至控制单元；同时转向盘转角传感器将检测到的驾驶人转动转向盘的角度也输送给控制单元；转子传感器将转动速度输送至控制单元，控制单元计算出合适的力矩，控制电动机工作。

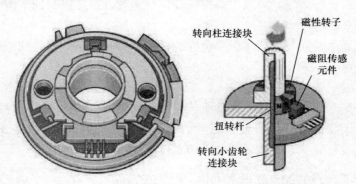

图 4-12　速腾电动转向力矩传感器的工作原理

301. 汽车行驶跑偏，除了轮胎轮辋原因外，一般还有哪些原因?

提问：汽车行驶跑偏，除了轮胎轮辋原因外，一般还有哪些原因？因为遇到换了新胎新圈跑偏的车，不知道修理什么地方。试车发现，若不用力把转向盘拉着，汽车就不能保持直线行驶。为什么？

解答：汽车设计中，汽车前轮定位包括四个方面，主销内倾、主销后倾、车轮外倾与前轮前束。这四个方面出现偏差，都会引起汽车行驶跑偏。所以，建议有条件的，发现汽车行驶跑偏，可以先做一个四轮定位来解决。

没有条件做四轮定位的，第一步检查轮胎气压，左右前轮气压若不一致，应按标准充气，保持两侧轮胎气压一致。如果气压正常，可以试着将前面两条轮胎进行互换。如原来向左跑偏，互换后变成向右跑偏，那马上可以确诊问题就在轮胎或轮辋上。检查车轮轮胎气压及表面磨损是否异常，检查车轮轮辋有无变形。互换后如果还是向左跑偏，即可排除轮胎或轮辋的问题。可调个前束，并用尺检查前后轴轴距再试车。依旧跑偏，可在车辆落地时，左右快速摇动转向盘，或车架起时晃动轮胎，查看转向与前后悬架系统有无松旷变形。

实践证明，转向传动机构弯曲变形引起的跑偏始终是朝一个方向，而传动间隙过大造成的跑偏，往往不稳定。悬架系统减振上座单边损坏或阻力矩过大，均会引起跑偏，对此应根据实际情况进行调整或更换零件。

另外，一边车轮制动拖滞，检查可在跑偏行驶后进行。用手摸跑偏侧制动盘或制动鼓是否发热严重，若温度较高，则说明该侧车轮有制动拖滞，应调整或检修该侧制动器。

还有轮毂轴承单边过紧，也会引起行驶跑偏，需要将车前轴架起，用两手转动车轮，查看有无惯性。若转动车轮较重或轮毂转动一段时间后，用手摸轮毂轴承处感到烫手，即是轮毂轴承过紧。车辆直线行驶时，即往轴承过紧的一侧跑偏。若轴承损坏，应予以更换。

对于电动助力转向系统出现行驶跑偏，可以先断开助力转向控制模块的供电，让其停止工作，然后再试车，如果不再跑偏，即可确诊为电动助力转向系统的故障。

302. 传感器损坏为什么需要更换转向机总成?

提问：一辆迈腾新车，小事故撞到左前轮，轮毂、轮胎有轻微的损坏，没有严重变形，更换了轮胎、轮毂以及下摆臂，进入系统发现有一个转向角传感器信号不可靠静态故障码无法删除。做了四轮定位以后，显示数据在正常的范围值内，试车发现一松转向盘就立刻跑偏，做了转向角传感器的匹配后还是跑偏，故障码是转向角传感器无基本设置静态，无法删除，校准仪器后再次做四轮定位依旧跑偏。现在向保险公司理赔转向机总成，因转向机外部没有明显的变形，保险公司跟4S店存在争议，要找第三方的鉴定公司出鉴定报告。这究竟是什么原因造成车辆跑偏的？转向机有损坏的可能性吗？

解答：如果机械部分的变形已经校正好了，包括转向机也对正安装无误，左右横拉杆调整的长度基本一致，转向机还是跑偏，说明转向角位置传感器损坏。由于集成的关系不能单独更换，所以，可以要求保险公司赔付转向机总成。

第五篇

制动系统篇

303. 如何检查与添加汽车制动液?

解答: 制动液是液压制动系统中传递制动压力的液态介质,有蓖麻油－醇型、合成型、矿物油型,使用在采用液压制动系统的车辆中。制动液又称制动油,它的英文名为 Brake Fluid,是制动系统不可缺少的部分。而在制动系统之中,它是力传递的介质,因为液体是不能被压缩的,所以从总泵输出的压力会通过制动液直接传递至分泵中。

检查内容主要是制动液液量。制动液的储液量应在储液罐的上下刻线之间。如果缺少制动液,应添加同种、同品牌型号的制动液,不可添加其他种类的制动液或酒精代用品。优质制动液应符合美国交通部 DOT3 和 DOT4 标准,这是国际认可的制动液标准。我国交通部和公安部制定 JG3 和 JG4 标准,也是参照美国标准制定的。我国生产的制动液 20 世纪 80 年代前一直是醇型,这种制动液的缺点是沸点较低,高温行车易发生气阻,低温性能较差,像在我国北方地区 －25℃以下会出现白色结晶,不能满足车辆使用需求,气温适用范围小。

检查发现制动液缺少,不要忙着添加,有可能提示制动片磨损或制动液渗漏。应检查,若不漏油,不需要更换制动蹄片,就可以添加到 MAX,如图 5-1 所示。

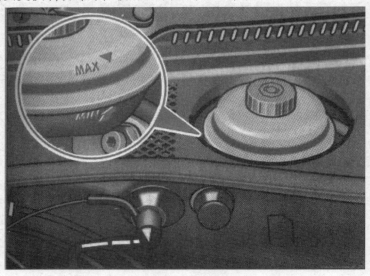

图 5-1　制动液的检查与添加

304. 制动液为什么总被水污染?

提问: 一辆奥迪 A4 首先是仪表线束烧坏，更换后还是烧坏，然后又发现仪表线束、汽油泵线束中也有水分，接着制动失灵。检查制动液中有水分。制动液更换后一周不到，制动又出现失灵，还是油中出现水分。这水不知道是从什么地方来的，总是换制动液也不是办法，长期的晴热天气一样出现水珠，这是为什么?

解答: 如果可以肯定是水分引起的，那么只有一种可能，就是膨胀回水壶引起的。发动机冷却系统在工作时是有压力的，一旦压力过大，膨胀回水壶水位传感器连接插座处密封不良，而插头密封得也不好，压力水蒸气可能通过电线铜芯渗入到描述中的这些地方，电线变成了"导流管"。原因确诊了，检修起来就很容易，一般更换膨胀回水壶即可排除故障。

305. 奥迪 Q7 后制动盘上有很多裂纹，应该更换吗?

提问: 一辆奥迪 Q7，检修制动时发现后制动器的摩擦面上有很多裂纹，该车使用陶瓷制动盘，不知是否应该更换，为什么?

解答: 陶瓷制动器摩擦面上的发丝状裂纹是由于加工工艺而形成的一些去应力裂纹（图5-2），它因制造技术而产生，这不是陶瓷制动盘的缺陷特征，更不能成为更换陶瓷制动盘的理由。这些去应力裂纹的程度各不相同，有一部分在新制动盘上也清晰可见，且其深浅程度也有所不同。冷却通道凸台上的表面裂纹也不是陶瓷制动盘的缺陷特征。制动盘环和制动盘毂是用螺栓相互联接的，绝对不允许分开。如果裂纹从制动盘毂的螺栓联接区域一直贯穿到制动盘摩擦面，即在制动

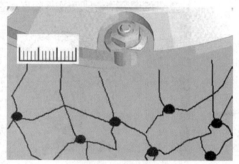

图 5-2　陶瓷制动器摩擦面上的发丝状裂纹

盘毂的螺栓联接区域有径向裂纹的陶瓷制动盘应予以更新。如果裂纹从制动盘摩擦面延伸到冷却通道或者穿过冷却通道，则必须更换新的陶瓷制动盘。制动盘由于磨损必须更新，且务必要一个车轴同时更新，制动摩擦片也务必要一个车轴同时更新。

306. 雷克萨斯前制动盘为什么还要分左右?

提问: 雷克萨斯前制动盘上为什么有记号 R 和 L? 难道还分左右制动盘吗? 检修时要注意什么?

解答: 雷克萨斯前制动盘采用的是高摩擦制动片，整体式双活塞制动轮缸，如图 5-3 所示。

该制动器有卓越的制动性能，但是制动盘比传统的制动盘磨损要快些，所以，每次保养，要注意检测制动盘的厚度，如图 5-4 所示，超限及时更换。超限不换继续使用就很危险。

制动盘工作时热量也比传统制动盘高，所以散热设计很重要。制动盘上设计的螺旋冷却栅可以明显提高制动冷却性能，但要注意安装记号，不能左右装反。一旦左右装反，制动盘螺旋冷却栅不但不能起到利用空气对流加快散热的作用，反而会形成空气旋涡积聚周围热

量，制动时就会产生高温与异响，如图 5-5 所示。

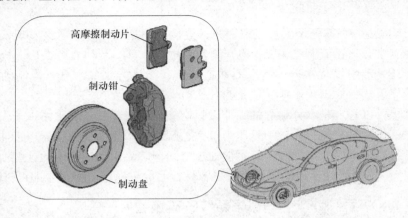

图 5-3　雷克萨斯前制动器结构

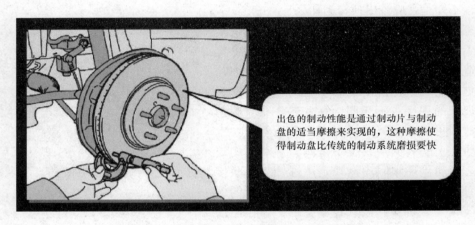

图 5-4　雷克萨斯前制动盘磨损厚度的检测

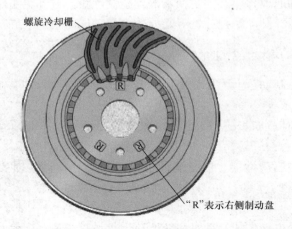

图 5-5　雷克萨斯前制动盘螺旋冷却栅与安装记号

307. 怎样更换起亚电控驻车制动器蹄片?

解答: 当需要更换后制动块时,可以通过诊断仪在车辆软件管理功能上执行"制动块更换模式",释放 EPB 活塞和再次夹紧,步骤如图 5-6 所示。

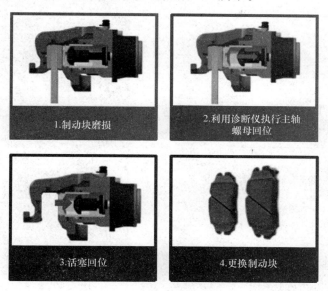

图 5-6 驻车制动器蹄片更换过程

308. ESP 系统怎样自动越野识别和下坡行驶辅助?

提问: 奥迪 Q5 与 Q7 车使用说明书上都介绍 ESP 系统有自动越野识别和下坡行驶辅助,奥迪 Q5 与 Q7 车上 ESP 系统是如何进行自动越野识别和下坡行驶辅助的?

解答: 奥迪 Q5 与 Q7 在对现有的 ESP 功能进行扩展后,于 2009 年首次使用了坏路(越野)行驶自动识别功能。这个自动识别功能是通过评估车轮振动来实现的,车轮振动是根据车轮转速信号来确定的。如果确定出有越野情况存在,那么就会修改 ABS、ASR 和 EDS 的调节特性,准许车轮有更大的滑转系数。比如,在松软路面上行驶时,通过车轮制动而使车轮部分抱死,这样松软的路面材质会在车轮前面因错移而形成楔状堆积。这种楔状堆积会增大车辆的行驶阻力,也就是说提供了额外的制动作用。如果驾驶人通过操作 ESP – OFF 开关激活了 ESP 越野模式,那么对越野情况的识别要快于自动识别。

在奥迪 Q7 车上,下坡行驶辅助功能是通过操纵制动踏板来激活的。在奥迪 Q5 车上,下坡行驶辅助功能首次可以通过一个单独的开关来激活。奥迪 Q5 车上的这个系统并不是将车速调整到预设的一个非常小的恒定规定值。调节参数是车辆进入下坡路时的初始速度。该系统的基本工作原理与 Q7 车是一样的。下坡行驶辅助功能即使在没挂档或者已经踏下了离合器踏板时也仍在工作。与奥迪 Q7 相比,调节范围变宽了,在奥迪 Q5 上这个可调节车速范围为 9~30km/h。在车速不高于 60km/h 时可以通过开关来激活这个功能。当车速超过 60km/h 时,该功能就自动关闭了(图 5-7)。另外,与奥迪 Q7 车一样,倒车时的 EBV 功能也做了修改,后桥的制动力增大了。只要挂入倒档,就可对此做出识别。在车辆向后溜车时，EBV 功能的工作过程与正常工作时是相反的。已激活和待命模式在车速不高于 30km/h 的情况下会在中央显示屏上给驾驶人显示出来（图5-8）。在车速不高于 60km/h 的情况下，该功能激活时开关内的发光二极管会亮起。

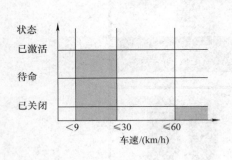

图 5-7　车速调节范围

图 5-8　显示下坡行驶辅助

309. 检修电子驻车制动应该注意什么？

提问： 现在奥迪等车都配置了电子驻车制动，其工作原理和维修中有哪些注意事项？

解答： 常规驻车制动基本就是用一个杠杆控制两根制动拉线，来牵动左右后轮制动，而电子驻车装置基本上就是用按钮代替驻车制动杆，用电动机来完成拉紧驻车制动与放松驻车制动的动作。

以奥迪电子驻车装置为例，电机驱动齿轮通过同步带带动一个大齿轮，减速比为 3∶1，大齿轮驱动斜盘齿轮再带动从动齿轮，减速比为 50∶1，再通过螺杆将力矩转向，推动卡钳，实现对制动盘的制动。控制既然用按钮来代替拉杆，自然又有一些先进的元素在其中。如果每次需要解除驻车制动时都要按一下按钮，那动态起动辅助功能：也未必比传统拉线优越，电子驻车制动还是比较智能的。当车辆从静止起步，车轮转矩达到一定程度时，电子驻车制动自动释放，将操作简化。这就克服了开车忘记放松驻车制动的副作用。维修时，需要使用计算机故障诊断仪，选择功能驻车制动器，好比奥迪 A6L，选择输入功能 07 按下确认键，即可将后制动分泵的电机收回，然后就可以开始拆卸，拆卸前请在要继续使用的制动摩擦片上做好记号。在相同的位置上重新安装，否则制动效果不均匀。换新片不需要做记号。制动片安装后选择输入功能 06 收紧即可。

310. 制动系统中的霍尔传感器为什么只有两根线？

提问： 我碰到的 ABS 制动系统中，四个轮速传感器都是霍尔结构，两线霍尔传感器有一根是从控制单元里出来的 12V 正电，经过传感器后输出的信号线为 1.6V，这是什么原理？

搭铁为传感器自身搭铁还是和输出信号线合二为一了？

解答： 两线式霍尔传感器只有两个接线端子，电源和信号。从控制单元里输送出来的12V电源电压，通过电路改进后将原来的信号线和搭铁线合二为一。两线式霍尔传感器自身无磁场，用导磁材料例如螺钉旋具实验，无吸引力。而磁性转子是带磁场的，用螺钉旋具测试会有明显吸引力。这种传感器内部多为双霍尔板差分式结构，属于电流输出型传感器，高低电流值分别对应传感器的开启和关闭。在新型汽车变速器与 ABS 系统被广泛使用。

311. CBS 复位的原则及方法是什么？

提问： 一辆宝马 318 轿车，更换前制动片后，制动灯一直报警，人工、设备都没有办法熄灭该灯。宝马 CBS 复位的原则及方法是什么？

解答： 关于宝马车况保养服务系统 CBS 复位，在车辆方面可以通过行驶方向远光灯开关上的车载 ECU 按钮复位 CBS 保养范围。而与法规相关的间隔时间设码只能通过诊断系统进行。总之，一般原则建议通过诊断系统复位 CBS 范围。

复位的原则是，当保养范围的可用性低于 80% 时，才能在车辆中进行复位。步骤是，首先执行保养措施，因为保养范围的复位必须在执行保养措施后进行。具体操作按照说明进行复位。复位过程中，可能会由于超时或总线端切换而被取消。

在车辆方面可以在组合仪表上复位保养范围，复位后，保养范围的可用性重新调整到100%（对应于新零件），可用性是一个内部计算值（操作人员自己看不到）。在用分行驶里程复位按钮进行复位时，必须注意下列过程：

① 接通总线端 K1、15（钥匙开两档）。
② 按下分行驶里程复位按钮约 10s，直到液晶显示器上出现第一个保养范围。
③ 车速表中的上部显示器显示一个保养符号（例如油壶是换油的标记）。

为了能够正确地检查校正车辆的车载日期，诊断系统需要事先正确地调整测试系统的日期。在执行维修措施后才允许进行范围复位。就像制动摩擦片复位，只能用新的制动摩擦片磨损传感器进行。

312. 雪铁龙凯旋双燃料出租车制动效果差，应该检修哪些地方？

提问： 一辆雪铁龙凯旋双燃料出租车，行驶里程 560000km，轻踩下制动踏板时感觉行程明显延长。正常制动时，虽然制动踏板已经踩到底，但制动效果很差，几乎感觉不到制动力。如果重踩或紧急制动时，制动效果又很好，更换制动总泵后，可以正常行驶一段时间，应该检修哪些地方？

解答： 凯旋轿车的制动系统采用真空助力 X 形双回路制动系统，前后均为盘式制动器。根据描述，轻踩制动踏板制动效果差，感觉行程明显延长，踩到底效果也不理想，说明总泵内橡胶密封件有磨损，应该更换制动总泵。至于更换总泵后可以正常行驶一段时间，说明真空助力器存在问题，因为一旦真空助力器出现非正常工作，共振或反复来回运动，就会造成制动总泵的早期损坏。建议同时更换制动总泵与真空助力器，利用排空气对系统进行清洗，应能彻底排除故障。

313. 冷车制动踏板为什么发硬?

提问: 一辆别克凯越冷车制动很硬,制动系统总泵、分泵及 ABS 泵都换过但是无效,这是什么故障?

解答: 估计是真空单向阀不良,单向阀安装在进气歧管和制动真空助力器的连接胶管之间,类似于常见的轮胎气门芯,是一个单向阀,只进不出。汽车真空主要用于制动真空助力器,单向阀安装在发动机进气管和制动助力器之间,真空助力器是要靠发动机活塞的吸拉作用抽真空的,所以搞清楚方向,套到连接真空助力器的皮管上,可以吸但是不能吹。如果外面看不到单独的单向阀,那单向阀一般设置在制动真空软管中,这种结构就需要更换真空管来排除故障了。

314. 老别克赛欧制动不好怎么办?

提问: 一辆老赛欧,制动很软,制动踏板快踩到底的时候才能停住,更换了总泵两次,后分泵两只,后刹片、前片、前盘都更换过,空气放了几回,前油管也换了,效果还是不好。制动时 ABS 泵有"呼呼"声,怎么办?

解答: 衡量制动性能的主要标准是制动距离。可以选择平坦路面,在 50km/h 时速时进行紧急制动。如果小于 20m,基本合格;如果大于 20m,确实不行。有 ABS 的车辆,最好在 15m 左右。影响制动效能的主要因素,除总泵分泵外,还有制动助力器、发动机真空度和制动片的质量。如果制动踏板发硬,重点检测真空度,好多车进气门关闭不严造成制动发硬。如果制动踏板不硬,制动片质量也信得着,更换真空助力器应能排除故障。

315. 制动疲软为什么找不出原因?

提问: 一辆东风小康面包车制动很软,需将制动踏板一脚踩到底。制动管路和制动分泵都没有泄漏的地方,先后更换了 3 个制动总泵,还是一脚踩到底,仔细地放了气,开始能放出来,后来就没空气了,感觉左前轮出油压力不足,踩住制动的时候四个轮都能转动,连续踩几脚能稍微硬一点,四个轮需要使劲才能转动,四个轮的制动阻力基本差不多。两前轮制动分泵间隙正常,两后轮制动分泵是自调的,间隙应该也不会有问题,这是什么原因?

解答: 维修中遇到难题,就是因为没有进行检测,建议使用压力表检测总泵出油压力。如果检测总泵出油压力不足,就换总泵;总泵出油压力正常,再检测分泵,如果分泵处压力不足,就是管路问题。分泵管路处压力正常,问题就在分泵、制动片、制动盘(鼓),多见制动片质量不良。当然空气排不干净,感载比例阀、真空助力器出问题也会影响制动性能。

316. 踩制动发动机抖动与熄火的原因有哪些?

提问: 一辆自动档夏利,挂 D 位踩制动,车快要停下时,抖动很厉害,这时发动机转速很低,挂其他档就不抖。这是什么原因?

解答: 根据描述,挂 D 位踩制动,车快要停下时,车抖得很厉害,这是典型的阀体中锁止阀芯发卡的故障。需要拆洗阀体才能排除故障。

317. 热车后点刹为什么忽左忽右偏头？

提问： 一辆长城哈弗无 ABS 车，低速制动时还不跑偏。车速一高，一旦采用"点刹"制动时，冷车正常，热车就会出现制动偏头，而且不是固定地向左偏或向右偏，而是忽左忽右，制动片、制动盘都换了也不行，是总泵的问题还是分泵的问题？

解答： 不是总泵、分泵的问题，也不是制动片或制动盘的问题，是前制动软管的问题，软管质量不良引起供油压力不稳定。更换前面的左右制动软管，重新排空气，即可排除故障。

318. 新车制动器异常如何解决？

提问： 客户投诉，新车和修过的车制动器总是有异常的响声，一般修理方法是将有异响的车轮制动器拆开，将制动片打磨一下，有的可以解决或管一段时间，有的完全无效，怎么办？

解答： 制动噪声属于"惹人生气的缺陷"，所以被车主认为是故障，虽然其不能被完全消除，但可以改善。行驶中踩制动踏板，车辆低速/制动管路压力较低时出现尖叫声，一般与摩擦片材料、卡钳、制动盘、转向节的设计有关。原因是在制动过程中，因摩擦导致的不稳定会产生这种等幅波振动；该振动是由制动器系统结构中多个部件耦合的后果。制动盘辐射出的高频噪声在 1000~16000Hz。维修中可以通过在制动块上加倒角、降低摩擦片表面的硬度、增加降噪片等方法来改善或消除噪声。注意，很多带 EBD 系统的车辆，当 EBD 工作时，若听到尖锐的噪声或感到制动踏板有轻微的振动，都是正常现象，不属于故障。

如果制动后车辆快停止时或车辆起步时，缓慢松开制动踏板（自动档明显），前轮出现嘎吱声；或者拉起驻车制动后，人员上下车时（载荷发生变化），后轮出现嘎吱声，一般是由于摩擦材料与制动盘间粘贴 - 滑移过程产生的噪声（静态摩擦系数与动态摩擦系数之间过渡的不稳定状态），说明使用的摩擦材料本身可能存在缺陷。异响程度会根据气候条件（湿度）和环境（底盘、自动变速器）而变化，即拥有自动变速器和高 μ 值制动块的车辆尤其严重，并且它对悬架设计、制动盘表面状态、环境变化都很敏感。维修中选择合适的摩擦材料，即能够使其从静态 μ 平滑过渡到动态 μ 的摩擦材料，能有效消除这种噪声。

如果停车后起步，松开制动，低速行车，后轮出现呜呜声，车速提高后消失。原因分析是由制动系统的不稳定性触发（如公差配合、滑动力矩），通过悬架与车身放大，在装有非独立后轴的车辆上更为严重。可以通过润滑卡钳、调整轮毂轴承间隙来控制总成的跳动量、更换摩擦材料或在制动块上加垫片消除多余间隙等方法来解决。

319. 后制动盘为什么出现起槽的现象？室内前顶灯为什么无法关闭？

提问： 更换新君威后制动盘使用一定里程后出现起槽的现象，这是制动盘的质量问题还是其他问题？还有车辆室内前顶灯开关不管处于哪个位置都无法关闭顶灯是什么原因？

解答： 汽车使用中，外界灰尘的进入容易使得制动盘和摩擦片在制动过程中产生盘面起槽现象，这种情况是正常的，对制动性能没有影响。特别是新君威采用欧洲风格的制动系统，强调制动性能和快速响应。从系统匹配上采用了高摩擦系数的后摩擦片，在制动过程中能产生强大的制动力，给驾乘者足够的信心。制动盘被车轮部分覆盖，表面的沟槽不易被观察到，对外观影响较小，制动性能没有任何影响。也可以观察一下不少采用高性能制动系统的高档车均存在制动盘起槽现象，如皇冠、宝马5、帕萨特等。

至于车辆室内前顶灯开关不管处于哪个位置都无法关闭顶灯，这多半是由于室内灯开关插头的第 5 号插脚搭铁，造成 BCM 一直有开关搭铁的信号输入而无法正常关闭室内灯。还有可能在左后安全带处有搭铁现象发生，修复左后安全带处搭铁的线路可排除该故障。另外，即使该灯亮着，15min 后室内灯也会关闭，这是因为 BCM 会自动进入节电保护模式。

320. 电控驻车制动如何解除？

解答：以起亚轿车为例，可以拆卸车轮，拧松螺栓，主轴旋转，电控驻车制动 EPB 解除，如图 5-9 所示。

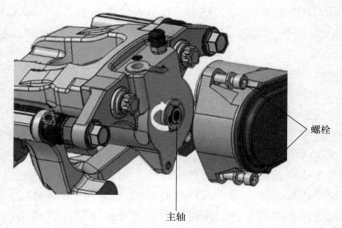

图 5-9　强制解除起亚轿车驻车制动

321. 倒车时制动踏板为什么出现强烈的振动？

提问：一辆丰田普拉多 4.0L V8 发动机，四轮驱动，累计行驶 13 万 km。倒车时制动踏板出现强烈的振动，用诊断仪调不出故障码，故障灯也没有点亮，为什么？

解答：仅倒车时制动踏板出现强烈的振动，说明前进档防抱死起效时间正常，仅倒车防抱死起效时间过早。因为该车为运动型多功能车，要应付各种复杂的路面条件，好比车辆在冰雪路面制动，如果继续按照正常路面来设定起效时间，还是难免失控。为此，该车增加了减速度传感器，以判断路面的湿滑程度。车辆的减速度越大，光电传感器透光板的摆幅越大。将路面湿滑程度分为四个等级，当判断路面为高湿滑程度时，防抱死起效时间提前。一旦减速度传感器方向安装反了，车辆前进制动时首先得到最大减速度数据，倒车制动时首先得到最小加速度数据。这样一来，防抱死控制单元对路面总是做出错误的判断。建议检查并正确安装减速度传感器后再试车，倒车制动异常故障应该能够得到排除。

322. 每天初次起步异响一声是什么原因？

提问：一辆途观城市 SUV 车，每天初次起动发动机后，汽车起步就能听到一声异响，热车后起步就听不到了，车主检查不出来是什么问题，这是为什么？

解答：有这种现象的车型车类很多，共性是带 ABS。汽车冷车起步时有一声异响，热车起步正常，建议延长点火开关打开的时间，让 ABS 自检完毕后再起步。当然也可将 ABS 线束插头拔掉试车，不响了就可确诊是 ABS 自检引起的异响。也间接说明制动液黏度或者 ABS 泵有点噪声，可以不理会它，因为是正常的异响。如果噪声过大，则需要换油或换 ABS 泵总成。

323. 踩加速踏板为什么有异响？

提问：一辆 1.8T 风尚版途观，最近在起动车辆后踩加速踏板总会有"噔"的一声异响，车子在原地踩加速踏板则没有此声音，响过之后再松开加速踏板就一切正常。只要是一停下来再踩加速踏板就有异响。试过空踩加速踏板，没有声音，倒车也没有此现象。另外，每天发动都会热车，等转速降到 1000r/min 以下才行驶。这声异响在冷下来的情况下再起动就会出现，冷车声音比热车大一点，以前要等发动机冷却下来起动才会有，现在热车后也会有。去了 4S 店，三天也找不出原因，最后回答这是正常的。现在这声音越来越严重，每天起步都能听到，这辆车到底是哪里出现问题？要怎么处理？

解答：根据描述，分析有三种可能性：一是 ABS 泵自检，ABS 泵总成中发出的声音；二是自动变速器锁止电磁阀及连动机构的声音；三是后车轮制动器发出的异响声。如果将 ABS 泵总成上的线束插头拔掉，不让 ABS 工作，这时声音消失，就属于第一种。这种声音轻微可以不管它，如果声音过大，则需要更换 ABS 泵总成。排除第一种可能性，就听诊声音发出的地方，如果在变速器附近，就检查润滑变速杆连动部分或更换电磁阀。如果声音发生在后轮，则检修润滑后车轮制动器或更换制动片。

如果是放松制动踏板时出现轻微的响声，一般是正常的，可能是制动松开的声音；如果制动放松后，汽车爬行了再踩加速踏板才出现异响，那就需要对 ECU 程序进行升级或者更新。

324. 自动档车 P 位踩制动时异响正常吗？

提问：一辆景程自动档轿车，因为出差将车交修理厂保养，回来接车发现挂在 P 位，通电或怠速状态踩下制动踏板时，中央扶手的地方都会"咔嗒"一声响，声音有点大，交车给他时好像没有这种声音，修理师傅说这是正常的，并说所有的自动档都会这样。真是这样吗？

解答：自动档的车 P 位踩制动时，ECU 要给电磁阀通电，解除锁止才能挂档。电磁阀本身是不响的，或者说声音很小（气体挤压的声音），但是这种小声音被变速器底座的联动机构给放大了，加之电磁阀铁钩在踩下制动踏板时往下动，间隙碰撞及振动产生响声。想消除必须选用优质的润滑脂涂抹。一旦润滑脂失效，可能又会出现响声，声音不大就无须管它。

325. 制动片异响是什么原因？

提问：为客户更换制动片后，回访中不少客户反映制动片有扰人的异响，开始以为是制动片的质量问题，调换不同厂家的试用，还是这样，如何从根本上解决制动异响问题？

解答：更换制动片后出现异响声，原因有三种：一是制动片质量不良或烧蚀硬化，二是导向弹簧不良，三是间隙中有水锈与粉尘。第一种情况只能通过更换或打磨硬化层来解决；第二种情况，建议更换制动片时；同时更换制动片导向弹簧，因为使用过的制动片导向弹簧将会产生永久性变形，导致其支承弹性不足，可能会产生异响或回位不良等情况。第三种情况见得最多，建议洗车后最好开一段路且使用一下制动，防止水锈形成。如果试车中轻踩制动踏板异响，重踩不响，或者轻踩制动踏板时反应滞后，考虑到盘式制动不能也无须调整间隙，只要用高压水枪对着制动盘及制动片冲洗，即可排除异响及轻踩制动滞后的故障。

326. 后轮呜呜发响是什么原因?

提问： 在维修过程中，经常遇到一些车主抱怨后轮呜呜发响，需要行车一阵子后响声才能消失。更换过前后制动盘、制动片的车辆，也是这种情况。即使更换质量最好的盘和片，前后质量一样的盘和片，打磨也好，换新片也罢，总是后轮出现这种异响。这是什么原因？还有好多车低速行驶时，如以 20km/h 速度过连续的颠簸路面，不进行制动，后轮处有"哐哐"的异响声音，这是为什么？

解答： 盘式制动器由于制动盘与制动片之间间隙很小，液压分泵是依靠分泵内的橡胶圈来回位的，其回位力很弱，加之橡胶容易老化，使用时间过长的分泵回位，还需要外力辅助。例如驾驶人停车时，需要踩制动踏板，制动片和制动盘处于完全贴合的状态，以提供制动摩擦力保证车辆减速。当制动系统的压力消除，制动片和制动盘不再紧紧贴合，但制动片和制动盘并不能很快完全分离，只有制动盘以一定转速转动起来才能完全推开制动片，使制动片与制动盘完全分离。由于前轮既是转向轮又是驱动轮，外力影响大些，所以在很低的车速下制动片和制动盘可以完全分离。而后轮是从动轮，在驻车时还要拉驻车制动，因此需要稍高的车速才能使制动片和制动盘完全分离。车辆起步运行时，在车速较低的情况下，由于制动片和制动盘没有完全分离，导致制动片和制动盘摩擦会产生摩擦的呜呜声。但随着车速升高后，制动盘的转速升高，制动片和制动盘完全分离，制动片和制动盘摩擦的响声消除。这种情况对车辆本身没有任何影响，既不会导致抛锚，更不会有任何安全隐患。这种声音的大小、持续长短与每个人的操作习惯和敏感也有一定关系，如果车辆起步后随即稍加点车速，这种声音可能完全消失，即使有也只是很轻微的一瞬间。如果下雨或者洗车后，由于水的润滑作用，该症状可能减轻或消失。所以，建议清洗车辆时，最好用高压水枪将车轮制动器冲洗干净。如果这样处理后，行驶一阵子还有异响声，那就需要拆卸打磨制动片的表面或者更换新片。

如果汽车低速行驶或者经过不平路面、颠簸路面后，后轮处有"哐哐"的异响声音，可以稍微拉起驻车制动后听诊。如果声音减弱甚至消失，说明制动卡钳上的弹簧附件不起作用。

327. ABS 故障灯偶尔点亮的原因有哪些?

提问： 宝马 523 轿车有 ABS 故障灯偶尔点亮的故障，去 4S 店维修多次没有找到原因，应该怎么检修？

解答： 一般 ABS 故障灯低速时点亮，是信号传输不良的故障，需清理电路；中速时点亮是因为铁粉干扰，需要清理；高速时点亮是因为轮胎变形、磨损或尺寸不一致，要检查轮胎。作者曾遇到一辆宝马车，当车速达到 90km/h 后 ABS 故障灯就会点亮，没有故障码，在左后胎加气后故障排除。

328. 君越 ABS 灯亮为什么找不出原因？

提问：一辆别克君越 ABS 故障警告灯常亮，用 X431 调出右前轮速传感器故障码，故障码清除后试车又会出现，更换右前轮速传感器后，故障现象一样，说明传感器没有问题，那是 ABS ECU 的问题吗？

解答：电控系统都由传感器、ECU、执行器三部分组成。ABS ECU 与执行器集成一体，ABS 故障警告灯常亮，而且也调出了轮速传感器故障码，所以，不是传感器采集信号出了问题，就是 ABS 泵总成的问题，需要更换。当然，由于传感器与 ECU 之间还有连接线束及插头，所以，不能排除是线束出了问题，线束与插头也需要仔细检查。但是，维修实践表明，无论是左前轮、右前轮，还是左后轮、右后轮出现类似故障，大多是因为前/后轮磁性编码器在行驶过程中吸附路面或水中铁屑导致磁性编码器失效造成的。所以，不妨先对磁性编码器进行清理，清理后如果解决不了，再酌情更换 ABS 泵总成或线束。

处理办法是：关闭发动机，变速杆保持在空档位置，举升车辆，拆下车轮。检查轴承上的磁性编码器是否有吸附铁屑。如果有，请使用干净的干抹布将铁屑轻轻地清除干净。如果没有铁屑，再去换件，如图 5-10 所示。注意：不能用磁铁来清理磁性编码器上的铁屑，这可能会使磁性编码器失效。用抹布清除铁屑的时候要小心，避免铁屑划伤磁性编码器。

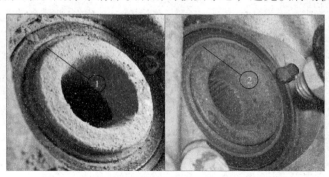

图 5-10　磁性编码器擦拭效果对比图
1—擦拭前　2—擦拭后

329. 换 ABS 泵后为什么出现莫名其妙的故障码？

提问：一辆 2011 款科帕奇 SUV，仪表上 ABS 灯报警，更换车轮传感器后无效果，最后跟客户商量，同意更换了一个 ABS 泵总成，结果故障灯还是点亮，怎么修理？

解答：2011 款科帕奇 SUV，全部车型都装配 MK25E 液压调节器 &EBCM，均有防抱死制动系统 ABS、电子稳定性控制 ESP、紧急制动电子辅助功能 BAS、牵引力控制系统 TCS、电子下坡控制辅助系统 DCS、电子防翻滚功能 ARP 这六种功能，如果只更换成传统的 ABS 泵总成，就一定会出现乱码及故障灯常亮。建议参照原车配置的泵总成上的型号与配件号购买。安装好后还必须将旧泵 ECU 中的编码，编写于新 ECU 中。

330. ABS 故障灯闪亮，故障码为 C1140，怎么排除故障？

提问： 一辆日产天籁轿车，ABS 灯闪亮，用 COUSULT – Ⅱ 检查，调出故障码为 C1140，应该怎样检修？

解答： 故障原因为 ABS 执行器内部电磁阀线圈烧损，电路板进入保护模式。4 个车轮上的轮速传感器提供的错误信号，让 ABS 执行器的电磁线圈长期处于动作状态，造成线圈烧损，产生相应的故障码。错误信号产生的原因可能是轮速传感器没安装到位、传感器齿条表面磨损、轮毂损坏等。解决方法：检查轮毂 ABS 齿条表面，检查传感器，发现问题更换之。检查若都正常，则更换 ABS 执行器即可排除故障。

331. 更换前轮轴承为什么 ABS 灯点亮报警？

提问： 一辆奇瑞 V5 轿车，前轮轴承有异响，更换了左前轮轴承，修好后轴承不响了，但是 ABS 灯却点亮不熄灭了，调故障码也没有，是哪里出了问题？

解答： 现在很多车型的转速传感器的信号齿环是安装在前轮轴承的油封上，更换前轮轴承时，要注意油封即信号齿环的位置，如果将轴承内外装反了，就会引起 ABS 灯报警点亮。

332. 途观电动驻车后制动片如何更换？

解答： 更换后轮制动摩擦片的方法如下：在没有起动电控机械驻车制动的情况下，可对后轮制动摩擦片进行更换。可用 VAS 505X 进入引导性功能，好比连接 ECU 进入 53 后进入 10 匹配，输入 006 收缩电动机，此时电动机会响一声，证明电动机收缩成功。完全释放电控机械驻车制动，使止推螺母完全退回到丝杠的终端后，如图 5-11 所示，再更换后轮制动摩擦片。

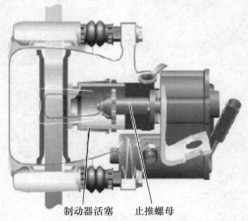

制动器活塞　　止推螺母

图 5-11　途观电动驻车后制动片的更换方法

制动摩擦片更换好之后，必须用 VAS 505X 进入引导性功能，还是连接 ECU 进入 53 后进入 10 匹配，输入 007，压紧制动摩擦片，使电控机械驻车重新回到新的正确的位置（基础设定）。

注意： 用 VAS 505X 压紧后制动摩擦片或对驻车制动电动机进行基础设定时不能操作电动驻车制动或踩制动踏板。

VAS 505X 常无法完全复位活塞，但是必须操作。活塞中的止推螺母安装了滑动轴承，因此活塞只能被推出，不能拉回。只有将带有止推螺母的丝杠移回后才能用活塞复位工具 T10145 完全压回活塞，如图 5-12 所示。另需用钢丝固定制动钳，以免制动钳的重量使制动软管受载或损坏。

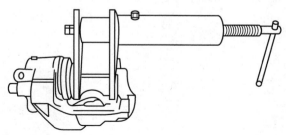

图 5-12　活塞复位工具

333. 如何调整途观电动驻车制动片间隙?

　　解答: 制动摩擦片间隙调整为自动调整，如果车辆行驶超过 1000km 后没有起动电控机械驻车制动，就会自动执行制动摩擦片间隙的调整。

　　当车辆已驻车，点火开关被锁止且没有起动驻车制动时，控制单元对制动摩擦片的磨损进行补偿。制动摩擦片从起始（零）位置按压住制动盘，电控机械驻车制动控制单元根据电动机的电流来计算止推螺母的行程，随后根据该值来补偿制动摩擦片磨损后的间隙，如图 5-13 所示。

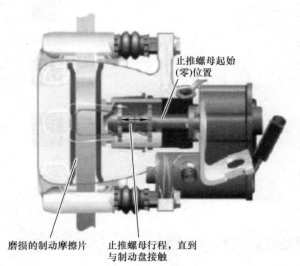

止推螺母起始
(零)位置

磨损的制动摩擦片

止推螺母行程，直到
与制动盘接触

图 5-13　途观驻车制动片间隙的调整

334. 如何使用途观电动驻车制动器?

　　解答: 电控机械驻车制动与传统手动有些不同，具体使用为操作按钮。传统结构使用驻车制动是拉起驻车制动器，途观是抬起电控机械驻车制动按钮。传统结构解除制动是放下驻车制动器，途观是按下电控机械驻车制动按钮。传统结构坡道起步，需要配合操作驻车制动器、加速踏板和离合器踏板；当途观车辆起步时，电控机械驻车制动自动解除制动。传统结构停车—起步，需要不断地拉起和放下驻车制动器或踩下制动踏板；途观当起动自动驻车功能，且车辆每次暂停时都可以自动驻车。驻车制动系统操作按钮及指示灯如图 5-14 所示。

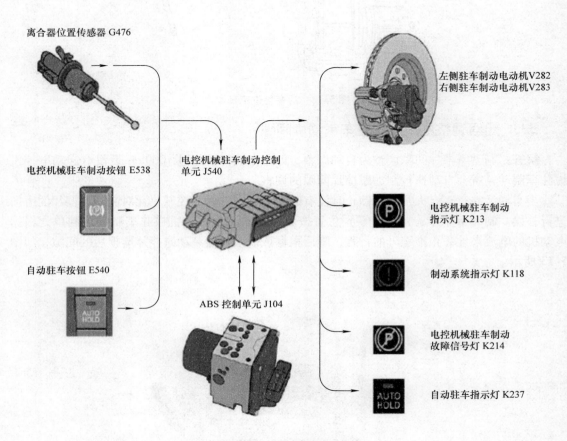

离合器位置传感器 G476

电控机械驻车制动按钮 E538

自动驻车按钮 E540

电控机械驻车制动控制单元 J540

ABS 控制单元 J104

左侧驻车制动电动机 V282
右侧驻车制动电动机 V283

电控机械驻车制动指示灯 K213

制动系统指示灯 K118

电控机械驻车制动故障信号灯 K214

自动驻车指示灯 K237

图 5-14　途观驻车制动系统

335. 途观后制动器什么时间更换？

解答： 途观后制动器结构如图 5-15 所示，后制动盘直径 $\phi286mm$，厚度 12mm，磨损极限 10mm。后制动摩擦片厚度为 11mm，不包括底板；摩擦片磨损极限为 2mm，不包括底板。后制动器中还带有驻车制动电动机。

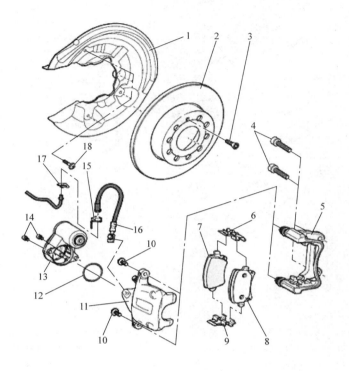

图5-15　途观后制动器结构

1—防尘护罩　2—后制动盘　3、4、10、14、18—螺钉　5—制动钳固定支架　6、9—保持弹簧　7、8—后制动摩擦片
11—制动钳浮动支架　12—挡圈　13—驻车制动马达　15、17—卡子　16—制动软管

336. 途观前制动器什么时间更换?

解答: 途观前制动器结构如图5-16所示。前制动盘为通风式结构,直径为$\phi312mm$,厚度为$25mm$,磨损极限为$22mm$。前制动摩擦片厚度为$14mm$,不包括底板,且带有制动摩擦片磨损显示器,达到一定的磨损极限时(约$4mm$),组合仪表中的指示灯会亮起。摩擦片磨损极限为$2mm$,不包括底板。

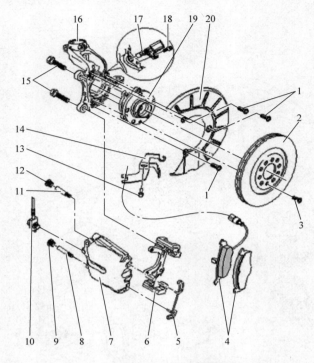

图 5-16　途观前制动器

1、3、13、15、18—螺钉　2—前制动盘　4—前制动摩擦片　5—卡簧　6—制动器支架　7—制动钳　8、11—导向销
9、12—盖罩　10—制动软管　14—线束支架　16—悬挂支架　17—轮速传感器　19—轮毂法兰　20—防尘护罩

第六篇

空 调 篇

337. 空调压缩机控制继电器在什么地方？

提问： 在一辆 2008 款东风雪铁龙世嘉两厢车的空调线路中，没有找到压缩机控制继电器，该车开空调压缩机没电，但散热风扇工作正常，该车型有压缩机控制继电器吗？如果有，是安装在发动机舱内还是驾驶室内呢？

解答： 该车有继电器，但是集成在发动机舱的左边黑色熔丝盒 PSF1 中，损坏后只能整体更换 PSF1 熔丝盒总成。

338. 打开空调为什么没有暖风？

提问： 一辆宝马 530i，没有暖风，检查冷却液不缺乏，水道用专用清洗剂做过清洗，还是没有效果，为什么？

解答： 根据该车的结构，请检查并视需更换暖水阀及辅助水泵，应能排除故障。

339. 空调一会儿出冷风，一会儿没有风是什么原因？

提问： 一辆标致 307 轿车，空调一会出冷风，一会没有风，就是时好时坏，但有大量的空调水流出，这需要换什么零件？看师傅加注制冷剂时，有时从高压加，有时从低压加，加注制冷剂到底从高压加注好还是从低压加注好？为什么？

解答： 根据描述的故障现象，可以诊断是空调系统的蒸发器结冰所致。造成蒸发器结冰的原因一般有三点：一是蒸发器的热交换问题，如果经过蒸发器的风量不够，而蒸发器的制冷量又很大，就会引起蒸发器结冰，可以做个实验，一旦人为让鼓风机不工作，蒸发器马上结冰；二是制冷剂的问题，加注量不正确、制冷剂水分过多或加错制冷剂造成冰堵；三是空调系统的压缩机一直处于大负荷运行状态，这属于压缩机本身排量的调节和控制方面出了问题。标致 307 一般是蒸发器温度传感器出了问题，制冷温度达到 1℃ 还不停机，蒸发器肯定会结冰。

在不起动发动机时，既可从高压加注，也可从低压加注。因为发动机没有工作，空调压缩机也没有工作，系统实质无所谓高低压。只需看是液态加注还是气态加注。如果发动机起动了，并且想一次加注足量的制冷剂，那只能选择从低压加注。因为低压加注时可以起动发动机，让压缩机辅助加注。新手从安全考虑，最好选择从低压加注。从低压端气态加注如图

6-1 所示。注意：制冷剂加注必须按规定的量、规定的型号加注，若不按规定加注，会导致压缩机不能正常工作。

气态加注法：歧管表高压开关关闭；制冷剂钢瓶应竖直放；从低压侧补加气体。若从低压侧加注制冷剂液体，会导致压缩机液击损坏。

液态加注法：歧管表低压开关关闭；系统不运转；制冷剂钢瓶呈 45°倒置；从高压侧加注。液态加注如图 6-2 所示。

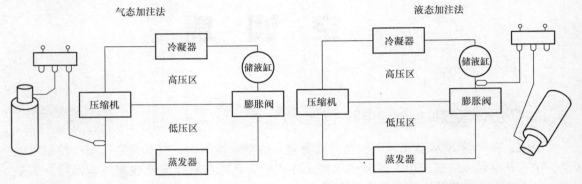

图 6-1　制冷剂从低压端气态加注　　　　图 6-2　制冷剂从高压端液态加注

340. 空调为什么一会儿出冷风，一会儿出热风？

提问： 一辆别克 GS 轿车，客户反映空调刚开始工作时较一段时间以后风量小、制冷效果差，关机一段时间重新开启，空调工作正常，过一段时间再次出现相同问题。试车感觉该车空调一会儿出冷风，一会儿出热风，怀疑是蒸发器冻堵，但是更换蒸发器后故障依旧，这是什么原因？另外，客户问一些自动空调操作方面的问题，也说不清楚，请参照自动空调面板说明一下各个控制键的作用。

解答： 此现象显然是蒸发器冻堵，但蒸发器冻堵原因一般有三点：一是空调蒸发器温度传感器出现了故障，制冷温度达到临界温度不能停止制冷；二是制冷剂水分过多或加错制冷剂造成冻堵；三是干燥过滤器老化失效。更换蒸发器的操作是不妥的，一般更换干燥过滤器即可。要注意的是，更换时应在制冷剂系统全部连接好后快速接入（内有干燥剂）。别克 GS 轿车自动空调的使用方法请参考图 6-3 及以下说明。

图 6-3　别克 GS 自动空调控制面板

控制面板各个按键作用分述如下：

AUTO——自动空调开关，若按下此键，空调模块可自动选择鼓风机转速以及出风模式，但如果温度设定在15℃、16℃、32℃，自动功能不起作用。

OFF——系统关闭。

TEMP——温度调节按钮，红色按钮为温度升高按钮，蓝色按钮为温度降低按钮。

FAN——鼓风机风速按钮，向上风速升高，向下风速下降。

AIR FLOW——在非自动空调状态出风模式按钮，共有四种出风选择：①正面出风；②混合模式；③加热模式；④除雾模式。

VENT——通风按钮，按此开关可关闭压缩机，压缩机不工作时指示灯亮，在前除雾模式如按此键，压缩机继续工作，开关指示灯亮1min后熄灭。

FRONT——前除霜开关，在除霜时若环境温度不低于4℃，压缩机自动工作。

RECIRC——内循环开关，在前除霜模式时，禁止使用内循环。若按此开关，则指示灯亮1min后熄灭。

REAR——后窗除霜开关。

DUAL——双区开关，灯不亮时设置整个温度系统，灯亮时设置乘客侧温度。根据乘客侧温度指示灯，控制乘客侧温度。指示灯共有9个小灯泡，其中蓝色灯表示乘客侧设置温度比驾驶侧温度低，淡黄色表示两侧温度相同，红色表示乘客侧比驾驶侧温度高。

341. 暖风为什么时有时无?

提问：一辆2007款风神S30轿车，去年暖风是正常的，今天使用暖风就感觉时有时无，是哪里出了问题？

解答：现在的汽车，冷却系统一年四季都使用的防冻液，防冻液可以防冻、防垢、防锈、防腐蚀、防沸。但是，每间隔2～3年要视需更换。平时要定期进行检查。防冻液一旦缺少，就会引起循环不良，暖风也会时有时无。如果防冻液变质，易造成暖风水箱堵塞，可以拆卸进入暖风水箱的两根循环水管，利用洗车机的水枪，直接冲洗暖风水箱，一般冲洗后即可恢复正常。如果暖风水箱没有堵塞，需要考虑水泵的功能是否退化引起循环不良。如果确定如此，只有更换水泵才能解决暖风循环不良的故障。

342. 空调异味为什么修不好?

提问：一辆凯越1.6轿车，客户反映空调制冷不足，检查管路已确定无泄漏，用压力表检测到高压管路压力偏高，低压管路压力正常。检查冷凝器发现有较多污物附着在表面，用水清洗冷凝器后故障排除。但是，客户空调有异常气味，于是，把蒸发器与风道彻底清洗了一次，可是异常气味始终存在，再检查哪里？还有一个问题，就是通用车鼓风机转速是模块控制还是电阻控制？

解答：由于冷凝器换热不好引起空调效果变差的问题已经排除。只是空调效果好后又闻到异常气味。空调异常气味主要来源两处，一是来源于空调蒸发器及花粉过滤器，二是来源于车厢内部。黑暗、潮湿、温暖是霉味滋生的三大原因。空调系统是汽车内部细菌和霉菌积聚较多的部位，霉菌会随着空调的出风直接吹进车内污染室内空气，同时污染人体的呼吸道。所以清洗蒸发箱及风道是正确的。防止第一污染源的关键就是更换空调蒸发器及花粉过滤器，清洗蒸发器，疏通空调排水管道。如果这样处理后，异常气味始终存在，那就需要从第二个异味来源查找。因为空调要从整个车厢吸热，就可能将整个车厢内部，包括后行李箱中的异味吸进排出，在内部进行循环。所以，要把车厢底部、后行李箱（图 6-4），即整个车厢内部彻底清理干净，才有可能消除异常气味。

图 6-4　清理后行李箱

通用车鼓风机转速，也就是鼓风机电压控制有两种：GL 车型（C60）、G 车型（CJ3）、GL8 车型（C34）、赛欧、凯越 1.6 等是电阻控制；GLX/XSJ 车型（CJ4）、GS 车型（CJ2）、Regal2.5/2.0（C56）、Regal3.0（C68）等是模块控制。

343. 空调为什么会出现异常气味？

提问：根据经验空调故障 80% 是制冷剂泄漏故障，所以，检修起来非常自信，成功率也高了很多。可是空调异味故障很难处理，对于空调出现异常气味，车主使用中应该注意什么？

解答：汽车空调是"冷吸热吐"。也就是说，制冷时是将车厢内部的热气吸进去进行交换。这样一来，车厢中任何地方有异常气味，都会吸进去再交换出来。所以制冷出现异常气味，重点是清洗车厢内部。制热时是吐出来，是从空调管道内部吐出来，所以，制热出现异常气味，重点是清洗风道。当然，这也不是绝对的，既然是冷热交换，任何地方，只要是交换气流的地方，都有可能产生影响。

汽车空调几乎成了汽车的标配，所以要重视对空调的养护，换季时或定期要对空调进行清洗，不要等空调效果差了才想起清洗空调。春天柳絮飘飞，会沾在滤清器上，并滋生细菌，使空调产生霉味，因此最好每年夏天使用空调前更换滤芯一次，并对车辆前部的冷凝器进行清洗，并不需要将水箱拆下来，只需要将其分开即可以清洗干净。

使用中，根据冷空气下沉、热空气上升的原理，建议开冷气时将出风口向上，开暖气时将出风口向下。不要熄火之后再关空调，熄火之后才想起关闭空调，潮气就无法从风道中吹干。先关空调一段时间后再关鼓风机，这样可以防霉，防止产生异常气味。

长时间使用空调对人身体健康不利，会使冷凝器压力过大，加快压缩机磨损，也会对制冷系统造成损耗，增加制冷剂泄漏的可能性。因此每次使用空调时间不宜过久，如果车内温度已经达到舒适的温度，就可以把空调关掉，隔一会儿再开。变频的压缩机寿命要长些。长时间不使用空调会导致其橡胶圈老化，空调内部各部件上的润滑油也会变干，定期起动空调能让各部件接受润滑油的润滑，维持良好状态，因此即使在冬季，也建议最好每隔十天半个月起动一次空调。

在炎热的夏天，很多车主习惯一进车内就打开空调的内循环，因为车内的温度比车外温度高，所以这样反而效果不好。刚进入车内的时候，应该先开窗通风，并开启外循环，把热气都排出去。或利用行驶时车窗外气流的负压将车厢内热气吸出去。等车厢内温度下降之后，再换成内循环。

内循环是空气在车内封闭空间内的循环，车内的含氧量会不断下降，由于车厢不可能完全密封，发动机未燃烧尽的一氧化碳也可能漏进车厢内，因此车内的空气质量会越来越差，甚至对人体产生危害。因此应该开一会儿内循环，再开一会儿外循环，让新鲜空气进入车厢。更不能开着内循环在车内睡觉，特别是在车库或气流不畅的地方，极易造成中毒死亡事故。

不要永远开着空调，也不要让发动机带着空调的负荷起动，这样会加大冷起动时发动机的磨损。正确的方法是在车辆起动预热后，即发动机得到充分润滑后，再打开空调。

空调风机开到高档时发出的噪声也大，所以很少有人将空调开到最大风量。但是，由于空调使用中，不可避免地会吸进很多灰尘，所以建议定期还是应该开到最大风量，这样可以将空调风道内进入的浮尘吹出去，这也是保持空调清洁的一种简便易行的好方法。另外，每年使用一两次专用的风道清洗液进行杀菌、清理和除异味也很有必要。

344. 空调制冷无效果，高低压均高的原因是什么？

提问： 最近，一辆别克GL8，报修空调无效果，检查制冷系统发现空调高低压均高，空调系统中的压缩机、冷凝器、膨胀阀、蒸发器四大部件都试换过，但是找不出故障原因。另外，如果要真正提高汽车空调的维修效果，还有哪些需要注意的地方呢？

解答： 空调高低压均高，如果不是制冷系统中制冷剂过量不能充分制冷，就可能是冷凝器散热片堵塞或风扇电动机故障。换过了冷凝器，可以先将这个原因排除掉，那就要选用优质的制冷剂，按量添加。如果加注量也正常，那就找散热风扇的问题。因为空调维修经验表明：压力双高查散热！别克GL8散热风扇结构有自己独特的地方，两个风扇叶子朝向与旋转方向不同，但作用一样，都是向发动机方向吹风，吸引汽车前方的气流流过冷凝器与散热器。如果装配错误，吹风方向反了，空调系统就会出现高低压都高且怎么也修不好的故障。

要真正提高汽车空调的维修效果，需要抓住主要矛盾。汽车空调制冷的功能就是吸收进入车内的空气中所含的热量和水分。车内的热量主要由以下几个热源点产生：外部的热空气、阳光的热量、路面热量、驾乘人员的热量、发动机的热量。修好空调的关键要注意发热过多与散热不足。空调系统的主要矛盾在哪里呢？一个工作正常的空调系统可以认为它处于一种平衡状态，而任何一个地方出现故障都可以认为是这种平衡状态受到破坏。只要把握好制冷循环系统工作的平衡条件，可以说就是抓到了矛盾的主要方面。例如当压缩机磨损后，若活塞密封不严，将会造成压缩机的排气量下降，相对膨胀阀输送的液体量将产生不平衡。如果维修人员将膨胀阀调节开度调得不合适或热力膨胀阀位置安装不当，将会对制冷效果产生影响。因为现在常用的热力膨胀阀，是利用蒸发器出口的制冷剂温度变化来调节阀孔开度大小的，当出口制冷剂蒸气温度过热时，阀孔开大，反之阀孔关小，这就抓住了空调维修的主要矛盾。制冷循环系统工作的平衡条件主要有两个，一个是蒸发器和冷凝器的平衡，另一个是压缩机与膨胀阀的平衡。

蒸发器和冷凝器的平衡是指蒸发器吸收的热量要靠冷凝器完全散发到大气中去。如果因为冷凝器堵塞、散热风扇工作异常等原因导致散热不良，将会造成制冷剂不能进行良好液化，系统的压力和温度也将进一步升高，从而使得高压系统压力过高，制冷效果不佳。同样，如果蒸发器因为环境温度过高、空调长期外循环以及车辆密封不严等原因导致吸收热量过多，也会造成冷凝器散热能力不足。因此，适当增强冷凝器的散热将有助于蒸发器的制冷。平衡好蒸发器与冷凝器的热量关系是制冷循环系统正常工作的关键。

压缩机与膨胀阀也是一对平衡关系，也就是说，压缩机通过压缩产生的高压要靠膨胀阀释放出来。在更换压缩机时，对它热负荷相适应。空调制冷系统四大部件（压缩机、冷凝器、膨胀阀、蒸发器）组成高低压分界线，如图 6-5 所示。压缩机是"低进高出"，经过压缩机的是气体制冷剂，气体制冷剂经过压缩机后在冷凝器中液化放热；冷凝器将气态制冷剂冷凝成液态制冷剂。膨胀阀是"高进低出"，经过膨胀阀的是液体制冷剂，液体制冷剂经过膨胀阀后在蒸发器中汽化吸热；蒸发器与冷凝器正好相反，它是将液态制冷剂蒸发成气态制冷剂。明白了这个原理，就不难发现，想制冷效果好，冷凝器散热效果必须好，且蒸发器吸热效果好。掌握好制冷循环系统工作中的两个平衡，才是真正提高汽车空调维修效果的关键。

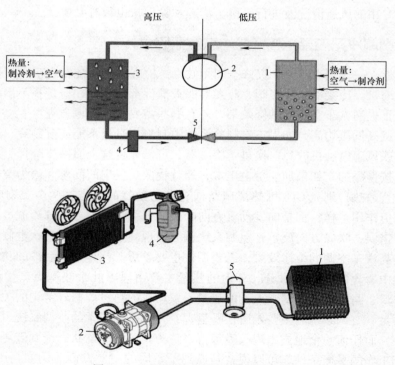

图 6-5　空调系统平衡与高低压分界线

1—蒸发器　2—压缩机　3—冷凝器
4—干燥器　5—膨胀阀

345. 空调断续制冷，低压有时出现真空的原因有哪些？

提问： 一辆奇瑞轿车空调断续制冷，制冷系统低压端压力有时出现真空，时而正常，更换过干燥瓶、膨胀阀；反复抽真空，加制冷剂多次，故障现象依旧，这是什么原因？怎样检修？奇瑞轿车空调系统的正常压力应该是多少？

解答： 空调系统断续制冷，制冷系统低压端压力时而真空，时而正常，一般有三个原因：

1）干燥器处于过饱和状态。

2）制冷系统中的湿气在膨胀阀节流孔处冻结，阻止制冷剂循环。

3）制冷剂质量不良。

根据上述原因，对应分析。第一条，虽然已经换过干燥瓶，但可在空调系统工作时，用左右手同时摸干燥瓶进口和出口，如果温度基本一样，可以暂不考虑干燥瓶；如果温差过大，说明换的干燥瓶有问题，不是全堵塞也是部分堵塞，需要重新更换质量好的干燥瓶。第二条，需要直接排空，重新抽真空加制冷剂。已经反复抽真空，加制冷剂多次，相当于反复排出空气，也应该排出了循环中的湿气，所以也可以暂不考虑。第三条，建议更换一个质量好的品牌制冷剂重新适量加注再试。选用的制冷剂很可能含空气或水分或杂质过多。

奇瑞轿车空调系统的正常压力参照图6-6即可。

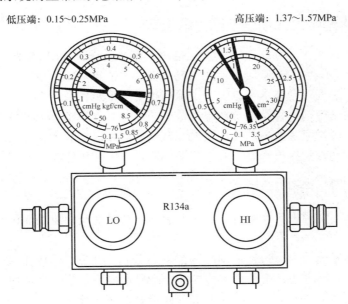

低压端：0.15～0.25MPa　　高压端：1.37～1.57MPa

图6-6　汽车空调系统正常压力

346. 速腾自动空调为什么偶发性不制冷？

提问： 一辆一汽大众速腾1.4TSI，发动机配备的是自动空调，车主反映开车经过颠簸路面时，空调突然不制冷。检查发现环境温度传感器线束因摩擦已经断了，没有发现其他异常，也没有故障码，重新连接好传感器线束，空调还是不制冷，建议车主更换压缩机（怀疑电磁离合器线圈断了或是压缩机内部磨损过大），车主嫌换压缩机价钱太贵拒绝。在他准备开车回家的时候，空调又好了，到现在一直都是好好的。还有一辆事故车，环境温度传感器损坏了需要更换，当更换了环境温度传感器后，空调不制冷，又没发现异常，不知从何下手，在车间停放一晚上，第二天早上一试空调又正常了，为什么？

解答： 更换压缩机，不能凭怀疑，要利用数据说话，如空调系统表压检测显示有一个顺口溜：低压高、高压低，请更换压缩机。

环境温度传感器属于负温度系数热敏电阻，断路后 ECU 将收到 −40℃ 左右的温度信号，空调肯定不会工作。重新接上，发动机在热车时不会采用外部环境温度信号，所以空调还是不会工作。除非断电后再试或者等发动机温度降至 30℃ 以下再试验，这时 ECU 检测环境温度信号正常，空调就会工作。将车放一晚上，空调就好了，实质也是温度降下去的原因。

347. 自动空调时有时无的原因在哪里？

提问： 一科鲁兹轿车每天下班开空调时没有风，早上上班时空调是好的，开到 4S 店检修多次，始终找不出故障原因。感觉冷车空调正常，如果下雨或天气凉爽，下班时空调是好的，这是什么故障？应该如何检修？

解答： 根据描述，分析可能是外部环境温度传感器故障，更换外部环境温度传感器应能恢复正常。当然也不排除压缩机自身热性能不良。

348. 空调修理中怎样彻底做好检漏工作？

提问： 一辆马自达 6（2003 年产）发现空调不制冷，送到 4S 店维修，做了抽真空并保持了 30min，压力没有变化，于是充了两瓶马自达 6 原厂制冷剂，过了三个月后又不制冷了。检漏加制冷剂过程符合技术规范吗？正确的技术规范是什么？

解答： 检漏加制冷剂过程是符合技术规范的，只是该车存在缓慢泄漏故障，是个难点。凭经验看，压缩机缓慢泄漏的可能性比较大，有条件的可以加荧光检漏剂进行确诊。没条件的可以将压缩机传动带盘拆掉查看，或将压缩机置于水中加压检查。

349. 空调检漏的窍门有哪些？

提问： 在对车用空调进行检漏时如何能够准确、及时地找到泄漏部位？尤其是那些泄漏很慢的部位。

解答： 空调故障统计中，80% 是制冷剂泄漏，会检漏加制冷剂就能解决 80% 的空调问题。现在检漏常用三种方法，第一种是传统的用肥皂水检漏，第二种是加制冷剂时添加萤光检漏剂检漏，第三种将整个空调系统拆下来，连接好后置于水中打压检漏，类似轮胎检漏。第三种方法能够更准确、及时地找出泄漏部位，但是相对麻烦。

350. 空调压缩机什么情况下需要更换？

提问： 更换压缩机需要哪些条件？必须购买原型号吗？

解答： 泄漏修不好、间歇制冷、噪声过大或者是不能单独更换调节阀或损坏部件的，均需更换压缩机总成。首选肯定是更换原型号，如果买不到原型号，选择相同排量、相同结构、相同旋转同心度的也可以。

351. 没有离合器的空调压缩机如何诊断故障？

提问： 在旧车型上检修空调比较简单，找到压力开关，直接短接马上可以判断空调压缩机好坏，现在汽车空调压缩机上的离合器，改成了电磁阀，怎么快速诊断？过去的压缩机卡死，离合器可以打滑，保护发动机不过载，现在怎么保护？最近接修一辆速腾的双区自动空调，压缩机、鼓风机不工作，过去的车不是换熔丝就是换压力开关或调速模块或电阻，这辆怎么检测？为什么？

解答： 速腾双区自动空调控制单元 J255 通过一个脉宽调制信号来控制鼓风机，而鼓风机控制则将一个自诊断信号反馈给 J255。例如，当反馈信号中有一个脉冲时，表明没有故障；当两个脉冲时，表明电流被限制；当有三个脉冲时，表明温度太高，可能导致输出效率的降低，甚至鼓风机不工作。

蒸发器下游通风口温度由蒸发器温度传感器 G308 进行检测，它确保在 0℃ 时关闭制冷功能，并与外部调节式压缩机一起，使蒸发器下游通风口温度在 0～12℃ 之间进行自适应控制。

空调系统控制单元 J255 对压缩机调节阀进行无级驱动。控制单元 J255 根据所需温度、外部与内部温度、蒸发器温度以及制冷剂压力的变化，对电磁阀 N280 的占空比进行控制，控制斜盘倾斜位置改变，从而决定了排量以及产生的制冷输出。在制冷功能被关闭后，多楔带仍驱动压缩机连续运转。制冷剂流量被相应降低至 2%。该电磁调节阀安装在压缩机中并用一个弹簧锁止垫圈固定。它是压缩机内低压、高压与曲轴箱压力之间的接口，并且是免离合操作的先决条件。通过控制这几种压力对斜盘进行调节。脉冲宽度调制电压信号驱动该调节阀中的一个挺杆，电压作用的持续时间决定了调整量。

压缩机中的机械故障或由于制冷剂缺失而造成的润滑不足都会导致压缩机驱动轴不转，这会造成传动带驱动机构损坏，进而损坏发动机。为了防止这种情况发生，采用了两种保护功能：一是控制单元用制冷剂压力 G65 的信号来检测可能会发生的制冷剂损失。若全部损失，制冷功能将被关闭；二是内置过载保护的带轮。当压缩机有效工作时，多楔带的带轮与驱动盘之间有一个与二者紧密相连的成形橡胶件。当压缩机运转时，两个盘片以相同速率旋转。一旦压缩机堵转，驱动盘停转。停转后，传动带与驱动盘之间的传动力变得很大。成形橡胶件被带轮按照转动方向压到堵转的驱动盘上。成形橡胶件上的变形部分被剪切下来，带轮与驱动盘之间的连接部分被切断。带轮这时就会无障碍地旋转，这样就不会损坏多楔带并排除了发动机损坏的可能性。

外部调节式空调压缩机即活塞斜盘式压缩机用于压缩制冷剂。该压缩机（图 6-7）的特点是，排量可变，以适应制冷容量的要求，中空活塞、带轮驱动机构带有一体式过载保护，没有电磁离合器，外部调节阀 N280 用于压缩机内压力状况的自适应控制。一旦压缩机不工作，可以简单测试一下，直接对图 6-7 中的调节阀通常电，检测压缩机的好坏，和原来对离合器线圈通电或短接压力开关一样。现在还可

调节阀

图 6-7 速腾变频压缩机及调节阀

以利用诊断设备进入空调控制模块，调取故障码，更体现了时代性与先进性。

352. 空调打开为什么迟滞2min才工作？

提问：一辆晶锐轿车每天冷车开空调时空调不工作，大约需要等待2min后空调才工作，找4S店检修多次没有找到故障原因，这是什么故障？

解答：可以先换制冷剂，可能是制冷剂质量有问题；如果不行，再更换压缩机，可能是压缩机上的电磁阀发卡，因为没有单独的电磁阀可换，只能更换压缩机总成解决。

353. 开空调为什么怠速过低？

提问：天热行车开空调至停车熄火这段时间都没问题，等再次起动车子发现怠速上不去，到400~500r/min就熄火，除非给油车子才能起动。只有夏天开空调后才出现上述情况，其余时间正常。这是什么原因？怎么解决？

解答：一般是节气门脏了或进气道积炭过多，需要清洗节气门，并做节气门匹配，即怠速基本值匹配；同时清理进气道积炭。因为过脏，ECU在调整范围内不能稳定怠速。

354. 开空调怠速不稳还游车是什么原因？

提问：一辆荣威750，一开空调发动机怠速就不稳，出现游车现象。关掉空调又恢复正常。路试时，加速有时发抖，在颠簸路面故障现象最明显。检查后发现气缸压力正常，燃油压力正常，点火正时与点火能量都正常。在没有办法的情况下，试着换空调压缩机、冷却液温度传感器、节气门位置传感器、喷油器、点火线圈、火花塞等都无效。越修故障越恶化，甚至在不开空调怠速时出现熄火，怎么办？

解答：在其他车型上见过所描述的故障现象，也有过成功排除的经验，下面详细介绍希望能有所帮助。根据描述，开空调时怠速游动，故障恶化后易造成熄火，在不平或颠簸路面故障现象最明显。这属于典型的主搭铁线接触不良的故障，通常是蓄电池的负极与车身之间接触不良。只需要认真处理蓄电池负极与车身之间的搭铁线，估计故障就会排除。

可能会有疑问，那为什么主搭铁线出了问题，不影响起动机工作呢？因为主搭铁线不是一根整线分支到车身搭铁和发动机体上搭铁，就是两根线从蓄电池负极出来，一根直接接车身搭铁，另一根直接接发动机体动力搭铁，所以对起动机不产生影响。

现代电控汽车的搭铁主要有车身搭铁、传感器搭铁和执行器搭铁三种类型，通常所讲的搭铁线是指车身搭铁线。搭铁线按照作用可以分为主搭铁线、备用搭铁线、防静电搭铁线和屏蔽搭铁线四种类型。在汽车上，有时候会发现大量的用电器就靠仅有的1根或2根搭铁线来传递电流。为了确保高精度信号不失准，在很多含有电子设备的线路中，设计人员有意识地装了少量的非常好的搭铁线，并且在搭铁的两端还使用了特殊形状的搭铁线连接端子、垫片和紧固螺钉，这就是所谓的主搭铁线。主搭铁线如果出现故障，将影响很多线路的正常工作，而不只是影响一条线路的正常工作。所谓备用搭铁线，是指在已经有了主搭铁线的同一电路中还有第二条甚至第三条搭铁线，这些搭铁线可以改善某些复杂电子设备部件的搭铁，从而确保主要线路系统工作性能良好。本案例的搭铁故障，就是主搭铁线发生故障导致的。因此，维修技术人员在对车辆进行故障诊断的时候，如果发现许多线路系统均发生了故障，首先必须考虑主搭铁线是否良好，以免不必要地更换电器元件。但是，各个车结构不一定相同，故障程度也不相同，而且备用搭铁线不同，故障表现形式不同。

355. 怎样眼看手摸来诊断汽车空调故障?

解答: 现在汽车空调主要分为三类:一是手动空调;二是半自动空调;三是全自动空调。全自动空调检修时可以用诊断仪调取故障码,看数据流。能用先进的设备来诊断故障,体现了时代性与先进性。空调制冷系统的诊断一般离不开空调压力表,所以,能用设备诊断的应尽量用设备,检修诊断更可靠。建议要多学会用设备诊断空调故障。

至于眼看手摸只能作为一种初诊及辅助诊断的办法,一般至少要利用空调压力表检测维修。现就所求,分述如下:

(1) 三看

一看有无漏氟。首先看空调系统管接头有无漏氟。由于制冷剂氟利昂中混合有冷冻机油,漏氟的地方就会出现潮湿的痕迹,因为是机油不会挥发,还会沾满灰尘,显得脏污,很容易从表面看出来。

二看冷凝器。冷凝器安装在汽车最前面,比较好观察,可以看一下冷凝器散热片是否弯曲变形,通风的缝隙是否被脏东西堵塞了。空调开启后,看风扇是否旋转,是否对着发动机方向吹风,否则将无法散热或散热不良。以上几点都可以引起空调制冷效果不良甚至不制冷。

三看空调起动时,干燥瓶视窗。正常情况下,空调压缩机刚工作时,可以从视窗中看到气泡流动,随着压缩机继续运转,气泡应从有到无,如果一直有气泡,说明缺少制冷剂;如果从开机到压缩机运转一段时间后,完全看不到气泡,说明制冷剂多了。当然,没有制冷剂也看不到气泡,但压缩机不会工作。

随着空调压缩机的继续运转,视窗中的气泡逐渐消失,没有气泡的制冷剂,在视窗中流过应该非常清澈,不混浊才说明正常;如在视窗中流过的制冷剂非常混浊,说明制冷系统中的冷冻油加多了。

(2) 四摸

一摸干燥瓶。可用左右手分别摸干燥瓶进口端管子和出口端管子,比较两边的温度差。如果温差不大,说明干燥瓶是正常的;如果温差过大,说明干燥瓶不正常,可能有堵塞。

二摸膨胀阀。可直接用手摸膨胀阀的进口端管子和出口端管子,一边是高压,另一边是低压,即管子温度一边是热的,另一边是凉的;温度如果差不多,说明膨胀阀不良。

三摸冷凝器。进口应该很热,出口相对温度低些;如果温差不大或温差很大,前者是散热不良,后者是内部堵塞。

四摸压缩机。压缩机进气口和出气口也是高低压的分界线,温差一般比较明显;如果两端温差不大,说明压缩机性能不良,制冷效果不可能好。

356. 空调制冷管子上为什么结霜?

提问: 一辆广本锋范车已经行驶两年半了,最近开空调时间一长就停止制冷,管子上结白霜,这是什么原因?

解答: 一般有两个原因:一是缺少制冷剂,空调不能停机或调整,长期大负荷制冷引起结霜,添加制冷剂即可排除故障;二是系统内部堵塞,可能油堵、水堵、渣子堵塞,必须对整个系统包括管道进行清洗，更换膨胀阀与干燥瓶，然后按照规定加制冷剂、加冷冻油。

357. 怎么判断空调系统中的堵塞？

提问： 夏天到了空调问题多了。怎么判断空调系统中堵塞的问题？到底是冷凝器堵还是膨胀阀堵？膨胀阀开度过大、过小，压力表有什么变化？通过压力表的变化怎么判断堵塞的故障点？

解答： 检修空调时，一旦遇到压力双低，绝大部分情况是缺制冷剂，所以，有个口诀叫：压力双低请加氟，压力双高请散热。实际上，压力双低有两种可能：一种是系统堵塞，系统堵塞时，堵塞部位会产生节流，节流部位就会有明显的温差，用手摸就能找出问题，这就是平时说的凭经验修车法；另一个就是制冷剂泄漏，导致制冷剂不够，这种情况占空调故障的 80%，可以利用肥皂泡沫法、空调检漏仪来查明泄漏部位，酌情检修。

空调系统的正常工作压力为：低压侧为 0.15~0.25MPa，高压侧为 1.3~1.7MPa，如不在此范围，表明空调系统有故障。故障原因主要有以下几种情况：

若测得高压值稍低，低压值低或过低，有两种可能：

1）制冷剂不足，应适量补充。

2）高压管路受外力作用变形而造成堵塞或者储液干燥器堵塞，储液干燥器入口与出口手感温度有差异，入口处温度为"烫手"，出口处温度为"热手"；干燥器如有堵塞，二者温差就会增大，堵塞越严重，温差就会越大。修理方法是更换变形的高压管或者堵塞的储液干燥器，并同时清洗冷凝器。

若测得高低压值均为过高，则有六种可能：

1）系统内有空气，应重新彻底抽空加注制冷剂。

2）系统堵塞，多为膨胀阀堵塞或发生故障，处理方法为更换膨胀阀。

3）制冷剂过量，表现为排气口手感"烫"手，吸气口手感"热"手。正常情况下，该处手感应为"凉"手，压缩机偶伴有液击声，应重新彻底抽空，定量加注制冷剂。

4）冷凝器散热不良，表现为冷凝器出口到膨胀阀进口段管路手感为"热"手，正常情况下该断路的手感应为"温"手。处理方法为清理冷凝器、散热器散热栅的污物，必要时更换。

5）膨胀阀失效，表现为低压管会有大量露珠或结霜，处理办法为检查膨胀阀安装位置是否正确，如正确，则更换膨胀阀。

6）其他故障，如冷却风扇故障、发动机过热、冷冻机油过量或不足等。

若测得低压值高，高压值低，多为压缩机不能进行有效压缩，内部泄漏。表现为压缩机电磁离合器不能正常吸合，存在打滑现象以及压缩机的传动带存在打滑，运转时有明显机械噪声。处理方法为根据相应的手册调整电磁离合器的间隙或更换电磁离合器、压缩机。

若高压值过高，低压值过低，有两种可能：

1）膨胀阀堵塞，由于储液干燥器失效，污物进入膨胀阀致使堵塞。

2）动力原件失效，多是因为感温包跑气，使阀门处于常闭状态，处理方法为更换膨胀阀和储液干燥器。

若测得高压值正常，低压值过高，且高低压值之比远小于 8，此现象一般是压缩机工作效率降低，应维修压缩机，必要时更换。如高低压值之比略小于 8，则是膨胀阀感温管安装位置不当，导致开度过大，节流作用变差。应调整其安装位置，以尽量贴近蒸发器为宜。

358. 为什么不开空调散热器就开锅?

提问：一辆 2003 款捷达前卫轿车，行驶里程超过 200000km，车辆进厂时报修发动机温度高，清洗了散热器，更换了水泵与节温器，检查风扇工作正常，但发动机温度还是很高，主要表现是开空调时温度反而低些，不开空调就开锅，正常表现应该是开空调温度更高。这个问题还没有解决，空调又突然不工作了，检查空调系统没有发现问题，这是为什么?

解答：捷达轿车冷却液沸点是 115℃，如果不开空调试车，当冷却液温度达到 92～97℃时，温控开关 1 档接通，散热风扇低速运转；当冷却液温度达到 98～110℃时，温控开关 2 档接通，散热风扇高速运转。如果排除了散热器与发动机体之间的主要循环管路之间的阻碍，问题可能出在支循环管路之间，应重点检查膨胀壶与节气门体之间及旁系支循环管路。如果膨胀壶关闭不严或者支路有堵塞，发动机同样会出现升温过快的现象，如果打开空调，风扇提前工作，冷却液温度升高减慢，可能掩盖了故障现象。所以，在清洗冷却系统时，一定不要重视主路忽视支路，重视大部件而忽视细节，要检查支路是否堵塞，散热器盖是否渗漏。

空调突然不工作，首先应该检查管理空调的熔丝是否完好。当空调打开时，高压管上的低压开关必须导通，必须有 12V 供电；蒸发箱上的温控开关必须导通，必须有 12V 供电；发动机 ECU28 脚必须收到 12V 空调请求信号，78 脚必须被控制搭铁，否则电路就存在问题，必须清理检修。

第七篇

电器仪表篇

359. 奥迪 A7 电器构造布置有什么特点?

解答: 奥迪 A7 Sportback 上的蓄电池安装在备胎坑内中心处。蓄电池正极上连接着主熔丝支架和蓄电池切断元件。蓄电池负极上安装着蓄电池监控控制单元 J367。这个控制单元与负极线（连接在备胎坑内的搭铁上）构成了一个结构单元。装备有起动－停止系统和/或驻车加热装置的车，使用的一定是 AGM 型蓄电池。

蓄电池主线是柔软的铝制扁形导线，它通过蓄电池切断元件与蓄电池正极连接。主线与电动机械式转向器供电线（铝制圆线）一起通过一个橡胶套管从备胎坑中引出，沿着车左侧的车底铺设。这两条线在左前车轮拱板内开始分开，扁形线通过另一个橡胶套管进入流水槽与电压分配器相连。圆形线进入发动机舱直接接到电动机械式转向器上。构造布置如图 7-1 所示。

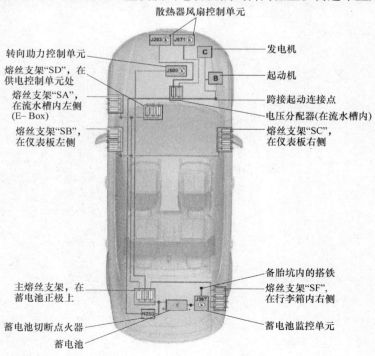

图 7-1　奥迪 A7 电器构造

360. 奥迪 A7 供电熔丝与继电器盒都在什么地方?

解答: 一辆汽车电器检修,就像一个家庭的电器检修,家里供电出了问题,首先就是找供电熔丝盒。汽车供电出了问题,同样也是找供电熔丝盒。奥迪 A7 全车的供电熔丝与继电器盒位置如图 7-2 所示。

电压分配器(在流水槽内)散热器风扇控制单元通过安装在此处的熔丝获得供电。此处也是蓄电池主线的连接点

仪表板右侧的熔丝和继电器支架
这些熔丝在电路图上标有"SC",取下仪表板盖板后,用户自己就可以拆检这些熔丝

熔丝和继电器支架以及CAN节点插头(在行李箱内右侧)
这些熔丝在电路图上标有"SF",拆下行李箱内右后方处的储物盒后,用户自己就可以拆检这些熔丝

蓄电池正极上的主熔丝支架
在这个熔丝支架上,还安装有蓄电池切断元件

驾驶人侧流水槽内E-Box中的熔丝和继电器支架(在风窗玻璃清洗液罐下)
E-Box的盖子同时也是发动机控制单元的支架
E-Box中的这些熔丝在电路图上标有"SA"

分线器和CAN节点插头(在左侧A柱下方)

供电控制单元附近的熔丝和继电器支架
(在驾驶人脚坑处的仪表板下方)
这些熔丝在电路图上标有"SD"

仪表板左侧的熔丝和继电器支架
这些熔丝在电路图上标有"SB",取下仪表板盖板后,用户自己就可以拆检这些熔丝

图 7-2　奥迪 A7 供电熔丝与继电器盒位置

361. 奥迪 A7 蓄电池负极接线柱上有个红色的块状物,它起什么作用?

解答: 蓄电池上那个红色的块状物是监控单元 J367,如图 7-3 所示。

该模块安装在蓄电池负极上,任务是测量蓄电池充电和放电电流、蓄电池电压、蓄电池温度。LIN – 总线从控制器通过数据总线诊断接口 J533(网关)来测量和诊断。

(1)蓄电池电流的测量　在蓄电池负极上测量蓄电池电流。流入负极的总电流会流经

J367，准确地说，是流经一个并联电阻，这个并联电阻的阻值是毫欧级的，其压降大小与流过的电流成正比关系，由此可计算出流入或流出蓄电池的电流大小。

（2）蓄电池电压的测量 直接在蓄电池正极来测量蓄电池的电压，为此需要将一根测量导线从蓄电池正极接到蓄电池监控单元 J367。

（3）蓄电池温度的测量 J367 内有一个负温度系数（NTC）传感器，它是用来测量蓄电池温度的。由于该传感器是直接固定在蓄电池上的，因此它测得的蓄电池温度是可靠的。

蓄电池监控单元J367

图 7-3　蓄电池监控单元

362. 起动时为什么必须并联一个好蓄电池？ABR 是什么？

提问：一辆奔驰车，车主反映每天初次起动很困难，需要并联一个好蓄电池才能起动，起动后一切正常，检查起动机带动发动机运转转速是正常的，这一般是什么故障？还有该车上的 ABR 起什么作用？

解答：需要检查起动时的蓄电池电压降，如果起动时蓄电池电压低于 9V，ECU 将不能正常地控制点火与喷油，造成无法起动。手动档的车人推才好起动，自动档的车并联一个好蓄电池才好起动，一般需要对蓄电池进行补充充电或换新才能排除故障。

ABR 是自适应制动系统，该系统增加了四个压力传感器监测每个车轮的制动压力，还有一个压力传感器监测制动主缸的压力。该系统始终处于起动状态，只要驾驶人的脚离开加速踏板，ABR 就利用高压回流泵使所有车轮制动器液压升高 200kPa，制动间隙提前闭合做好制动准备。

363. 奔驰车为什么使用两个蓄电池？

提问：一辆 2006 年奔驰 E280 仪表显示蓄电池符号灯亮（Visit Workshop），发电量正常的，系统无故障码，双蓄电池的工作原理及维修思路是什么？怎么检测？

解答：奔驰 E280 仪表显示蓄电池符号灯亮，说明可能是发电机故障，或者电路故障，或者发电机传动带磨损松旷所致。

奔驰双蓄电池工作原理如图 7-4 所示，它的主要作用是在电源 ECU 检测到主蓄电池不能正常工作的情况下使辅助蓄电池工作，进而使车辆进入紧急运行状态并设置故障码，在仪表板上提醒客户车辆需要维修。采用双蓄电池系统，还可以避免模块因摩擦等原因产生静电，引起无法休眠而产生的漏电故障。

电源 ECU 控制辅助继电器，在正常工作时间内动作，给辅助蓄电池充电，起动后电压过低时辅助供电，调节辅助蓄电池的供电量。发动机运行时，一旦系统电压低，系统会通过 CAN 输出两条信息，在仪表板上提示用户有故障。辅助蓄电池继电器接通，辅助蓄电池会向电动装置输出功率。如果辅助蓄电池温度过高，那么温度过高熔丝就会熔断，使其停止工作，以免将辅助蓄电池烧坏。

蓄电池 ECU 检测到辅助蓄电池电压不足时，蓄电池 ECU 控制辅助继电器动作，使其充电达到 13.5V。辅助蓄电池充电是发电机通过电源 ECU 控制辅助蓄电池继电器的通断为其充电的。

蓄电池 ECU 监测蓄电池电压和发电机电压（CAN－B），控制辅助蓄电池继电器（K57/2），控制电池的消耗，提供辅助蓄电池的充电，紧急运行并设置故障码，显示紧急运行信息。检修一般先用专用 ECU 诊断仪或 X431 检查，根据故障码与检测数据酌情检修。

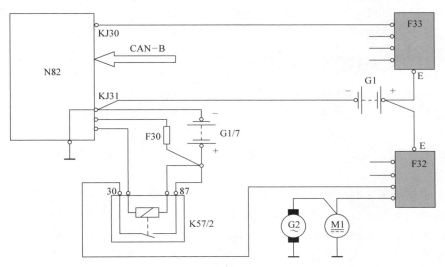

图 7-4　双蓄电池工作原理

F30—温度过热熔丝　G1—主蓄电池　K57/2—辅助蓄电池继电器

F32—前熔丝盒　G1/7—辅助蓄电池　M1—起动机

F33—后熔丝盒　G2—发电机　N82—电源 ECU

另外补充一点，采用两个蓄电池结构的，即一个蓄电池用于车载电气系统，另一个蓄电池用于起动系统，在起动过程中，两个蓄电池互相分离，车载电气系统由主蓄电池电路供电，起动机蓄电池电路确保车辆能起动。车辆静止时，车载电气系统蓄电池为所有用电设备供电。为延长车辆在静止状态下的供电，ECU 控制静电电流开关，减小静态电流，在预先设定的一段时间后断开大部分用电设备电源。当然，如果发动机再次起动时，检测到车载蓄电池耗尽，则耦合继电器通电，由起动蓄电池供电。

还有奔驰 M/GL/R 级轿车，打开点火开关，仪表板上的蓄电池警告灯点亮，故障码显示"请访问维修服务站"，故障原因一般是附加蓄电池极桩安装不到位或腐蚀接触不良，附加蓄电池充电电压过低或蓄电池有质量问题。需要用诊断仪检测附加蓄电池电压。这种结构，其附加蓄电池的作用是在主蓄电池电量不足时，直接给变速器模块供电，保证在紧急情况下车辆可以正常进行换档操作。这种结构一般更换小蓄电池即可排除故障。

364. 汽车漏电的原因有哪些？怎样检查？

提问：一辆奔驰 R350，两天不行驶蓄电池就没电了，车主要求换块蓄电池，换完后测量锁车时蓄电池电流为 2.6A，15min2.0A，不知道对不对，该车静态放电电流是多少？怎么检修？

解答：汽车漏电现象是指汽车停驶中蓄电池逐渐放电以致影响汽车起动困难或电器工作不正常的现象，导致汽车漏电的原因大体有三种：一是停车时电器开关未关等导致的蓄电池亏电；二是蓄电池极板短路或氧化脱落导致自放电而亏电；三是由于汽车电器、线束、传感器、控制器、执行器等电子元器件和电路搭铁造成漏电。汽车漏电检修也分为三步：一是将车辆熄火，关闭所有用电设备；二是拨出钥匙，使机盖锁开关、门锁开关及门开关、尾盖锁开关均处于锁车状态；三是把万用表接入车辆供电电路的搭铁回路中，确定蓄电池电压大于12V。如果发现在 20min 后，蓄电池放电电流未降至 50mA，而是达到 2A 以上，可以肯定有漏电现象，有模块未休眠，处于唤醒状态，多见于音响、油泵、座椅等。

365. 如何排除线路高电阻故障？

提问：一辆雪佛兰新景程行驶 2 万 km 以上，出现停车后有时不着车现象，经检查有高压火，起动机运转有力，汽油泵也泵油。用万用表检查有无喷油脉冲信号时，无意间又能着车了，之后又正常了，后询问驾驶人得知行驶中没有出现熄火现象，只有停车时才有，有时能打着有时打不着，当时解码器被带出修车了，没有检测电控系统，没有调故障码，怎么办？

解答：根据描述，有可能是电路故障。汽车电路故障主要有三种，一是断路，二是短路，三是线路高电阻。首先定性是线路高电阻故障。另外，故障又分为硬故障和软故障，故障现象能每次再现的，就是硬故障，也好排除；故障现象时有时无的，好比调不出故障码，数据流也正常的故障，就是软故障。分析可能是软故障，建议重点检查搭铁线路的电压降，包括油泵继电器线路、转速信号线路、喷油器供电线路中的熔丝等的电压降，可以找到故障点，即高电阻点，故障即可排除。

366. 轿车上有哪些地方搭铁？

提问：一辆长安微轿，下雨玻璃起雾，开空调除雾就熄火，后来修了几天，才发现是蓄电池搭铁线接触不良，这样看来搭铁线很重要，哪里有全车搭铁点的资料？还有，长安微轿遥控器的匹配有什么好方法？

解答：因为汽车一般采用单线制，搭铁线就相当于两根电源线中的一根，接触不良就无法完成供电及回路，所以非常重要。长安微轿全车搭铁点如图 7-5 所示，可对号入座查找。

长安微轿遥控器的匹配步骤如下：

1）首先将四车门关闭到位，中控锁控制器断电后 30s 重新通电，15s 内将左前门开关门三次（开—关—开—关—开—关）。

2）上面操作完成后，转向灯闪三次，表示进入学习状态。在接下来的 30s 内，先按第一把遥控器的任意键，转向灯闪一次，再按另一把遥控器的任意键，转向灯闪一次，之后退出学习状态，转向灯闪一次。

3）退出学习状态的条件：打开任一车门，30s 内无遥控器学习。

4）当进入学习状态后，若主机已有一把成功学习的遥控器，学习时只需学习第二把；若成功学习完第二把遥控器，主机便退出学习状态，维持前一把（即原有成功学习的那把遥控器）和当前学习的遥控器有效；再次进入学习状态后，若未成功学习一把遥控器，则

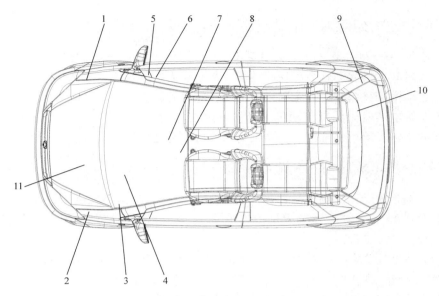

图 7-5　长安微轿全车搭铁点

1—右前前照灯后侧，前壁板侧板上　2—左前前照灯后侧，前壁板侧板上　3—仪表台板左侧固定中控锁控制器处
4—转向支承上，EPS 上方　5—右前门槛前方 ECU 旁　6—右前门槛前方连接支架处　7—换档机构下方安全气囊 ECU 处
8—前地板横梁上，换档机构下方　9—右后立柱上　10—背门右侧　11—变速器上

主机维持原有遥控器；若有遥控器学习成功，则只有当前经过学习的遥控器有效，未经过当前学习的则无效。

367. 英朗蓄电池灯点亮的控制原理有什么不同？

提问： 别克英朗电源管理系统电路图中充电指示灯旁的"A90 逻辑"是什么意思？

解答： "A90 逻辑"是一个逻辑电路，也就是一个小电路板，也可称为一个小模块或小 ECU。逻辑电路就是最简单的换算电路，图中上下箭头代表数据通信，"A90 逻辑"既接收左边车身 ECU 的数据，又接收下面发动机 ECU 的数据。由于电流传感器的数据给了车身 ECU，如果监测到电流异常，车身 ECU 会发一个信号给"A90 逻辑"点亮蓄电池灯。发电机的电压反馈数据给了发动机 ECU，如果监测到电压异常，发动机 ECU 会发出一个信号给"A90 逻辑"点亮蓄电池灯。

368. 为什么更换三个发电机还是不充电？

提问： 一辆 2007 款丰田大霸王更换发电机总成后，仪表上蓄电池指示灯常亮，已经连续更换了三个发电机都一样。听说发电机需要匹配，是这回事吗？怎么匹配？

解答： 没听说更换发电机需要匹配，只是换了三个蓄电池指示灯常亮，确实是发电机与该车不匹配。匹配的方法就是更换原厂的合格发电机总成。实际检测起来很简单，只要将发电机上的插接器拔掉，蓄电池指示灯熄灭了，就说明线路没有问题，继续换发电机。如果拔掉发电机上的插接器后，蓄电池指示灯还是常亮，就需要清理充电控制线路。

369. 起动无力如何判断是蓄电池不良还是起动机不良?

提问: 一辆 2009 年生产的北京现代轿车,该车冷车起动正常,熄火后立即起动也正常,但是停车一段时间后再起动就会出现起动困难与起动无力的现象,怎么检修?

解答: 起动困难且起动无力说明是蓄电池亏电或起动机不良,既然刚熄火时可以正常起动,说明不是蓄电池硫化就是起动机不良,可以在起动无力时并联一个良好的蓄电池再起动,如果起动正常了就更换蓄电池,否则需要检修或视需更换起动机。

370. 检修发电机后为什么造成空调不制冷?

提问: 一辆车检修完发电机后,出厂行驶不久,发电机就不发电了,而且空调也不制冷。将车牵引到 4S 店,维修人员说是传动带断了,将空调离合器破坏了,这是怎么回事?责任怎么划分?

解答: 机件事故鉴定必须到现场,远距离只能纸上谈兵,而且也没有提供车上使用的是什么传动带。当然,现在好多车都使用多楔带。对于使用过的多楔带,拆卸前,需用粉笔或标记笔做上旋转方向记号,也就是说,必须按照原来的旋转方向安装。如果重新安装后,改变了运转方向,可能很快导致损毁。拆卸后应检查磨损情况,磨损明显或开裂的多楔带应及时更换。还要注意,保管多楔带时不要弯折。换句话讲,如果能肯定使用的是多楔带,而且4S 店在拆卸时没有做记号,那么责任一般都是 4S 店的,否则就不好划分责任。

371. 尾盖灯怎么都转移到保险杠上去了?

提问: 一辆奥迪 Q5,拆卸后保险杠喷漆之后,就一直显示后尾盖灯不亮。网上说拆卸后保险杠之后都会出现这种情况,后尾盖的灯、转向灯、小灯、制动灯都跑到保险杠上去了,请问这是什么故障?

解答: 奥迪 Q5 灯光由舒适模块 J393 控制,J393 一旦认为尾门关闭传感器 G525 和 G526 信号不可靠时,就会将灯光转移到后保险杠上去。分析可能在拆卸保险杠喷漆时,造成了车身上不锈钢盖板下的尾门关闭传感器被污染,可以通过诊断仪进入舒适模块调取故障码或查看数据流找到故障点。如果是单纯喷漆引起,撬开不锈钢盖板,酌情清除尾门传感器上的喷漆污染,一般均可恢复正常。

根据电路图显示,尾门关闭传感器 G525 和 G526 为舒适模块 J393 提供尾门的位置信号,以控制尾灯的切换。G525 和 G526 处于行李箱盖关闭位置时,J393 控制行李箱盖上的制动信号灯、尾灯和转向信号灯打开。G525 和 G526 处于行李箱盖打开位置时,J393 控制后保险杠上的制动信号灯、尾灯和转向信号灯打开。

舒适模块 J393 一旦认为 G525 和 G526 信号不可靠时,会采取应急模式,将灯光切换到保险杠上。不过,如果由于上部锁或者下部锁故障,在行李箱关闭时,J393 接收的是开启状态信号,此时即使关闭传感器的信号是正确的,也不会发生尾灯切换。

372. 转向灯闪烁频率为什么不一致?

提问: 一辆 2005 年的奥迪 A6L 4.2,仪表提示左前转向信号灯故障,但是转向灯闪烁都正常。清除故障码后向左转向几秒后又报故障,转向灯闪烁频率正常,但是仪表指示灯频率有点快，跟转向灯不同步，灯泡阻值也都正常，是什么原因造成的？ECU 也检查过，没看出什么毛病，是软件的问题吗？

解答：根据描述，分析可能有三种原因，即转向开关、线束或模块故障。根据先简后繁的原则，可以先把 ECU 软件刷新，不行再试换排除。要知道，假设有一个灯泡烧了，也会出现描述的现象。所以，还是从断路开始检查为妥，是否向左转向引起了瞬时断路？

373. 为什么开前照灯几分钟后转向灯、喇叭失灵？

提问：一辆 2007 款标致 206 轿车，开前照灯几分钟后，转向灯、喇叭失灵，如果关掉前照灯，转向灯、喇叭会立刻恢复正常，这是什么故障？

解答：请观察仪表上的转向指示信号，如果同时消失，说明转向盘上的灯光控制组合开关，也就是模块出了灯控制问题，需要更换；如果仪表上的转向信号指示是正常的，则是熔丝盒出了故障。

374. 左转向灯开启后为什么渐渐熄灭？

提问：一辆 2011 年的天籁左转向灯的线路与后视镜线路短路，打开左转向灯时，一开始还是亮的，然后就渐渐熄灭了，关了一会儿再打开就又亮了，查看维修手册，说它是由 BCM 控制的，这是什么原理？

解答：为了减少线路及耗材，现在的车辆普遍采用模块控制与 CAN 网络技术。这辆天籁轿车出现左转向灯的线路与后视镜线路短路，打开左转向灯时一开始亮，过一会儿微亮，再过一会儿就不亮了，把它关了一会儿就亮了，也是这种控制结构的特点，因为它之间的连接不是简单的短路、断路和线路高电阻。

配备氙气型前照灯的车辆当转向信号开关置于左位置时，BCM 从其端口 45 输出转向信号，表示转向信号开启。BCM 提供电源：端口 45—左侧前组合灯（转向信号）端口 8—左侧前组合灯端口 4—搭铁 E1 和 E31—左侧侧面转向信号灯端口 1—左侧侧面转向信号灯端口 2—搭铁 E1 和 E31—左侧后组合灯端口 1—左侧后组合灯端口 2—搭铁 B16 和 B17。BCM 通过 CAN 通信线路向一体化仪表和 A/C 放大器传送信号，并用组合仪表开启转向信号指示灯。

配备普通型前照灯的车辆，当转向信号开关置于左位置时，BCM 从其端口 45 输出转向信号，表示转向信号开启。BCM 提供电源：端口 45—左侧前组合灯（转向信号）端口 3—左侧前组合灯端口 1—搭铁 E1 和 E31—左侧侧面转向信号灯端口 1—左侧侧面转向信号灯端口 2—搭铁 E1 和 E31—左侧后组合灯端口 1—左侧后组合灯端口 2—搭铁 B16 和 B17。BCM 通过 CAN 通信线路向一体化仪表和 A/C 放大器传送信号，并用组合仪表开启转向信号指示灯。

375. 转向信号灯为什么快速闪烁？

解答：转向指示灯蜂鸣器（图 7-6）工作与转向灯快速闪亮的条件（2 倍速度闪亮）是危险警告灯工作时；FL、FR、RL、RR 中有三个灯泡断路时；或者转向指示灯工作时；或者 LH 两个或 RH 两个转向灯工作中有一个灯泡断路时。要想其不闪，解除条件是：灯泡更换后，或转向指示灯 SW OFF，或 IGN OFF 或危险警告灯 SW OFF 后，该开关（危险警告灯/转向指示灯）再次 ON 时。

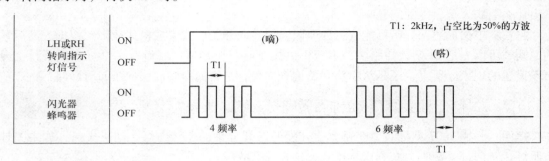

图 7-6　转向指示灯蜂鸣器

376. 车灯有雾气或水珠怎么办?

提问：车灯进水或有水珠雾气有检测的标准吗？什么情况下应该修理或更换车灯？

解答：车灯内部出现积水或者有明显水珠或者雾气，一般定性是车灯朝外暴露部分密封不严所致。如果检查车灯没有破损，首先要注意区分进水和水汽凝结。如果没有明显的水珠或者积水，只有稀薄的水雾，判断为正常的水汽凝结，可以不用处理，只需将车辆停放在干燥通风的地方，灯内的水雾可以慢慢消散；或者打开车灯 10min 作为检验标准，若雾气还不能消失，定性密封不良或属于进水故障。或者在雾气消失后，围绕车灯和车身结合部位的缝隙用高压水冲洗 2min，检查漏水的区域，包括车灯外面罩和灯壳的焊接区域、车灯和车身之间的密封圈的正反面区域，清洗的同时借助照明在车内仔细观察该区域是否有渗水。如果冲洗后出现雾气、水珠或积水，说明需要更换车灯。

377. 前照灯起雾是什么原因?

解答：前照灯出现雾气，一般有三种情况：一是前照灯密封圈出了问题；二是前照灯支座结构缺陷，前照灯调整时安装支座受外力损坏，导致前照灯进水；三是前照灯透气膜破损导致漏水。

前照灯总是进水出现雾气，说明前照灯出现质量问题。检验的标准是将前照灯打开，如果 30min 后雾气完全消散，说明还可以继续使用，否则需要更换前照灯。

378. 室内前顶灯为什么无法关闭?

提问：车辆室内前顶灯开关不管处于哪个位置都无法关闭，这是什么原因？

解答：车辆室内前顶灯开关不管处于哪个位置都无法关闭顶灯，多半是由于室内灯开关插头的第 5 号插脚对地搭铁，因此造成 BCM 一直有开关搭铁的信号输入而无法正常关闭室内灯。还有的进一步检查发现在左后安全带处有搭铁现象发生，修复左后安全带处搭铁的线路可排除该故障。另外，即使该灯亮着，15min 后室内灯也会关闭，这是因为 BCM 会自动进入节电保护模式。

379. 保时捷 LED 主前照灯与双氙气灯有什么区别?

解答：此前照灯的设计与双氙气版本有本质区别。近光束由两个上下叠放的 LED 单元产生。近程模块中的光线分布照亮车辆前方 20～30m 的区域。全 LED 前照灯使用先进的半导体技术并能产生与双氙气前照灯可比拟的光通量。LED（发光二极管）技术作为光源的主要优点是：颜色接近于日光，能量效率高以及使用寿命长。其他优点包括瞬时开关以及高度自由的前照灯设计，如图 7-7 所示。

高光输出由 LED 模块产生，它由整合在一个紧凑且较厚实的铁壳保护模块中的四个独立 LED 组成。这些 LED 模块用于近光束和远光灯（基本和 PDLS 模块）以及附加远光灯。新的全 LED 前照灯的复杂照明系统中每个前照灯由 30 个独立的 LED 组成，它独立排列，实现其各自的照明功能。

图 7-7　保时捷 LED 主前照灯

1—静态弯道灯、交汇灯　2—辅助远光灯　3—日间行车 LED/光圈 DRL　4—近程模块

5—航程模块/鼓（PDLS＋）

380. 机油压力报警灯报警为什么难修好？

提问： 一辆宝来 1.8T 自动档轿车，发现仪表机油压力报警灯（黄色）亮，但是关闭钥匙并重启后又恢复正常，后来更换了机油压力感应塞，但是机油压力报警灯还是偶发性点亮。检查机油压力，怠速时接近 200kPa，在 2000r/min 时机油压力为 350kPa，技师说机油压力正常，但是黄色机油灯依然点亮，为什么？

解答： 大众的老款轿车一般有两个机油压力感应塞，一个检测低压，另一个检测高压，只有一个红色的机油压力报警灯。根据描述，该车是新结构，虽然也是两个机油感应塞，但是用途不同，老款的机油压力感应塞都安装在发动机机油压力通道上，而新款的只有一个安装在发动机机油压力通道上，另一个安装在油底壳上，叫"机油油位与油温传感器"，用来测量机油油量及温度。如果是红色机油压力报警灯报警，更换机油压力感应塞是正确的，因为机油压力正常。问题是该车是黄色灯报警（即图 7-8 中所指），一般说明不是油底壳中缺机油，就是机油油位与油温传感器有问题，该车可能是换错了零件。黄色灯亮表示缺机油或者发动机烧机油了；或者曲轴箱强制通风不良即废气管堵塞；或者冷却液温度和油温过高。如果上述检查均正常，线路没有问题。可以改编码。如果仪表出厂编码是 05122，可改成

05102，黄色灯应该不再点亮，几天后之再改回 05122。不过做过试验，不改回也没有发现什么问题。或将仪表控制单元编码 1122 改成 1102；黄色灯熄灭后，用几天车后再改回 1122，黄色灯一般不会再亮。

图 7-8　仪表中的黄色机油压力报警灯

381. 行驶中为什么机油灯报警?

提问：一辆 1.8TSI 迈腾轿车，行驶中机油压力报警。电磁阀里面的小机械阀芯换过了，没有发现阀芯卡滞，但是机油压力始终报警。检查机油压力也是正常的，怎么判断发动机润滑油的状态?

解答：发动机内润滑状况的判断，应以润滑油"流量"的大小为标准，而不是以润滑油"压力"的大小为标准。因为润滑油泵不是"压缩机"，润滑油泵打出的油量（L/min）与发动机转速成正比（但润滑油泵有泄压阀防止油压太高，故压力升高到某一极限值后不再升高）。泵打出的润滑油，一路通过润滑油滤清器及发动机内油道一直到润滑部位，润滑油在上述的流动过程会有"阻力"存在，这个"流动的阻力"就形成了润滑油压力。

润滑油黏度越高（越黏），其流动的阻力会越大，油压随之升高（但润滑油流量可能反而较少）；黏度越低时，阻力越小，油压越低（但润滑油流量可能比高黏度润滑油多）。例如，冷车起动时，油温低，黏度高，油压都很高，经过一段时间行驶后，油温升高，黏度降低，油压就慢慢降下来，故润滑油压力大小与润滑油黏度息息相关，而与润滑油品质关系不大。若要从润滑油压力看润滑油品质，则需从压力"稳定度"来看。若在一样的油温及发动机转速下油压不正常提高，则需注意是否油道有阻塞；反之，若油压不正常降低，则注意润滑油油量是否不足，润滑油劣化，泵损坏，润滑油滤清器阻塞等。所以润滑油黏度太高太低都不适当。根据描述，重点要检查油压开关，视需更换原厂的油压开关即可排除故障。

382. 发动机为什么机油油位偏低警告灯闪亮?

提问：一辆速腾轿车发动机机油油位偏低警告灯闪亮，更换油位传感器后不能排除故障，而且发动机控制单元中还有机油油位传感器断路对正极短路的故障码 00562 无法清除掉，怎么修理？

解答： 大众故障码 00562 的含义是机油油位传感器断路/对正极短路，更换后还是不能排除故障，需要检查连接线束。线路若没有问题，可以使用故障诊断仪，输入仪表地址码17，再输入功能码 10（匹配自适应），然后输入分组号 39，最后将匹配值 1 改为 0 即可。

383. 智能钥匙起动时仪表灯为什么不亮？

提问： 速锐智能钥匙轿车踩住制动踏板起动时，起动机可以转动，但是仪表灯不亮，发动机起动不了。检查有几个熔丝无电，直接对熔丝供电，发动机可以起动，但是，又无法熄火。请问如何检修？

解答： 按一键起动开关，仪表灯不亮，起动机可以运转，说明制动开关及车辆防盗系统应该没有问题。至于有几个熔丝没有电，要知道，汽车熔丝上的供电，分为几种情况，有的是直接供电，好比车上的常电源；有的是受点火开关控制，点火开关打开才有电；有的受开关控制，好比前照灯开关、雾灯开关；有的受继电器控制，好比速锐就受继电器控制；有的还受模块直接控制。

根据描述，分析可能继电器供电不良或自身不良，先检查继电器供电，供电正常时继电器应该有吸合的声音，否则更换继电器即可排除故障。

384. 制动灯报警应该怎么办？

提问： 一辆宝马 318 轿车，更换前制动片后，制动灯一直报警，人工、设备都没有办法熄灭该灯，该如何修理？

解答： 关于宝马车况保养服务系统 CBS 复位，在车辆方面可以通过行驶方向远光灯开关上的车载 ECU 按钮复位 CBS 保养范围。而与法规相关的间隔时间设码只能通过诊断系统进行。总之，一般原则建议通过诊断系统复位 CBS 范围。

385. 为什么在 1500～2000r/min 机油灯点亮，蜂鸣器响？

提问： 一辆 2010 年出租款捷达二手车，转速在 1500～2000r/min 之间时机油灯点亮、蜂鸣器响，在 1600r/min 左右最频繁。到 4S 店检查，先后更换机油压力感应塞、机油泵、机油滤清器底座，但故障依旧，接下来应如何检修？

解答： 根据描述，分析机油报警的原因不是软件故障就是干扰引起的，可以通过 ECU 刷新或修改 ECU 编码来解决软件问题，或者用更换火花塞、高压线等排除干扰源引起的故障。

386. 改装氙气灯或 LED 灯报警怎么办？

提问： 一辆大众 CC 改装氙气灯后，仪表上故障警告灯为什么会报警？另外，将转向灯改装成 LED 灯后，仪表上的转向指示灯变成快速闪烁，类似有一个灯泡烧坏，这是什么原因？该如何解决？

解答： 作为前照灯，原车一般安装的是 50～60W 的灯泡，改装的氙气灯泡一般是 35W，ECU 可能检测到前照灯功率不匹配，所以点亮了故障灯。可以选装 25W 的电阻线或者串联25W 的电阻，达到和原来一样的阻值，一旦匹配了，故障灯就会熄灭。还可以配置电路结构专用的安定器和加装高级抗干扰器。至于转向灯，同样是阻值问题，ECU 检测到高电阻，以为灯泡断路了，所以，通过并联电阻可以解决。

387. 没有起动为什么机油报警系统报警？

提问： 一辆大众途安车，CGZ 发动机，累计行驶 120000km，在点火开关打开，没有起动发动机的状态下，不知道为什么机油压力警告灯闪亮且蜂鸣器报警。起动后都恢复正常，这是什么故障？

解答： 该车发动机转速在 1500r/min，机油压力应为 1.2～1.6bar。接通点火开关，机油压力监控系统进入 3s 自检，机油压力警告灯会闪烁，自检结束，警告灯会熄灭。如果点火开关接通超过 13s 后，发动机还没有起动，这时如果机油压力开关处于闭合状态（即机油压力达到 1.4bar 或者机油压力开关的导线与搭铁短路），机油压力警告灯闪烁，蜂鸣器鸣叫且出现文字警告。另外，当发动机转速超过 1500r/min 时，若机油压力开关处于断开状态（即机油压力低于 1.2bar 或者机油压力开关导线断路），机油压力警告灯也会闪烁，蜂鸣器鸣叫且出现文字警告。根据描述，属于点火开关接通超过 13s 后，发动机还没有起动，这时如果机油压力开关处于闭合状态（即机油压力达到 1.4bar 或者机油压力开关的导线与搭铁短路），机油压力警告灯闪烁，蜂鸣器鸣叫且出现文字警告。分析发动机没有起动，机油压力不可能达到 1.4bar，只有可能是机油压力开关的导线与搭铁短路。清理线路应能排除故障。

388. 轮胎警告灯 RKA 灯报警怎么办？

提问： 一辆途观 SUV，行驶 83350km，轮胎警告灯 RKA 灯报警后，分析可能是某个轮胎漏气，检查轮胎气压正常，进入 ABS 系统检查，系统正常，没有故障码。咨询 4S 店，说可能是制动开关故障，试换制动开关无效，检查 ABS ECU 与轮速传感器之间的线路，没有高电阻故障，都是正常的，无奈试换 ABS 泵总成，RKA 灯还是报警，试换所有轮速传感器，还是报警。怎么办？

解答： 大众途观 SUV 轮胎检测系统属于间接性检测，轮胎上没有压力传感器，报警系统的工作原理（图 7-9）是，由 ABS 控制单元通过计算比较，由于漏气轮胎直径变小，转速变快，转速信号通过轮速传感器传给 ECU，ECU 分析漏气轮胎的转速和不漏气轮胎的转速比的变化，来确定轮胎是否漏气。当漏气量大于 30% 时，就点亮胎压警告灯 RKA。该系统相关的零部件换得差不多了，故障还是没有排除，要考虑是否有其他外界原因。如磨损情况，是否还有其他故障灯也点亮等。作者以前就遇到这种情况，有的是节气门故障灯点亮，发动机故障灯点亮，很多驾驶人、修理师傅认为这些灯偶发性点亮，没有多大关系，带病行驶。要知道，一旦 EPC 灯点亮，一般是节气门脏污的原因，气门位置传感器、加速踏板位置传感器、相关线束、制动灯开关、发动机 ECU 都是怀疑对象。而且，一旦 EPC 灯点亮，相关控制程序设定就会出问题，即也会引起 RKA 灯点亮。所以，一定要先排除外界干扰，然后决心检修该系统。该系统就差线束没有更换了，如果检查后相关系统没有问题，更换的配件质量可靠，那就更换线束吧。

389. 为什么起动后一动转向盘 ABS 就报警？

提问： 一辆 2009 年君威轿车，排量 2.0L，每天早上起动后，只要一动转向盘，ABS 灯就会点亮，4S店检查说是右前轮速传感器不良，需要更换右前轴头，费用上千元，换一个传感器需要这么高的费用吗？

解答：2009年以前的君威，轮速传感器与轴头一体，更换费用高，一般800元左右。如果是2009款或者2009年以后生产的君威，传感器单独分离出来，更换只需要200～300元（含工费）。该车属于只需更换传感器的结构，所以费用为后者。

390. 为什么标致车三角形的感叹号灯异常报警？

提问：一辆2007年标志307手动档轿车，仪表上三角形中间带感叹号的灯，原来是点火开关打开后自检一会就自动熄灭，现在是有时自检两次才熄灭，甚至不熄灭。起动后，其他灯都熄灭了，它最后才熄灭，为什么？

解答：任何电控系统有故障，该灯都可能点亮，如果没有明显的故障，一般情况下，可能是遥控器电池电压低、缺机油、制动片需要更换。诊断按先简后繁的顺序。先检查机油，再看制动片，如果都正常，说明是遥控器电池电压低。

故障分析：仪表上三角形中间带感叹号的灯是维修警告灯（图7-9），点火开关接通后，维修警告灯会点亮几秒后熄灭。如果该灯持续点亮或发动机运转时点亮，并且伴随蜂鸣信号和多功能显示屏上显示的信息，表示可能出现以下故障：自动变速器运行故障、发动机防起动系统故障、车速控制系统故障（巡航限速功能）、倒车雷达故障、自动前照灯故障、遥控器电池耗尽等。行驶中，当车速超过10km/h时，如果有一个或两个车门打开，警告灯也会亮起。如果更换遥控器电池后，点火开关打开一会儿该灯就自动熄灭了，表示恢复正常。

图7-9 维修警告灯

391. 为什么只要开前照灯，ABS故障灯就报警？

提问：一辆汉兰达车，只要开前照灯，ABS故障灯就报警，怎么修？

解答：检查车身与发动机体之间的搭铁线或ABS泵的搭铁线，看是否接触不良或者损坏或者老化。只有搭铁不良，才可能出现这个故障。

392. 保养灯归零后为什么总里程不显示？

提问： 奔驰轿车出现扳手灯报警，保养后，使用故障诊断仪进行保养灯归零，出现总里程不显示的故障，这是什么原因？

解答： 使用故障诊断仪进行保养灯归零，一定要按照规定的步骤退出程序。如果不按照规定的步骤一步一步退出诊断程序，就可能出现总里程不显示的故障。重新按照诊断仪规定的步骤一步一步来退出即可解决总里程不显示的问题。

393. 仪表盘指示偶发性全部归零是什么原因？

提问： 一辆 2006 款帕萨特轿车，行驶 130000km，路上行驶（市内行驶车速为 50km/h 左右）会偶发性出现仪表盘全部归零的情况，包括油表和冷却液温度表，而且指针在零位跳动几下，似乎有些响声，几秒后恢复正常。另外，所有指针归零还发出"啪啪"声，过了几秒又正常，是否需要更换仪表总成？

解答： 可能有两个原因：一是蓄电池亏电，二是程序出了问题。可以先重写 ECU 程序，若不行再检测 ECU 电路电压。所有汽车 ECU 都由内部逻辑门执行 ECU 决策过程，每个逻辑门必须从 ECU 参考电压调节器接收 5V 参考电压，否则决策就会错误或不存在。参考电压调节器必须接收到最小为 9V 的电压（ECU 本身的最小电压）才能产生 5V 的输出电压信号发送到传感器和逻辑门。如果蓄电池电压下降到 9V 以下，则逻辑门不能正常工作。如果蓄电池电压是 12.6V，但 ECU 的正极端电路或负极端电路存在多余电压，则 ECU 本身的电压就小于 9V，逻辑门不能正常工作。

总之，任何时候 ECU 不正常工作或根本不工作（包括说的仪表总成），在决定更换 ECU 之前都要测试电源和搭铁电路是否有多余电压。电压测试可以用来识别出现偶发故障症状电路内的多余电阻，即使故障症状的存在没有表现出来，这是因为电路条件发生变化时（例如冷却），故障症状可能会消失，但多余的电阻并不会完全消失，只是减小到某一个值，使电路又开始工作。总之，即使没有明显的故障症状存在，仍然可以用电压测试来识别出多余的电阻，避免盲目换件。

394. 仪表盘冷却液温度表、油表、转速表、速度表不稳定是什么原因？

提问： 一辆 2001 款的斯柯达明锐车，迄今行驶 67000km，该车仪表盘冷却液温度表和油表指针偶尔闪烁，有时转速表和速度表也开始闪烁，而且还会长时间不亮，如何检修？

解答： 根据描述，分析这个问题属于仪表故障，需要更换仪表总成才能排除故障。更换后需要检查发电机电压，防止发电机电压过高引起仪表早期损坏故障。如果电压正常，则可能是仪表质量原因引起的故障。

395. 仪表台出现流水声是什么原因？

提问： 一辆大众朗逸轿车，试车中仪表台总有一种流水的声音，好像是从暖风水箱中发出的，更换了暖风水箱，但故障依旧，是什么原因？

解答： 仪表台出现流水声音，一般情况下是发动机冷却系统阻塞，常见的是节气门上的两根小循环水管出现堵塞，需要清洗节气门上的加热水管。当然也不排除冷却系统中有空气，可以通过排空气来解决。作者曾见过一辆爱丽舍双燃料车，由于燃气进入冷却水中，总是出现流水声，后来更换燃气减压阀才排除流水声。实践中也发现朗逸轿车的冷却系统，一旦空气无法聚集在膨胀水壶上部，就会反过来再次进入冷却系统，于是就会出现流水声。更换新状态膨胀水壶就会恢复正常。

396. 车速与仪表指示不相符是什么原因？

提问： 一辆捷达出租车，更换仪表后，车速表指示比实际车速快，这是什么原因？

解答： 应该进行重新匹配，匹配后仍然不准，可能是更换的仪表零件编码有误。如 1GD　920　801E 或 801G，按照旧仪表更换相同型号或重新写入原仪表数据均可恢复正常。

397. 燃油表指示不准确是什么原因？

提问： 途胜 SUV 燃油表指示不准确，更换油表浮子后还是不准确，这是什么原因？

解答： 可以打开油箱盖后进行测试，如果不盖油箱盖，燃油表指示准确，说明炭罐堵塞，需要更改炭罐。因为炭罐堵塞油箱形成负压，造成指示失准。如果不盖油箱盖还是指示不准，说明副油箱内的隔音板和副油箱油泵之间有干涉，造成油表浮子上不来或下不去，需要调整隔音板位置。检修方法是，拆卸副油箱油泵总成，用活扳手伸进副油箱，将隔音板向前扳一点，即可解决浮子运动干涉，排除故障。

398. 为什么燃油液位指示不准确？

提问： 一辆凯越轿车，客户反映燃油液位指示不准确，先后为他更换了三个液位传感器，客户还是说不准确。试车情况属实，试换表也不行，还有其他原因引起液位指示不准确吗？

解答： 凯越轿车液位指示不准确，原因有三种：一是液位传感器、线束与指示器不良；二是软件标定错误；三是燃油蒸气排放系统、炭罐等堵塞。按照先简后繁的原则，可以打开油箱盖再试车，如果正常了，要按照第三个原因进行检修；如果还是指示不准确，那就排除第三个原因。从第二个原因校对 ECM 软件标定程序、车辆下线日期、液位传感器阻值、零件状态等信息后再试车，若不行再找第一个原因。燃油液位指针若是在某一刻度附近漂移，则极有可能是线路系统的问题，但对于不专业的客户来讲其故障现象会被简单地描述为"油位不准"，这样即使不断地更换燃油液位传感器也无济于事。

在更换燃油液位传感器之前，请务必测量燃油液位传感器的阻值，避免盲目地更换。旧型/新型燃油液位传感器的区分方法极为简单，旧型燃油液位传感器的电路板上仅在上方有蓝、白两根线，而新型燃油液位传感器的电路板上为三根线，即从燃油泵的 12V 电源线脚处又引向在传感器电路板下方一根火线，其目的为通过大电流烧尽/击穿传感器电阻导带上的杂质，提高自净能力。旧型/新型燃油液位传感器电阻的测量方法推荐如下，如图 7-10 所示。

1）取出燃油泵，将其平稳放置于台面上；检查万用表是否正常，进行调零校准；然后将万用表调到 2kΩ，置于燃油泵附近的合适位置。

2）将万用表的探针置于图 7-10 所示的接触点，将浮子由底部缓慢上移，并读取此过程中万用表显示的电阻值。

3）无论旧型/新型燃油液位传感器，万用表读数应该在 18 ~ 285Ω 之间，若超过此范围太多，则说明燃油液位传感器的电阻导带有问题；万用表读数的变化规律应该是线性的，如果不是逐渐递减或者过程中有突变，说明燃油液位传感器的电阻导带有问题。

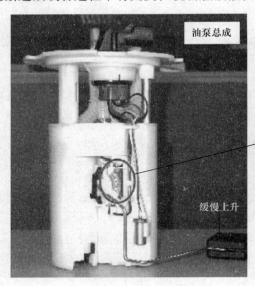
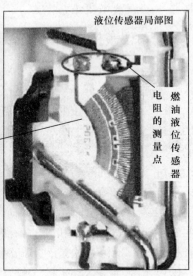

图 7-10　燃油液位传感器的位置与测量

399. 仪表盘上的黄色字母灯 HOLD 为什么亮了？

提问：一辆 2005 款雪佛兰景程轿车，只要仪表盘上的黄色字母灯 HOLD 亮起来，汽车加速就非常困难，在跑不起来的同时，进档也出现严重的冲击。无奈只好将发动机熄火，熄火后再起动，可以正常行驶一段时间，这个灯代表什么？

解答：自动档车上的 HOLD 按钮为保持按钮，好比变速器在 4 档或者 3 档，只要按下该按钮开关，变速器就保持在该档位，不再自动升档或降档。如果没有按下该按钮，仪表上的黄色字母灯 HOLD 亮起来，说明变速器可能出了故障，需要用诊断计算机进入自动变速器 ECU，调出故障码后再酌情检修。根据经验，该型车多见于制动开关故障或档位开关故障。

400. 仪表每隔几秒就自检一次是什么原因？

提问：一辆 2007 年产海马事故车接通蓄电池后，仪表每隔几秒就自检一次，这是什么原因？

解答：当 ECU 搭铁不良或仪表自身不良都可以造成这种故障现象。可以在 ECU 供电端串联一个电流表检测一下，如果电源的通断与仪表的自检同步，就应检查电源；如果电源正常，仪表自身损坏的可能性大。

401. 仪表显示时间误差过大是什么原因？

提问：一辆荣威 550 时间总是无规则回到 2000 年 1 月 1 日，咨询 TAC，答复说需要重新设置时间，但设置后却出现第二天比前一天慢 1h 左右的情况。这辆车的时间总是不准，而且无规则跳动，应该怎么解决？

解答：出现这种情况，可能有三个方面的原因：一是仪表自身或匹配有问题，二是供电方面出现问题，三是受到外界干扰。如果重新设置时间甚至重新进行仪表匹配后还不能解决该故障，且仪表自身和供电也没问题，那就要从点火、发电、防盗、遥控、音响等方面查找干扰源。

402. 行驶中仪表灯会偶发性闪烁是什么原因？

提问：一辆纳智捷大7汽车，仪表灯不亮，但行驶中仪表灯会偶发性闪烁，检查仪表搭铁及供电正常，是否需要更换仪表？

解答：仪表灯不亮，但行驶中仪表灯会偶发性闪烁，可能是仪表的问题，也可能是供电的问题，要分析原因检查出问题点，才能解决问题。建议先检查FS-04熔丝是否正常，还可以使用故障诊断仪检测有无故障码，检查组合仪表线束与搭铁之间的电压，检查搭铁线之间的导通性。如果供电及线路正常，不是仪表自身不良就是BCM不良。可以先拆卸后再重新装上BCM，观察仪表灯是否有变化。例如一拆一装BCM仪表灯亮了，把点火开关关掉后，再次开启时，仪表灯又不亮了或只闪烁，那一般可以确诊是BCM的问题。

403. 大众EPC灯点亮为什么变速杆不能从P位拔出？

提问：一些大众自动档车EPC灯点亮，会引起变速杆不能从P位拔出，这之间有什么关联？

解答：大众系列车EPC灯点亮，就相当于OBD-Ⅱ系列汽车发动机故障灯点亮，提示电控系统有故障存储，需要用诊断仪进入故障车ECU，调取故障码，然后根据故障码提示酌情进行检修。因为大众系列车EPC灯点亮的原因，很多都是制动灯开关不良所致。自动变速器变速杆下面装有变速杆锁止电磁铁，由自动变速器ECU来控制。其控制原理是：接通点火开关并踩下制动踏板时，通过制动灯开关送制动信号给ECU来解除锁止。制动灯开关一旦不良或损坏，ECU收不到制动信号，ECU控制的变速杆锁止电磁铁继续处于锁止状态，变速杆当然不能从P位拔出。用故障诊断仪进行诊断，一般可以调出16955的故障码，故障码提示制动开关F不可靠信号。正因为ECU检测到制动灯F不可靠信号，所以在点亮EPC灯的同时设置故障码。只有排除故障，例如更换不良的制动灯开关，清除电控系统储存的故障码等，EPC灯才会熄灭。

实际检查汽车中，一旦发现未踩制动时制动灯亮起，或踩下制动踏板，制动灯不亮，或偶发性变速杆不好从P位拔出，仪表EPC灯点亮，都要注意对制动灯开关的检查。该制动灯开关有一对常开触点与一对常闭触点，踩下制动时，常开触点闭合，常闭触点断开，即给ECU传送信号，同时控制制动灯的点亮与关闭。

404. 仪表上助力转向指示灯为什么点亮？

提问：一辆大众CC 2.0L轿车，车主反映转向特别重，仪表上助力转向指示灯亮，红色，用大众5054检测44助力转向系统，故障码所提示的内容为"16344-控制单元电路电气故障，静态"，后来检测线路正常，决定更换转向机总成，更换后仪表上助力转向指示灯还亮，但是为黄色，检测44助力转向系统，故障码为02546，代表"转向锁止位无或错误的基本设置/匹配，静态"。匹配后故障码 02546 消失，转向也很轻，就让车主开走了。过了一天，车又开过来了，称该车的自动泊车和车道保持辅助功能都失效了，而且仪表上的"车道保持辅助"选项也不显示了，检测后发现 5C 车道保持辅助有故障码"03550——转向类型不兼容，静态"，44 助力转向系统无故障。故障码分析是转向机中的道路辅助功能没有开通，首先用功能引导检查匹配道路辅助系统，但是不能成功激活该功能，后来查资料得知，应该进入 44 中，选择系统登录车输入 64835，确认后查资料得知应该选择 12 - 04 将 0 改 1，但无法更改，为什么？

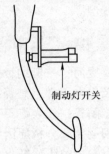

图 7-11　制动灯开关

解答：根据描述，作者认为维修工艺应该注意：一是要更换配套的转向机总成，二是同时更换转向机线束及隔热罩较妥。首先简单匹配后做个四轮定位，做完四轮定位再重新做匹配。例如大众 CC 更换转向机后存储故障码 03550——转向机型不兼容这个故障码，说明新的转向机控制单元 J500 默认车道辅助功能是关闭的，打开即可。可以用引导功能进入地址动力转向（44），选择匹配车道辅助，通道 6 为方向稳定辅助控制单元通信，将"0"改为"1"，重新打开一次制动灯开关（图 7-11）就能清除故障。如感觉转向时手感轻或重，还可对转向机的助力曲线进行刷新。

405. 如何识别仪表总成是翻新的？

提问：在修车购买配件时，如大众的仪表，换后车速开起来感觉很快，可是仪表显示车速感觉很慢，怀疑是旧仪表翻新的，因为看起来很新。这该如何诊断或预防？

解答：根据描述故障现象，可能是仪表的匹配问题，可以通过匹配来解决。第三代防盗系统，大众/奥迪因为网关在仪表，所以更换仪表要注意，新仪表带防盗密码，所以购买时一定要找配件商索取密码。现在有很多翻新的仪表，分辨不出新旧。那只能用诊断仪进入仪表，单击读取计算机型号菜单两次，如果提示 17 个"X"和 14 个"X"就是新仪表；如果仅提示 17 个数字和 14 个数字就是旧仪表。

406. 燃油表指示失准应该怎么办？

提问：一辆哈弗 H6，有时油表指示还有半箱油，结果在外抛油锚。更换了新的汽油浮子不行，更换汽油泵总成还是指示不准，请问是什么原因？

解答：如果不是汽油表故障，一般多见于炭罐堵塞故障。因为炭罐堵塞引起油箱吸瘪，油箱内负压过大，肯定指示不准，忽高忽低。如果将油箱盖打开，油表指示恢复正常，就更换炭罐；如果还是不正常，请酌情清理线路更换油表。

407. 如何拆掉转向盘？对气囊有何影响？需要解码吗？

提问：在维修中如果要拆掉转向盘，转向盘的气囊也要拿开，气囊的插头能拔下吗？拔下气囊插头再装上，会有什么影响？期间气囊会意外爆开吗？拔下再插上插头需要解码吗？

解答：在维修中如果要拆掉转向盘，需要拿掉转向盘中的气囊（图 7-12）。首先应该拆掉蓄电池线，而且要等待气囊电路中的备用电源，也就是电容器放完电才能拆卸，否则就会引起气囊故障灯点亮，装复后需要用故障诊断仪解码。一般不会造成气囊意外爆开。但是不怕一万就怕万一，所以，一定要在拆卸前先拆蓄电池，等几分钟再拆气囊，这样检修既安全又不需要解码。当安全气囊控制模块发生故障时，会丧失对警告灯的控制，因此，出现下列故障时，警告灯独立对控制电路进行控制：控制模块起动电压低时灯亮；控制模块工作电压低时灯亮；控制模块发生故障时灯亮；控制模块插接器连接不良。这时警告灯短路片连接警告灯电路，所以，不拆蓄电池拆气囊肯定会造成装复后警告灯亮。另外，根据气囊 ECU 的八个组成及功能，警告灯亮后还必须用设备才能清码灭灯。

图 7-12　现代索纳塔拆卸安全气囊

1）DC/DC 稳压器。直流稳压器组装在 SRS（安全气囊控制模块）中，分为升压和减压两种稳压器，其作用是向安全气囊点火电路和内部工作电路提供稳定的电流。

2）安全传感器。安全传感器安装在 SRS 中，其功能是：当满足安全气囊展开条件时，接通安全气囊点火电路；在正常行驶条件下，安全接通安全气囊电路。此安全传感器是检测到异常减速度、触点闭合的机电式传感器。

3）备份电源。备份电源安装在 SRS 中，其功能是：当车辆电压低或因车辆正面碰撞电源被截断时，瞬时（150ms）向安全气囊点火电路提供必要的电流。

4）自诊断。在车辆电源 ON 状态下，连续检测安全气囊系统的工作状态，以及检测系统的故障。当检测到故障时，输出警告灯亮，以代码的形式记忆。故障码只能用检测仪（HI–SCAN 等）读出，故障码只用检测仪消除。

5）警告灯。系统有故障时，SRS 把信号输出到仪表板警告灯，警告驾驶人安全气囊系统有故障。当点火开关 OFF→ON 时，闪烁 6s，初始检测系统工作正常与否。

6）自诊断插接器。SRS 所记忆的故障码，通过安装在驾驶人前加速踏板上部的自诊断插接器，输出到检测仪。

7）气囊模块。一旦安全气囊展开，没有气囊修复仪，必须更换控制模块。

8）碰撞时自动开锁功能。当发生碰撞事故时，碰撞信号输出，控制门锁自动开锁。

408. 故障灯为什么总是点亮？

提问：一辆 2.0L 帕萨特故障灯亮，用 KT300 解码为 P0133：氧传感器信号灵敏度低。查数据流，前氧传感器在 100 ~ 800MV 之间不停变化，后氧传感器怠速时在 600MV 以上变化，加油时也在 100 ~ 800MV 之间缓慢变化，清故障码以后行驶一天又亮了，换了前氧传感器，故障灯又亮了，为什么？下一步该怎么检查维修？

解答：根据描述，说明该车三元催化器已经失效，建议免拆清洗修复或更换。另外，请注意，一定要用质量合格的原厂氧传感器。

409. 双燃料车故障灯均点亮的原因有哪些？

提问：一辆凯旋出租车，累计行驶刚过 3 万 km，现在行驶中，常出现故障灯点亮，汽车无法加速的情况。停车休息几分钟，加速有时可恢复，跑着跑着故障现象又出现，无论是烧天然气还是烧汽油，故障都会出现。将车开到 4S 店去检修多次（因为还在质量保证期），每次都用计算机调出气缸失火的故障码。观察多次，发现失火的气缸总在变化，并不固定，4S 店试换点火线圈、火花塞、喷油器等都无效，只好用计算机做初始化，但是好不了多久，又会出现相同的故障。这到底是什么故障？怎样根除？

解答： 分析不是电路故障就是混合比失调。电路故障中只有三种故障，即断路、短路及线路高电阻。如果是电路故障，该车属于线路高电阻故障。线路高电阻故障检查的重点应放在线路上。考虑到是只跑了 3 万 km 的出租车，还是较新的车，那么线束出故障的可能性较小，那么改装的线束，也就是烧天然气加装的线束质量不良的可能性就较大。一旦天然气 ECU 或仿真器到喷油器上的线束质量不良，即线路出现高电阻故障，ECU 自适应能力将极大降低，也就是说 ECU 的学习范围变小，自修复故障的能力下降，稳定性工作的时间变短，就需要经常性地依靠初始化来恢复，而且这种恢复，起作用的时间将会越来越短。因为一旦超出 ECU 的自适应范围，ECU 就会把故障灯点亮。检测到的故障因车型的不同，估计不是混合比失调就是气缸失火，实际是混合比过稀引起失火。而且这种线路高电阻故障，有的还会引起油气混烧，出现混合比过浓征兆，因反馈调整却出现混合比过稀故障。为了更准确确诊，可以将改装的天然气一套线束全部拆除，恢复只用汽油的单燃料状态，就这样试用两三天，故障现象如果不再出现即可确诊，确诊后再到天然气改装点去换一套质量好的改装线束，即可从根本上排除故障。如果恢复单燃料状态后，试用几天还是不行，建议拆卸进气歧管，清理进气门杆与进气通道的胶质积炭，那就可能是混合比失调引起的不良。

410. 为什么风扇经常高速转且故障灯点亮？

提问： 一辆凯越 1.6L 电喷轿车行驶中，风扇经常性高速旋转，发动机故障灯点亮。调故障码是 P0126，更换冷却液温度传感器后无效，清理冷却液温度传感器到 ECU 的线束正常，ECU 给冷却液温度传感器 5V 供电正常，搭铁正常。怀疑是继电器出了问题，把风扇高速运转相关的三个继电器全部换掉，故障还是无法排除。最后怀疑 ECU 不良，但是又不知道怎么检查 ECU，是 ECU 的问题吗？怎么检测 ECU 好坏？

解答： 根据描述，分析可能是发动机冷却系统中的节温器失效所致。因为调出来的故障码的含义是：供稳定工作的冷却液温度不够。很可能是节温器开启温度偏低或非正常开启。建议打开发动机罩，如图 7-13 所示。从车上拆卸节温器，确保节温器全闭时，阀门弹簧压紧。如果弹簧不紧，更换节温器。最好将节温器和温度计吊入装有 50:50 乙二醇和水混合液的锅中。勿使节温器或温度计接触锅底，

图 7-13　凯越 1.6L 发动机舱

否则由于锅底受热不均匀，将使温度计测量的读数不准确。然后用燃烧器加热锅底，用温度计测量受热溶液的温度。节温器的正常开启温度为 87℃（189 ℉），全开温度为 102℃

（216℉）。如果不在这些温度范围，更换节温器。

作者遇到过多例节温器在60℃左右开启，发动机冷却液温度就会突然降低20℃左右。有的仪表冷却液温度指示还出现瞬时突变。分析可能是ECU检测到冷却液温度突变，为保护发动机，起动风扇高速运转，并点亮发动机故障灯进行提示，更换节温器后均恢复了正常。

若怀疑ECU损坏，也需要对节温器进行检测或更换后进行。如果实际检测冷却液温度没有突变，线路确保没有问题，那就可以怀疑ECU了。因为描述ECU给冷却液温度传感器的供电、搭铁正常，所以只能对ECU上的冷却液温度传感器并联两根线进行路试检测。如果冷却液温度传感器良，线束良，故障现象出现时信号电压突变，就可确诊是ECU不良，需要更换ECU。

411. 仪表上多个故障灯点亮怎么检修?

提问：一辆卡罗拉1.6L，搭载1ZR发动机与U340E四速自动变速器。发动机起动后，仪表盘上发动机故障指示灯、ABS故障指示灯、安全气囊故障指示灯、动力转向故障指示灯等均点亮。踩下制动踏板，无法挂档，必须按压手动解锁才能挂档，用诊断仪无法进入发动机电控系统，应该如何检修?

解答：大凡多个故障灯点亮，一般不是通信网络故障，就是和通信相关的故障，不必在意到底是几个故障灯点亮，也不必从某个故障灯入手进行检修，而应该先从CAN总线开始检查。从16脚诊断头上分析总线CAN－H（6）和CAN－L（14）之间的电阻，检查是否为60Ω，搭铁可以从自诊断接口来检查电阻及找出有无断路或短路，或用断开集线器的办法，快速找到故障点。

至于无法挂档，必须按压手动解锁才能挂档，要知道，该车型具有换档锁止和钥匙互锁功能，检查前先把点火开关打开，踩下制动踏板。第一步可以先看一下制动灯是否亮起，若亮起，说明制动信号供电基本正常；第二步检查变速杆不在P位时，点火开关能否拔出，若不能，说明换档控制ECU供电、搭铁均正常，即可确诊不是换档锁止电磁阀出了问题，就是换档锁止控制ECU出了问题。

412. 并联一个好蓄电池起动后故障灯为什么点亮?

提问：一辆东方之子轿车蓄电池亏电，并联一个好蓄电池起动后，发动机故障灯亮起，诊断仪不能进入发动机ECU，这是什么原因? 应该如何检修?

解答：东方之子轿车杜绝用跨接蓄电池的方法帮助起动，如果蓄电池亏电，只能更换电池，而且蓄电池的正负极接线一定要紧固妥当后才能打开点火开关。因为该车蓄电池亏电，用其他蓄电池帮助起动，在起动瞬间容易导致ABS控制器内的二极管击穿。估计除安全气囊ECU以外，其他ECU都不能进去。出现这种情况可以更换ABS总成或者更换损坏的二极管来排除故障。

413. 进烤漆房后左右后视镜不能自动调节怎么办?

提问：一辆雷克萨斯事故车，对发动机盖及右前门进行涂装，在烤漆房放置一晚上后，左右后视镜不起作用了，进去时是好的。电动后视镜是什么工作原理? 这是什么故障?

解答：汽车上的后视镜位置关系到驾驶人能否看到车后的情况，而驾驶人要看清楚，必须调整好它的位置。驾驶人在行车时，根本无法调整副驾驶位置的后视镜。所以，好一点的车，都安装了电动后视镜。每个电动后视镜的背后都安装有两套永磁电动机和驱动器，可以操纵其上下左右地运动。通常垂直方向的运动由一个电动机控制，水平方向倾斜运动由另一个电动机操纵。后视镜都由一个开关控制，开关杆一般能做多方向运动，可以控制一个或两个电动机同时工作。

一旦电动后视镜不能正常工作，如压下开关完全没有反应，应先检查熔丝和继电器，如果熔丝和继电器是好的，需要检查开关性能。如果开关也是好的，可以直接用 12V 电源跨接检查电动机的工作情况，接线换向时，电动机应翻转。如果电动机没有反应，搭铁线也正常，说明电动机坏了。如果开关是好的，电动机也是好的，那就是线路有问题。

另外，随着汽车智能化程度的提高，当要求增加功能时，需要增加大量的连线或者传感器处理电路，而且需要增加与车内其他控制单元的数据交换功能。由于安装空间有限，开发基于总线的高度集成的电动后视镜控制模块便变得迫切需要。同时为了保护后视镜电动机，需要在后视镜到达终点时及时地停止电动机，这就需要在电动机运行稳定后监测电流，当其大于某一个阈值时便认为后视镜到达终点发生了堵转，这时停止电动机。在电动机刚起动的一段时间内，电动机的电流变化比较大，无法通过监测电流的变化判断后视镜是否已经到达终点，所以要在起动的这段时间内避免监测其电流。这些工作，都必须采用模块才能控制。

本例的雷克萨斯很可能是后视镜控制模块不慎进水或高温引起的损坏，估计需要更换模块。

414. 后视镜为什么有时不能翻折？

提问：一辆宝马 730 事故车，修复后，调试后视镜，发现有时可调翻折，有时不能翻折，应该如何检修？

解答：宝马 E65 选装装备后视镜翻折，可以使得驾驶人和前座乘客侧的外后视镜可逆行驶方向，通过电动驱动部件翻折。后视镜翻折通过驾驶人侧车门开关组上的一个按钮来实现。只要车门模块不处于休眠模式，正常情况下后视镜就能翻折。电动机的控制是随时间控制的，并且同时两个外后视镜都会翻折，在卡住时升高的电流由一个测量电阻识别。

重新操作按钮时外后视镜会向外展开，在进行主动调节期间可以再次操作按钮转换一次。根据描述，后视镜有时可调翻折，有时不能翻折，分析很可能是正常的，这是运动方向后视镜在起保护作用，以避免频繁翻折引起过热。如果在 1min 内进行了 6 次操作后，后视镜翻折会闭锁 3min，重复断电后可向外展开一次，可能以为出了故障。

如果后视镜头部的机械机构已与驱动装置脱开，例如由于外部的作用力，在下一次按动按钮翻折时，两个后视镜都会向已翻折方向移动。这时机械脱开的后视镜一直受控，直至其重新卡入下一次按动按钮时，两个后视镜会重新向外展开方向移动。当车速超过 20km/h 时翻折功能闭锁，但外后视镜向外展开一直都能执行，这时正在进行的功能不会因连锁而受影响，在倒车时驶入车库总是能翻折后视镜。综上所述，如果检查跟描述的不一样，甚至重新编程也不行，才考虑可能是故障，需要检修。检修方法就是清理线路，视需要检查或更换后视镜或模块，并重新匹配即可。

415. 电动车窗升降器电动机总成的 LIN 线起什么作用?

提问：一辆自动档卡罗拉 1.6L，有条连接主车身 ECU 与左前电动车窗升降器电动机总成的 LIN 线，把该线短路后，不影响玻璃的升降。该线的作用是什么?

解答：汽车电子发展到今天，车身网络通信必不可少，LIN 线就是一种低成本的串行通信网络，用于实现汽车中的分布式电子系统控制。LIN 的目标是为现有汽车网络（例如 CAN 总线）提供辅助功能，因此 LIN 总线是一种辅助的总线网络。在不需要 CAN 总线的带宽和多功能的场合，比如智能车窗的传感器和制动装置之间的通信，使用 LIN 总线可大大节省成本。

416. 车门玻璃升到顶后回落怎么办?

提问：一辆 2007 年的一汽威志两厢车，左前门电动门窗按一下自动升到顶后又回落三分之一，此车的电动门窗如何手动匹配或初始化?

解答：一汽威志的电动车窗，轻按一下车窗开关，玻璃会自动全打开；轻提一下车窗开关，玻璃会自动全关闭；如果按住车窗开关超过 0.5s，松开时玻璃会停在当前位置；提起车窗开关超过 0.5s，松开时玻璃也会停在当前位置。在自动关窗过程中，如果遇到障碍，将自动下降一段距离并停止，称为"防夹保护"，也就是所描述的情况，说明玻璃在上升中阻力过大，可以用表板蜡喷射清洗消除阻力或者拆检调整消除阻力。

如果清洗后玻璃能正常升降没有问题，防夹功能还不正常，可以重新设置一下。方法是用上升开关将玻璃控制到全关，然后按住下降开关不要松开，当玻璃到底部时快速按三下发出设置指令，控制器收到该指令后会自动升到顶部，即设置成功。

417. 车窗玻璃升起后自动下落怎么办?

提问：一辆广州本田第七代雅阁，当按下前左车门玻璃，上升按钮时玻璃开始升起，当升到距顶部还有 5cm 时自己就往下走，怎么也升不上去，为什么?

解答：这是玻璃防夹功能在起作用，说明玻璃导槽阻力过大，可能是脏了；可买一支表板蜡，喷在玻璃导槽两边，用手工点动，上下几次，清洗润滑一下玻璃导槽，升到位后保持几秒，一般就会恢复正常。如果还不行，就需要拆开内衬进行调整。

418. 怎么样调整与检修天窗?

提问：韩国 INALFA 的内滑式天窗，配置在奇瑞 V5 车上，请问检修时应该注意哪些事项? 如何正确进行调整?

解答：奇瑞 V5 系列轿车采用了韩国 INALFA 的内滑式天窗。内滑式天窗有以下几个优点：一是可以自然地循环车厢室内空气；二是具有单方向张开功能，天窗在完全关闭状态下，其后侧仍然能够抬起 14.7mm，同样自然循环车内空气；三是天窗玻璃在完全关闭时仍然可以通过遮阳板来遮避太阳光的照射。

天窗控制上采用点触开关控制，操作简单。天窗有开、闭两个按钮，按一次即可以打开或关闭，如果需要停止在某个位置，在运行中再次按下按钮即可。另外，天窗还有抬起和下降功能。在关闭时再按下关闭按钮，天窗向上抬起。天窗在打开时按下打开按钮，天窗向下下降。天窗还具备自动关闭与高速关闭功能，当在天窗打开时拔出钥匙，离开汽车，天窗会自动关闭。当车速达到某一值时，天窗会自动关闭（该功能有的车现在未用）。防夹功能是指当天窗在关闭时，受到一定的阻力会自动打开，然后再自动关闭，直到没有阻力时完全关闭。

　　天窗由蓄电池直接提供电源，通过开关控制来驱动天窗电动机工作。钥匙行程信号由点火开关上的钥匙行程开关提供，车速信号则由在仪表线束中的车速转接插头提供。天窗的开闭信号都是由点火开关 ACC 档提供的 12V 电源信号。天窗控制模块内部设有一个霍尔传感器，天窗的形成和初始位置都是由这个传感器提供位置信号的，如图 7-14 所示。天窗初始位置学习的方法是：把天窗玻璃运行到完全张开（Tilt）状态下继续按住 15s 以上张开按钮，即可恢复。为了不让天窗丢失初始位置，请不要在天窗运行过程中断开电源或拔下天窗控制模块插头。

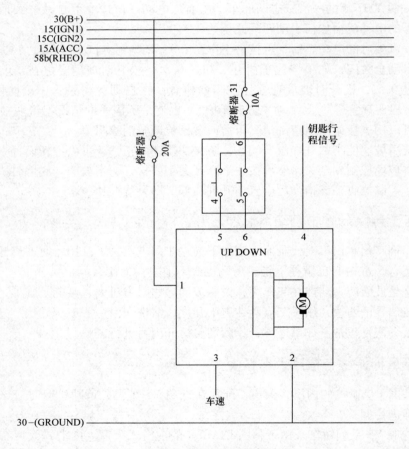

图 7-14　天窗控制原理

　　天窗常见故障有以下六种：

　　一是漏水：可能是导水管闭塞或折叠，需要检查导水管的状态；当然，也有的是天窗玻璃与车顶孔距离过大或玻璃高度不良，这就需要调整玻璃的相对位置来解决。

　　二是风的噪声：多见于天窗玻璃与顶孔距离大或玻璃高度不良或扰流板失效，可以通过调整玻璃的相对不良位置来排除。

三是起动、运行不正常：首先要检查接线、熔丝、搭铁线；如果是天窗控制单元、天窗电动机不良引起的，检测后需要更换天窗控制单元与天窗电动机。有的用肉眼就可以看到遮阳板脱离滑轨，装饰条破损，这就需要更换装饰条并重新调整遮阳板状态；若滑轨里有异物，应及时除掉杂质；如果是天窗初始位置丢失，只需要重新学习初始位置即可。

四是错误起动：如遮阳板脱离轨道，装饰条破损后摩擦滑轨等，需要更换破损的零件，并把遮阳板重新调整安装，装饰条也重新安装；如果 A.T.S 防夹紧功能不正常运作，需要检查车身与扰流板之间是否碰撞，将张紧的弹簧松弛一下，除掉轨道上的异物；如果是由天窗电动机不良引起的，那么只能更换电动机。

五是起动运行噪声：由遮阳板脱离轨道、装饰条破损后阻挡运行引起的，需要把遮阳板重新调整安装，装饰条也重新安装（同时更换破损的零件）；如果是导水管与车身的碰撞引起的，可以把缓冲海绵贴在流水管周围降噪。如果是由车顶盖与天窗框架之间的碰撞引起的，可以通过在车顶盖与天窗支架中间涂玻璃胶或塑料胶来降噪；如果是天窗玻璃与车顶孔距离过大或者由高度不良引起的，可以重新调整玻璃的高度及相关位置来解决。

六是钥匙拔出后天窗不关闭：多半是由于天窗熔丝损坏或没有收到钥匙行程信号，需要检查熔丝、点火开关上的钥匙行程开关。

419. 自动泊车和车道保持辅助功能为什么都失效了？

提问：一辆大众 CC 2.0L 轿车，存在 03550 - 转向机型不兼容这个故障，应该怎样匹配？自动泊车和车道保持辅助不能使用也和这个故障有关系吗？

解答：根据描述，自动泊车和车道保持辅助不能使用肯定和这个故障有关系。要知道自动泊车的实质就是将转向盘即转向机的指挥权从驾驶人手中接管过来，驾驶人只需控制加速踏板或制动踏板来保持一个合理的车速，车子就可以顺利停入车位。还有驾驶人辅助系统，电动助力转向控制单元、电动助力转向机、多功能转向盘、转向柱控制单元、道路偏离预警控制单元、仪表等均是其组成部分。

另外，实际检修过程中，更换了转向角传感器 G85、转向机总成（含转向控制单元 J500）、转向开关总成（含控制单元 J527），做过一次车轮定位的调整，或出现故障码"00778"，需要做转向零位（中间）位置的设定。做过转向零位（中间）位置的设定后，或出现故障码"02546"，需要做转向极限位置的设定。方法是：前轮处于直线行驶状态，起动发动机，转向盘朝左转动 10°左右，停顿 1～2s，回正，再朝右转动 10°左右，停顿 1～2s，回正，双手离开转向盘，停顿 1～2s，然后转向盘朝左打到底，停顿 1～2s，再朝右打到底，停顿 1～2s，转向盘再回正，关闭点火开关，6s 后生效。

420. 自动泊车辅助功能失效怎么办？

提问：一辆途观 SUV 车，无法起动，检查有油有火，没有防盗故障，就是起动不了。车主描述自动泊车辅助功能失效的故障，在外面更换过自动泊车辅助控制单元无效，怎么办？

解答：根据描述车辆更换自动泊车辅助控制单元无效，建议可以使用诊断仪选择车辆自诊断，进入转向机（44）–选择访问认可（015）–输入密码 89753，退出选择匹配（012），进入通道 4，将数字改成 1，保存。关闭点火开关 5s 后，再打开自动泊车功能，应该能恢复正常。

途观转向机匹配通道 4 中，不同的数字表示不同的配置，具体含义如下：

0：PLA 激活，前雷达不激活；

1：PLA 激活，前雷达激活；

2：PLA 不激活，前雷达不激活。

另外，每进入一次转向机通道前，都必须进行访问认可，密码为 89753。

421. 胎压传感器故障为什么修不好？

提问：一辆别克君威故障码显示：右前胎压传感器故障，换了没好，这是什么问题？

解答：胎压监测系统由遥控功能执行器模块（RFA）、四个胎压监测传感器及位于 BCM 中的应用软件组成（图 7-15）。传感器安装在轮胎内部，发送带有识别信息、压力和温度的 RF 信号。遥控功能执行器模块（RFA）能接收传感器的信号，但它没有进一步处理信号的能力，只是简单地把传感器数据发送给位于 BCM 中的 TPMS 应用软件，由 BCM 中的应用软件按照相应的运算法则来进行处理。发送过来的轮胎相对位置则由 ALM 决定，最后由 BCM 将相应的信息发送给仪表盘和驾驶人信息中心。轮胎气压监测系统出现故障时，要区分检查轮胎气压/轮胎气压过低故障和维修轮胎监测系统故障是很重要的。理解两个不同故障的区别有助于区分正常系统操作（轮胎需要充气）和系统故障。检查轮胎气压/轮胎气压过低信息灯和维修轮胎监测信息灯之间有两个重要的不同点：

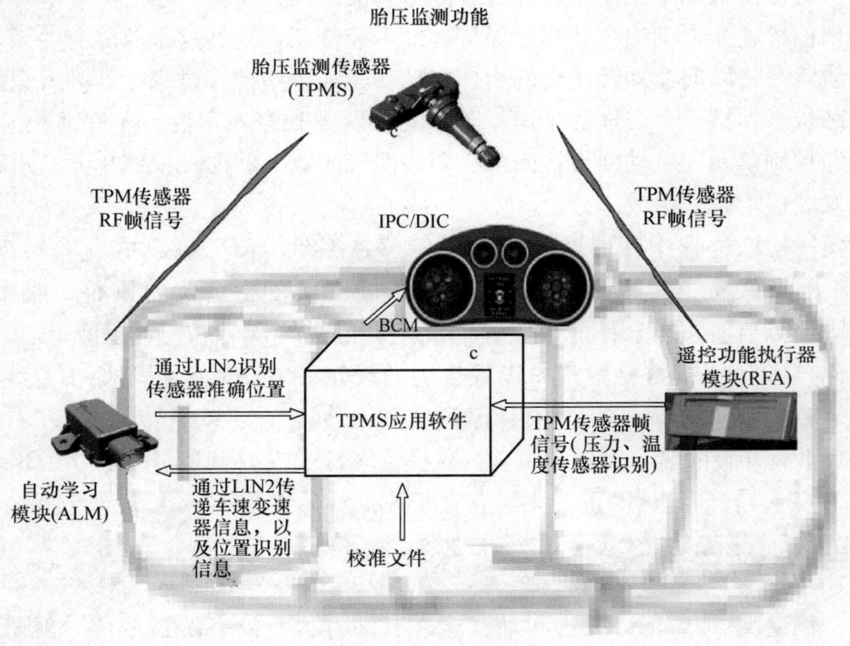

图 7-15　轮胎气压监测系统组成

其一，"检查轮胎气压/轮胎气压过低"警告灯始终点亮，系统未设置故障码，说明轮胎气压监测系统正常工作，校正轮胎气压即可解决问题。

其二，驾驶人信息中心 DIC 提示"请检修胎压监测系统"，警告灯闪烁，系统设置了故障码，这时胎压监测系统需要诊断修理。

轮胎气压监测系统用于向驾驶人提示轮胎气压或系统本身故障，检修具体描述如下：

（1）检修轮胎监测系统（警告灯闪烁并保持常亮）　当系统出现故障时，轮胎气压警告灯将闪烁约 1min，且 DIC 显示"请检修胎压监测系统"。例如：如果一个或多个轮胎气压传感器在一定时间内未发送任何信号，则轮胎气压监测系统将设置故障码，显示该信息并使警告灯闪烁约 1min，在剩余的点火循环中灯将保持点亮。如果系统故障为间歇性的，则报警信息/警告灯也可能为间歇性的——在某些点火循环中点亮，在其他循环中熄灭。此时使用诊断工具检查车辆，并根据故障码提示酌情检修。

（2）轮胎气压过低或过高警告（警告灯常亮）　如果轮胎气压监测系统检测到某一轮胎气压低于标定值，则 DIC 显示"××胎压低"或"××胎压高"信息，轮胎气压警告灯会点亮并保持常亮。报警信息和警告灯可能本身就是间歇性工作的，尤其在寒冷天气时。导致轮胎气压过低或过高警告信息/警告灯显示的条件如下：

1）轮胎可能被扎或有缓慢的漏气。

2）在过去的六个月内未检查轮胎气压。

3）当前冷态轮胎的气压可能处于系统需要警告驾驶人的状态。然而，该轮胎的温度和气压会在客户驾驶过程中逐渐升高，使信息和灯熄灭。

4）轮胎可能已换位、气压已调节且新的轮胎位置没有重新读入车辆。该情况可能发生在前后轮有两个不同标签气压的车辆上。

5）车轮和轮胎总成可能有缓慢的漏气（气门杆、轮辋或铝制车轮漏气孔漏气）。

当出现上述情况时，需要检查或更换相关部件［若更换轮胎或胎压传感器，需重新读入胎压传感器］并调整胎压至 240kPa。

（3）胎压无显示或部分显示　当胎压监测系统正常工作时，驾驶人信息中心 DIC 会正确显示四个位置轮胎胎压值。出现下列情况，DIC 胎压值全部或部分显示"——"：

1）车辆蓄电池被断开后四个胎压值显示"——"。此时不需任何维修工作，正常行驶（车速大于 20km/h）20min 后胎压显示恢复正常。

2）胎压学习过程未正常完成。车辆正常行驶（车速大于 20km/h）20min 后胎压仍然无显示或部分显示，需要按照（4）中的学习过程重新读入胎压传感器。

3）更换过轮胎或胎压传感器。相应的胎压显示"——"，此时需要按照（4）中的学习过程重新读入胎压传感器。

4）胎压学习过程中学到其他汽车车辆的轮胎，导致本车相应胎压显示"——"，此时需要按照（4）中的学习过程重新读入胎压传感器。

（4）胎压传感器的读入　维修站在更换轮胎或轮速传感器后使用下述方法读入胎压传感器。具体方法如下：

1）变速杆置于"P"，接通点火开关至 ON，通过 DIC 进入胎压显示界面，同时 DIC 显示"按 Set/Ctrl 键重新学习"。按下 Set/Ctrl 键，转向灯起动 3s 且喇叭发出两声"嘀嘀"声，进入学习模式。

2）从左前轮开始，将专用工具顶住或对着气门芯位置，紧贴轮辋的轮胎侧壁，按下工具起动开关，当喇叭发出一声"嘀嘀"声时，表示已读入胎压传感器信息。

3）按照上述方法依次对右前－右后－左后车轮轮速传感器执行读入过程，当学习过程结束后，转向灯起动 3s 且喇叭发出两声"嘀嘀"声。

读入过程结束后，车辆已记录下胎压传感器 ID，DIC 能显示四个位置的轮胎压力值，维修人员需按照车辆上轮胎负载信息表调整轮胎压力值至 240kPa。

注意：在执行上述过程时请确保与其他车辆保持一定距离，以防止误读入其他胎压传感器信息。

422. 自适应巡航和过去的巡航系统有什么不同？

解答：ACC（Adaptive Cruise Control）系统就是自适应巡航系统的英文缩写，它是在过去定速巡航 CCS（Cruise Control System）基础上发展起来的。CCS 定速巡航是系统在将一定车速激活后，能够根据道路情况（比如上坡/下坡）自动加/减油，使车辆维持在所设定车速，但一旦遇到紧急情况，需要驾驶人主动干预，比如踩制动踏板或离合器踏板。一旦人为干预后，巡航功能取消，若继续巡航，则需要重新激活。ACC（自适应巡航）功能则会识别与前车的距离以及前车的速度，通过主动减速保持与前车的设定安全距离或安全保持设定车速，无须驾驶者不停地干预车辆行驶状态。ACC Stop Go（自适应巡航停停走走）功能识别到前面车辆时，或识别到交通标识需要减速停车时，自动进行车辆减速直至停止，当判断停止条件解除时，重新起动车辆行驶。

图像处理控制单元通过监控前车与车标志线之间的距离（图 7-16）变小或识别出相应方向的转向灯亮起，判定前车可能要往本车车道上并线，或前车可能要离开本车车道，实现车速及车距调节的前瞻性。

前面行驶车辆的后视图

与车道标志线的距离

图 7-16　对前车位置的监控

423. 安装多个摄像头的夜视系统是怎样工作的？

提问：高档奥迪车前风窗玻璃后视镜座有多个摄像头，这是起什么作用的？

解答：这是驾驶辅助系统，即夜视系统。有的起保持车道作用，有的起远光辅助作用。另外还有装在车尾的倒车影像摄像头等。统计资料表明：

1）死亡事故中有约一半是发生在夜间的，虽然只有 25% 的交通发生在夜间。

2）每年因在黑暗中行车发生事故，导致50多万人受伤（指欧洲）。

3）约2万人是在夜间交通事故中死亡的（指欧洲）。

4）交通事故死亡人数中，行人和骑自行车的人占很大比例。

5）着装不易辨识的慢跑者和照明亮度不足的骑自行车的人，对驾驶人来说尤其难以识别。

夜视辅助系统的优点：让驾驶人在黑暗中及时识别车辆前部区域的行人，及时避免危险情况；即使是尚未在车辆照明视野中的动物，也可在显示屏上识别出来。

夜视辅助装置：该摄像头安装在汽车前部的奥迪环中，是一种热敏摄像头，控制 ECU 根据摄像头热敏信息将热敏图像显示在组合仪表显示屏上。

夜视辅助系统功能说明：红外摄像头采集图像，将车辆前部的热敏图像显示在组合仪表显示屏上，如果将某物识别为人，那么图像还会加上颜色。不仅能够探测生物，还能探测车道和建筑物轮廓，判断是否有碰撞行人或动物的危险，并给出声音警告信号。夜视辅助系统有"识别出行人时做上标记"的功能，但是如果人是坐着、躺着或者弯腰状态，或者当人在图像上部分被遮挡时，这些情况不能识别。只有当人与摄像头的距离在 15~90m 时，才能做上标记。

功能关闭条件：驾驶人在 MMI 上关闭；在环境温度超过28℃时可以关闭；天足够亮时，该功能也会自动关闭。夜视辅助系统探测系统的局限：因为动物会发出体热，所以一般在热敏图像中容易探测，但是夜视辅助系统无法对动物进行识别，也就无法做上颜色标记；骑自行车的人有热辐射，在热敏图像中容易探测，但是由于骑车人的弓腰姿势，所以标记不是一直都有；夜视辅助系统也不能识别骑摩托车的人。如果夜视辅助系统识别出人并判断有碰撞危险，就会发出相应警告。组合仪表上发出声响信号；摄像头图像的黄色行人标记变成红色；发出"警告锣音"。警告发出后，驾驶人必须立即对此做出反应。

424. 使用汽车后视摄像系统时为什么有时清楚，有时不清楚？

提问：汽车后视摄像系统一般使用的是什么信号？为什么使用中有时清楚，有时不清楚？

解答：后视摄像系统使用的元件位于车辆后方的摄像头和有 LCD 显示的内后视镜上，当汽车被挂入倒档时，车身控制模块（BCM）发送一个 12V 信号给内后视镜和摄像头。这个信号表明后视摄像系统可以进入工作状态了，摄像头的视频信号通过离散正和负信号电路传送到内后视镜。视频信号电路中使用了一个金属箔的屏蔽电路，来减少电子干扰，防止视频信号扭曲变形，如果有需要，可以手动关闭后方的摄像头。

下列情况可能会让后摄像系统的图像失真：冰、雪、泥覆盖在摄像头上；环境光线比较黑暗时；极端条件下；如有太阳眩光或有后方车辆的前照灯照过来；车辆后方损坏；极高或极低的温度或极端的温度变化。

425. 辅助倒车系统为什么关闭？

提问：上海通用昂科雷驾驶人信息中心显示屏上出现 PARK ASSIST OFF（辅助倒车系统关闭），这个系统是怎么样工作的？为什么要将辅助倒车系统关闭？

解答：可能是下列的七种原因，导致系统被禁用或中止，DIC 就会显示 PARK ASSIST

OFF 信息，且系统指示灯会点亮，具体是系统检测到下列的哪一种原因，要求 DIC 点亮 PARK ASSIST OFF 信息，就需要自己认真检查了。

1）驻车辅助系统通过 DIC 人为的中止。

2）驻车制动没有释放。

3）有物体被附在车辆后方，如拖车、自行车架、拖车的牵引器。

4）驻车辅助系统传感器被雪、泥土、灰尘或冰覆盖。

5）汽车保险杠受损。

6）驻车辅助系统传感器的表面油漆过厚。

7）驻车辅助系统传感器被一些振动干扰，如附近大型车辆或冲击钻等重型设备。

如果驻车辅助系统检测到故障，则物体的报警模块会将 DTC 储存，并发送一个串行数据信号给仪表板总成（IPC），在驾驶人信息中心（DIC）显示 SERVICE PARK ASSIST 信息，会发出一声警报，红色的 LED 指示灯将会点亮，通知驾驶人故障存在，系统被禁用。

驻车辅助系统的工作原理是：当汽车被挂入倒档，驻车辅助系统会执行一个灯泡检查。在检查灯泡时，位于驻车辅助指示器的三个灯泡将点亮大约 2s，表明该系统工作正常。当车辆的速度低于 8km/h 时，系统持续地对车辆后方进行监测，驻车辅助系统可以探测到 7.6cm 宽，25.4cm 高的物体，不能检测到保险杠下方车辆下面的物体。

如果物体被检测到，例如，障碍物距离车辆后方有 1 ~ 2.5m，则外侧的琥珀色指示灯将点亮；如果该物体是刚刚被检测到，会有一声警报；如果障碍物距离车辆后方有 0.6 ~ 1m，则外侧和中间的琥珀色指示灯都会点亮；如果障碍物距离车辆后方有 0.3 ~ 0.6m，则外侧中间的琥珀色指示灯和红色的指示灯都会点亮；如果障碍物距离车辆后方小于 0.3m，则三个指示灯会闪烁，同时警报长鸣。

426. 倒车雷达不起作用是什么原因?

提问：一辆爱丽舍 16V 自动档轿车，倒档时倒车雷达不起作用，倒车灯也不亮。另外，该车双闪灯不停闪烁，用遥控手动操作双闪开关也不能将双闪关闭，只有拆卸蓄电池桩头才能让双闪熄灭，这是什么故障? 应如何检修?

解答：根据描述，说明汽车电路方面有两个小故障。其一是倒车时倒车雷达不起作用，倒车灯也不亮，说明挂倒档时，倒车灯开关信号没有送到倒车雷达模块及倒车灯。由于该车是自动档，没有手动变速器中的倒车灯开关，这一功能由多功能开关（即档位开关）完成，分析可能需要更换档位开关。其二是双闪灯不停闪烁，由于双闪灯由双闪开关、继电器、防盗模块控制，所以建议首先检查双闪开关，实践中多数是由于开关损坏。只需拆卸开关，抽出插头，灯熄灭了，即可确诊是开关故障。由于开关插头拔出后还会影响转向灯，所以，转向指示灯也会同时不起作用。

427. 倒车雷达如何自检判断故障?

提问：几辆车的倒车雷达，发现有的诊断设备可以进入系统，有的进不了系统，用正常车检测也是这样，这是什么原因?

解答：上汽大众生产的车，倒车雷达分为老状态与新状态，老状态倒车雷达可以用诊断设备进入系统进行诊断；新状态的倒车雷达，好比波罗劲情、劲取、帕萨特领驭等的倒车雷达，取消了 CAN – BUS，用诊断仪无法进入系统进行诊断，因为其故障是通过倒车雷达自检时的报警声来自诊断的。如新状态倒车雷达主机，零件号编码为 3BD 919 283 A，在车后 2m 内无障碍的条件下，将变速杆挂入倒档，听自检声音即可。正常情况下，自检提示音为"嘀"一声后进入正常工作模式；如果自检后出现 4~6s 的长鸣音，长鸣音后出现"嘀"的一声报警，提示为左外倒车雷达传感器故障；长鸣音后出现"嘀、嘀"的两声报警，提示为左中倒车雷达传感器故障；长鸣音后出现"嘀、嘀、嘀"的三声报警，提示右中倒车雷达传感器故障；长鸣音后出现"嘀、嘀、嘀、嘀"的四声报警，提示右外倒车雷达传感器故障；长鸣音后出现"嘀、嘀、嘀、嘀、嘀"的五声报警，提示倒车雷达主机故障。

428. 什么是汽车平视显示系统?

解答：平视显示系统是指将各种车辆系统的信息投影显示到扩大的驾驶人视野中的光学系统。如果想了解这些参数，驾驶人不必明显地改变头部位置，只需在端坐的同时将目光投向道路，由于头部可以保持在平视状态，即头部只需略微低下，因而此系统得名"平视"显示系统，如图 7-17 所示。平视显示系统的显示使驾驶人能够快速、精准地获得重要的车辆信息。

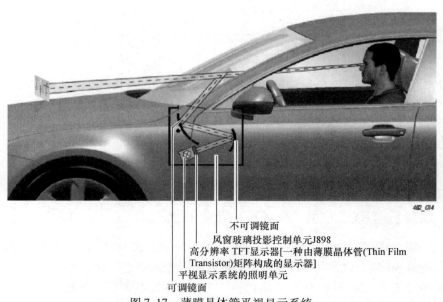

不可调镜面
风窗玻璃投影控制单元J898
高分辨率 TFT显示器[一种由薄膜晶体管(Thin Film Transistor)矩阵构成的显示器]
平视显示系统的照明单元
可调镜面

图 7-17　薄膜晶体管平视显示系统

在带平视显示系统的车辆上使用专门的风窗玻璃可以让人产生这样的感觉：平视显示系统所显示的内容并不是出现在风窗玻璃上，而是出现在离驾驶人 2~2.5 m 的舒适距离上。平视显示内容似乎悬浮在发动机罩上方。若没有平视显示器，要获取组合仪表的显示内容时，驾驶人必须将头低下 20°~25°。若有平视显示器，驾驶人只需将头低下约 5°~10°。由于平视显示位于驾驶人的扩大视野中，所以在获取显示内容时，人眼不必像查看组合仪表时那样必须对较暗的环境条件做出调整，特别是在日间光线条件下。这样，在获取车辆参数时就能避免由亮至暗以及随后由暗至亮的调整适应过程。驾驶人通过平视显示系统获取所需信息明显比通过组合仪表获取信息方便很多。视线和注意力偏离道路交通的时间几乎减半。因此，使用平视显示有助于更好地感知交通状况和维护道路交通安全。

429. 奥迪车身上雨量传感器为什么不灵敏?

解答: 雨量/光线传感器 G397（RLS）和刮水器电动机控制单元 J400 共用一条 LIN 总线（图 7-18）。控制单元故障、LIN 总线失灵、传感器自身故障等,均会引起刮水器电动机失灵。

另外,汽车行驶中,灰尘、小石子、虫体、冰雹、其他污垢,以及传感器与玻璃接触面有气泡等都可能引起传感器失灵。在刮水臂上的电位计 4 档位置与环境亮度调节无效的情况下,车主可根据上述介绍酌情检修。

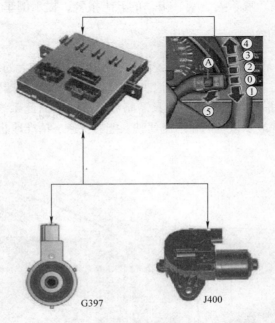

图 7-18 雨量/光线传感器控制示意图

430. 收音机屏幕上显示 "SAFE" 怎么解锁?

提问: 一辆 2004 款 1.8T 奥迪 C5 因断电收音机上锁,没有密码,应该怎样解锁?

解答: 奥迪 A6 收音机在断电的情况下会进入密码保护状态,收音机屏幕上显示 "SAFE"字样,如果知道密码,可以在打开音响的同时按住 FM2 和它下方的按键 3s,屏幕会出现"1000"字样,然后按 1~4 频道键输入密码,再同时按住 FM2 和它下方的按键即可开机。如果密码不正确,则屏幕将快速闪烁 "SAFE"字样,此时,可以用无密码开机方法（该车在组装时为了避免解码的麻烦设置了工厂组装方法,也叫无密码开机方法）。当音响锁死后,首先关闭音响将其拆出,不要把所有的插头都拆下,只需将电源插头拔出即可。将音响翻过来,在音响反面的铁壳有 5 个孔,孔内可以看到线路板在上面标有 1、2、3、4、5,找一段导线,去除外皮露出金属约 0.5mm,插入 1 孔和 2 孔中使 1 号端子与 2 号端子短接,在短接的同时插上电源插头,打开音响,拿掉短接线就可以看到收音机显示频率,解锁完成。

431. 车上 CD 机被锁怎么办?

提问: 大众迈腾汽车 CD 机断电后再通电屏幕显示 "SAFE"字样,需要输入正确密码才能开机，该怎样才能输入正确密码？是否有其他简单方法？

解答：汽车 CD 机上显示 SAFE 是 CD 被锁（防盗），必须输入正确的密码才可以开机。如果没有 CD 密码，需要音响解码。必须先将 CD 机拆下来，从机身上找出编码号，然后通过 4S 店在线寻找密码。厂家不会向个人提供密码，以防止 CD 机被盗后继续使用。

432. 检修音响时发现有车速信号线接入，起什么作用？

提问：检修一辆奔驰车高档音响，发现有车速信号线接入，请问车速信号在音响中起什么作用？

解答：虽然是高档车，但是车速越高，噪声越大，这是车辆行驶中的共性。如果音响声音不随车速增加而增大，恐怕车速高了收音机的声音都听不见了。加入车速信号，就是为了根据车速适当增加音响的音量。

433. 车上收音机播放过程中为什么数据信息丢失？

提问：一辆 2011 年 LaCrosse（君越），当使用 iPod、蓝牙、USB 或 UMS 时，在车辆起动、音频回放、电话挂断后，会引起收音机播放过程中数据信息丢失、发生噪声、声音卡滞、音源管理错乱等间歇性故障或不工作的状态，应该怎么修理？

解答：通过维修编程系统（SPS），将多功能媒体播放接口模块（MPIM）刷新至最新版本。如果还修不好，只能更换收音机。

434. 车上 DVD 为什么有屏无声？

提问：别克君威 DVD 有屏无声，换主机无效，为什么？

解答：DVD 有屏无声，换主机无用，需仔细检查 DVD 线路，因为一旦工作台内某个线路搭铁，DVD 就会进入自保护模式，出现有屏无声。

435. 奥迪 A7 CAN 分离插头在什么地方？

解答：奥迪 A7 Sportback 车上有两个 CAN 分离插头。一个 CAN 分离插头安装在左侧 A 柱下方分线器旁，另一个在行李箱内右后的继电器和熔丝架上。这两个插头结构相同，包含着最多可用于四个总线系统的 CAN 导线插接器（图 7-19）。但是这两个分离插头的使用却有区别。

前部的分离插头（图 7-20）只供三个总线系统使用：

◆ 针脚 1 ~ 8 这个节点用于舒适 CAN 总线控制单元。

◆ 针脚 9 ~ 13 这个节点用于驱动 CAN 总线控制单元。

◆ 针脚 14 ~ 18 这个节点用于扩展 CAN

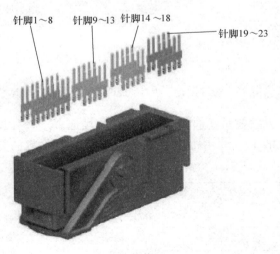

图 7-19　四个总线系统的 CAN 导线插接器

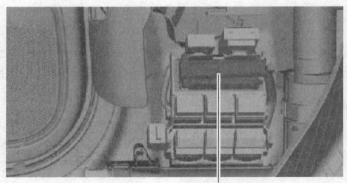

前部的分离插头

图 7-20 前部的分离插头

总线控制单元。

◆ 针脚 19～23 未使用。

后部的分离插头（图 7-21）供四个总线系统使用：

◆ 针脚 1～8 这个节点用于舒适 CAN 总线控制单元。

◆ 针脚 9～13 这个节点用于驱动 CAN 总线控制单元。

◆ 针脚 14～18 这个节点用于扩展 CAN 总线控制单元。

◆ 针脚 19～23 这个节点用于显示和操纵 CAN 总线控制单元。

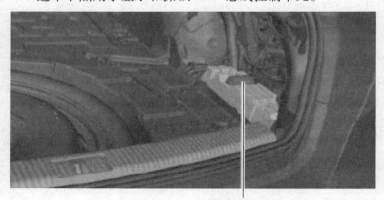

后部的分离插头

图 7-21 后部的分离插头

436. 奥迪 A7 检修中如何识别 CAN 总线颜色？

解答：奥迪 A7 Sportback 与奥迪 A6'05 相比，使用总线进行通信的控制单元数量从原来的 49 个，增加到现在的 90 个，总线系统的数量从 6 个增加到 7 个。总线颜色见表 7-1。

表 7-1 A7 各类 CAN 总线颜色

总线系统	导线颜色	结构形式	数据传输能力	特点
驱动 CAN 总线	黄色青条	双线总线	500kbit/s	单线无法工作
舒适 CAN 总线	黄色绿条	双线总线	500kbit/s	单线无法工作
扩展 CAN 总线	黄色灰条	双线总线	500kbit/s	单线无法工作

（续）

总线系统	导线颜色	结构形式	数据传输能力	特点
显示和操纵 CAN 总线	黄色蓝条	双线总线	500kbit/s	单线无法工作
诊断 CAN 总线	黄色	双线总线	500kbit/s	单线无法工作
FlexRay 总线	粉红绿条	双线总线	10Mbit/s	单线无法工作
MOST 总线	浅红管状	光纤总线	22.5Mbit/s	环形结构 断路会导致整个系统瘫痪
LIN 总线	紫红	单线总线	20kbit/s	单线可以工作
子总线系统	浅黄	双线总线	500kbit/s	单线无法工作

437. 汽车网络为什么会陷入瘫痪状态？

提问： 一辆宝马车 CAN 动力网，有两个终端电阻，一个在前照灯，另一个在后座椅下。而在检修凯旋轿车 CAN 动力网时，怎么也找不到终端电阻。另外，凯旋终端电阻的阻值是多少？网线上电压是多少？为什么网络会陷入瘫痪状态？瘫痪后的主要症状是什么？

解答： 凯旋轿车 CAN 动力网的两个终端电阻，一个在智能控制盒 BSI 中，另一个在发动机 ECU 中。也就是说智能控制盒 BSI 和发动机 ECU 处于 CAN 动力网的两个终端，两者中各有一个 120Ω 的终端电阻，经网线并联后，两根网线之间的标准电阻即为 60Ω。CAN 动力网中每一台计算机上都通过两根网线上网，一根称为 CAN－H。另一根称为 CAN－L。当 CAN 动力网正常工作时，CAN－H 的电压为 2.6V 左右，CAN－L 的电压为 2.4V 左右，所以 CAN 动力网必须同时满足两根网线之间的电阻在 60Ω 附近的电阻条件和两根网线的电压分别为 2.6V 左右、2.4V 左右的电压条件，才能正常工作。当 CAN 动力网的任一根网线断路（包括接触电阻过大）、短路（搭铁）、接电源正极或两根网线相连、同时断路，CAN 动力网就不可能同时满足上述的电阻条件和电位条件，CAN 动力网就陷入瘫痪。瘫痪后一方面造成不能传递防盗信号，发动机 ECU 不能控制发动机起动；另一方面造成电子稳定程序计算机（ESP）的轮速传感器不能通过 CAN 动力网把车速、行驶里程等信息传递到 BSI，也就不能再由 BSI 通过 CAN 舒适网把车速、行驶里程等信息传递到组合仪表，组合仪表上也将无车速、行驶里程等显示信息。

438. 汽车网络 CAN 总线技术哪些描述是正确的？

提问： 1）下列关于网关的描述哪些是正确的？①网关永远允许所有的信息通过；②网关只允许某些特定的数据从一条总线系统传输至另一条总线系统；③网关会调整数据信息以便传递到特定的总线系统；④以上所有的表述均是错误的。

2）现在一些高档轿车由许多网络组成，例如有底盘 CAN、车内 CAN、诊断 CAN 等，每两个不同的 CAN 之间都有一个网关，但是 CAN 系统里面还有一个"中央网关"，为什么要设计中央网关呢？

3）CAN 系统里面是所有的信息给所有的系统共享，还是一个信息给一个相关的系统共享？比如说天窗单元是车内 CAN 的用户，它的信息就给车内 CAN，像底盘 CAN 和驱动 CAN

（里面有发动机和自动变速器单元）这些跟天窗无关的 CAN 就不会收到了，这样分析对吗？假如是对的，那是谁来识别这些信息与哪些系统相关的？还有，某些控制单元因本身故障或传感器故障产生了错误的信息会发到 CAN 总线上吗？

4）CAN HI 和 CAN LOW 的电压中，理论上高位电压是 3.6V，低位电压是 1.4V，但是测过一台无故障车的底盘 CAN 信号电压，高位和低位的电压都是 1.2V 左右，这是为什么？参考标准波形的电压也是这样的，高位和低位的电压相加不应该是 5V 吗？

5）要测量 ESP ECU 的 CAN 信号来判断 ESP ECU 的好坏（电源和搭铁都已排除），应该在不断开任何插座的情况下在线测量，还是先断开插座，先测插座那边从其他单元来的 CAN 信号是否正常？哪种方法是对的？

6）为什么要等到 CAN 休眠了才能测量总线的电阻？

解答：1）汽车网络上网关的作用是监察故障和信息，对信息有导向、中转和控制等功能，还可以为连接到诊断链路接头的故障诊断仪把 CAN 协议信息翻译成 ISO9141 协议信息。答案都告诉了，比较一下就知道哪个是错误的选项。

2）网关可以按照不同系统分类，但网关中的主网关，网关中的控制中心，即中央网关是各种车内通信网络之间的信息桥梁，它把各个系统的 CAN 连接到同一位置，以整理车内通信网络。在汽车诊断和原始设备制造商最后编程时，硬件安全功能可防止未经授权的人访问网络。

3）CAN 数据总线中的数据传递就像电话会议，一个电话用户（控制单元）将数据"讲入"网络中，其他用户通过网络"接听"这个数据，也好比广播电台在广播，有收音机的都可以收听，只是对这个数据感兴趣的用户就会利用数据，而其他用户则选择忽略。CAN 数据总线在极短的时间里，在各控制单元之间传递数据，可将其分为七个部分，如图 7-22 所示，其中确认域负责检查，一旦发现错误，接收器立即通知发送器，发送器再发送一次数据。

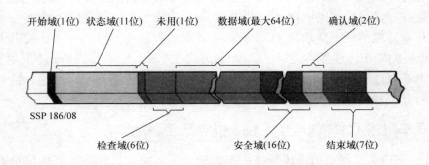

图 7-22 CAN 数据中的七个部分

4）在位置为 1 的状态时，CAN 发送器打开，在舒适系统中的电压为 5V，在动力系统中大约为 2.5V；在位置为 0 的状态时，CAN 发送器关闭，搭铁，传输线同样被搭铁，电压大约为 0。两个数据线上的电压是相反的，若一根线上的电压为 0，另一根线上的电压则为 5V。欧系车 CAN HI 一般为 2.6V，CAN LOW 为 2.4V。日系车有的就属于描述的电压情况。当然还要考虑温度、网络结构与网络状态，单线与双线网络等。

5）凡是通信故障和与通信相关的故障，不必在意是 4 个还是 5 个故障灯点亮，也不必从某个故障灯入手进行检修，而应该先从 CAN 总线开始检查。分析总线 CAN – HI（诊断接口 6 脚）和 CAN – LOW（诊断接口 14 脚）之间的电阻应该为 60Ω，同时对电源搭铁都不应该导通，可以从自诊断接口来检查电阻及找出有无断路或短路，并采用断开集线器的办法，快速找到故障点。若模块有问题，网络上会出现群死群伤或风马牛不相及的现象，适宜采用分析法或断开模块的方法确诊。

6）因为只有等到 CAN 休眠了，测量总线的电阻的结果才可靠并安全。

439. 按喇叭为什么汽车网络电压会异常升高？

提问：维修带有 CAN 网络的车辆，按喇叭时 CAN – HI 和 CAN – LOW 的电压会异常高，甚至能达到 20V 以上，经常发生烧毁 ABS 模块的情况，打开其他大电流用电设备（如前照灯、刮水器和电子风扇）时没有出现类似情况，这种情况跟设计时选择的喇叭有关系吗？应该怎么选择喇叭？出现这种情况怎么维修？

解答：说明选择的喇叭工作时产生的反电动势过高，反电动势是物理学上的专业术语，电能与磁能转化的电气设备断电的瞬间会有反电动势。反电动势有许多危害，控制不好会损坏电气元件。也说明选择的喇叭是不合格的产品，或者虽然是合格的产品，但是已经损坏了，现在需要更换。只要选择有国家认可的带合格证的装上去不出问题的喇叭即可。

440. 汽车出现网络故障有哪些原因？

提问：一辆 2007 款一汽奔腾在一次正常行驶后发动不了车，经检查是进入防盗，用 X431 检测后发现有一故障码网络通信故障，这是怎么引起的？

解答：网络通信故障就是常说的 CAN 系统故障，一般由三个原因引起：一是供电，要检测网络上的供电是否正常；二是检测节点是否正常，节点就是模块；三是线路（CAN 总线）是否正常。

441. 奥迪 A7 上供电控制单元 J519 承担了哪些功能？

解答：供电控制单元 J519 安装在驾驶人侧的后座脚坑装饰件下，任务是能完成奥迪 A6'05 上的供电控制单元 J519 和供电控制单元 2 – J520 的所有功能，而且是 LIN 主控制器兼 LIN 网关，如图 7-23 所示。

图 7-23 供电控制单元 J519

在数据总线系统中它是 LIN 总线供电控制单元，为 LIN 总线用户承担网关。用户的主控制单元有刮水器电动机控制单元、空气质量传感器、雨量/光强度传感器、空气湿度传感器、灯开关、制冷剂压力和温度传感器、电动调节转向柱控制单元、右前座椅通风控制单元、LED 前照灯功率模块、左前座椅通风控制单元、车库门开启控制单元。

442. 奥迪 A7 舒适控制单元在车上什么地方？

解答：奥迪 A7 舒适系统控制单元 J393 位于行李箱右后方的侧饰板后面，如图 7-24 所示，图中白底小图为实物外形。

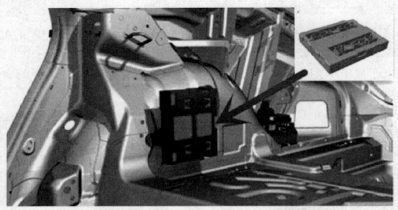

图 7-24　奥迪 A7 舒适控制单元 J393 在车上的位置

443. 宝马综合通信光学模块是什么？

解答：综合通信光学模块作为车辆访问接口使用。它采用模块化结构，由三个组件构成，即 ICOM A（连接诊断插座，图 7-25）、ICOM B（连接 MOST 存取接口，图 7-26）、ICOM C（连接圆形诊断插座，图 7-27）。

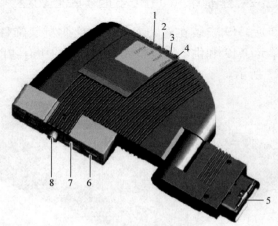

图 7-25　ICOM A（连接诊断插座）

1—诊断插头　2—USB 接口　3—LAN 接口　4—测量技术接口（TD 信号）　5—按钮
6—车辆通信状态　7—无线连接状态　8—有线连接网络状态

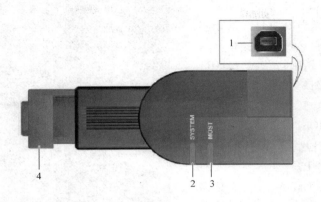

图 7-26　ICOM B（连接 MOST 存取接口）
1—USB 接口　2—ICOM B 状态　3—MOST 状态　4—MOST 接口

图 7-27　ICOM C（连接圆形诊断插座）
1—OBD 接口　2—圆形诊断插座插接器

　　ICOM B 和 ICOM C 主要与 ICOM A 一起使用，通过 ICOM A 可以连接到维修车间网络或直接接到综合服务信息服务器上。综合通信光学模块具备以下功能：车辆诊断、通过综合服务技术应用、车辆编程和设码。

　　技术应用之后便可不受限制地使用。综合通信光学模块交付使用时附带软件，可以直接使用。只能通过维修车间系统管理进行软件更新和配置。因此，使用综合通信光学模块时总是需要连接一个综合服务信息服务器。

　　ICOM A 的注册和配置通过维修车间系统管理完成。所需的软件更新也由维修车间系统管理进行控制，而且会根据需要自动更新。

　　通过 ICOM A 附带的一个芯片可以进行颜色设码。供电电压由诊断插座提供。ICOM A 可以通过电缆或以无线方式接入维修车间网络。最大数据传输率为 100Mbit/s。为了确保连接管理器能够识别出 ICOM A，必须具备以下条件：在维修车间系统管理软件中注册，连接到维修车间网络，连接到车辆中的诊断插座，打开车辆的点火开关；转速信号（TD 信号）

可以直接传输到 ICOM A 上；相关电缆包含在综合测量接口盒的供货范围内；车上插有综合通信光学模块时，禁止移动车辆。

ICOM B 通过通用串行总线（USB）与 ICOM A 连接（图 7-28）。USB 电缆包含在供货范围内。ICOM B 通过 USB 供电，用于连接 MOST。现阶段 ICOM B 无法用于诊断，因此综合服务流程应用 2.x 不支持 ICOM B。

ICOM C 是将 ICOM A 与老款车型（E30 以前）圆形诊断插座连接的适配器（图 7-29）。在圆形诊断插座插接器中装有一个微处理器，它负责把从车辆读取出的数据转换成 ICOM A 的数据格式。

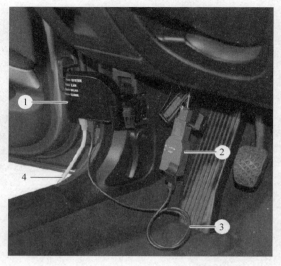

图 7-28　车辆上 ICOM A 和 ICOM B 的连接情况
1—ICOM A　2—ICOM B　3—USB 电缆　4—LAN 电缆

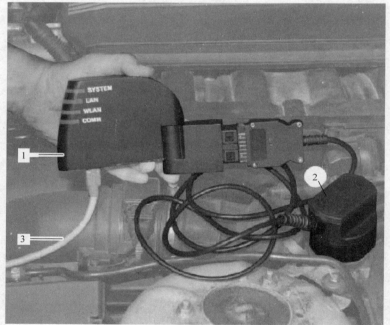

图 7-29　ICOM A 和 ICOM C 在车辆上的连接情况
1—ICOM A　2—ICOM C　3—LAN 电缆

444. 为什么车身模块容易损坏？

提问：一辆雪佛兰科鲁兹 2009 款 1.8L 自动档轿车，行驶 57560km 已经更换了两个车身模块，平均一个车身 ECU 寿命 3 万 km 左右，这到底是车身模块质量缺陷，还是电路设计缺陷？

解答：主要由电路设计缺陷引起，由于车上制动用得最多，制动灯泡不可能不损坏，一且两个制动灯泡中的一个灯丝烧断，即电路切断的瞬间，会产生很高的自感电压降，即反电动势，容易将 ECU 中的二极管与芯片击穿，造成模块控制功能失效。另外，擅自改装线路，车身线路短路、行李箱手动开关坏等原因也会导致车身模块烧坏。

车身控制模块安装在副驾驶左脚方向的侧面，如果驾驶人突然发现行李箱盖打不开，或者配置的智能钥匙、触摸锁车都变得不好用，按键起动车的时候也会经常报告找不到遥控钥匙，只有把钥匙放到驻车制动下面方盒子内，即遥控钥匙接收器旁才好用，说明灵敏度大大地降低，这些均是在提醒需检查制动灯泡和车身控制模块，这些也都是车身模块损坏的前兆及故障现象。更换或修复车身模块，这些故障现象均会得到排除。但是，更换车身模块并不能一劳永逸，要想以后避免车身模块损坏，建议改成 LED 制动灯泡，或者添加继电器控制制动灯泡。如果将车身模块直接控制的其他灯光部分全部改为继电器控制，才可能一劳永逸。

445. 途观 ESP 控制单元安装在什么地方？

解答：途观 SUV 城市越野车的 ESP 车身动态稳定控制单元集成了电动机械式驻车制动控制单元 J540，带有 G419 传感器单元。两者集成安装在中央通道下面的同一个壳体中，如图 7-30 所示。G419 集成了横向加速度传感器 G200、偏转率传感器 G202 和纵向加速度传感

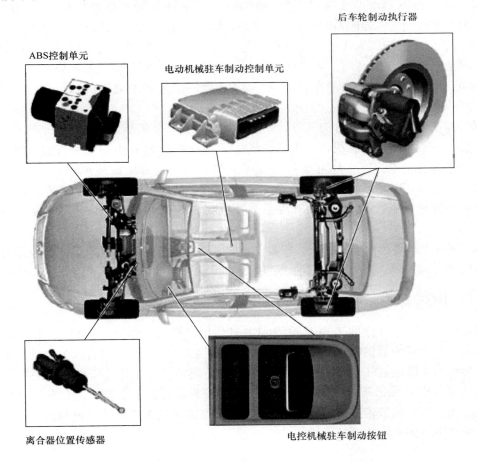

图 7-30 ESP 控制单元位置（电动机械驻车制动控制单元）

器 G251。更换带 J540 的 ESP 传感器单元 G419 后，必须在 ABS 控制单元 J104 上对 G419 内的传感器进行基础设定，并对电动机械驻车制动进行基础设定。

446. 怎样排除 ODMB 输出 6 电路故障？

提问：一辆海马福美来，车主介绍有时灭车，灭车后就不好着车。ECU 报故障码 P1656 ODMB 输出 6 电路故障。ODMB 是什么？这款车使用的是 OBD – Ⅱ 吗？因为在 OBD – Ⅱ 故障码一览表中，P1656 是 EEL 系统油气控制线路不良（GM），这两个一样吗？

解答：ODMB 是汽车一个部位的电路输出故障码，根据 OBD – Ⅱ 的规定，P1656 属于 ECU 和辅助输出信号方面的故障码，ECU 主要通过脉宽调制信号或占空比信号对执行器进行控制。该故障多指开关电源脉宽控制电路或比较放大电路不正常，也就是说的 EEL 系统油气控制线路不良（GM），两个应该是一回事，一般更换喷油器线束，即电控线束即可排除故障。

447. 发动机 ECU 为什么反复烧坏？

提问：一辆 2008 款凯越发动机故障灯常亮，换档闯车的故障码为：DTC P0123 "节气门位置（TP）传感器电路电压过高"；CP0463 "燃油液位传感器电压过高"；DTC P0533 "空调制冷剂压力传感器电路电压过高"；DTC P0113 "进气温度（IAT）传感器电路电压过高"。该车发动机 ECU 的 5V 参考电压电路板烧坏，其他线路板正常，测量各传感器线路没有搭铁现象。更换了 ECU 后，客户反映 20 天后故障再现，现在应该怎样检查？发动机 ECU 5V 参考电压电路直接搭铁会烧电路板吗？ECU 检测到 5V 参考电压搭铁，会不会停止提供 5V 参考电压呢？为什么？

解答：汽车的搭铁方式分为三种，一是直接搭铁，二是传感器搭铁，三是执行器搭铁。

传感器一般是共用电源线，共用搭铁线一般都集中到 ECU 内部统一搭铁，单独与机体或车身搭铁容易串电，产生反电动势（反电动势一般出现在电磁线圈中，如继电器线圈、电磁阀、执行器、电动机、电感和传感器等），接触不良容易形成高压电烧坏 ECU。

执行器虽然单独搭铁，但是由开关晶体管控制在 ECU 内部搭铁，然后集中到机体与车身搭铁。

ECU 检测到 5V 参考电压搭铁，不会停止提供 5V 参考电压，因为是同电位信号。类似车身与机体之间的搭铁，电位不同时会产生游车故障。

448. 没有资料如何测量 ECU 的供电与搭铁？

解答：一般不会直接拆卸 ECU 检测 ECU 的供电和搭铁。即使要检测，一般直接测量喷油器供电，因为喷油器供电正常，说明 ECU 供电正常。因为 ECU 只有收到曲轴位置传感器信号才会控制主继电器工作、控制点火器点火、控制喷油器工作，所以没有必要直接测量 ECU 的供电。ECU 除采集传感器信号并在计算后控制执行器工作外，还会向有源传感器提供基准电压，还可测量传感器的 5V 供电和搭铁，也能间接知道搭铁供电和搭铁的好坏，没必要学光盘中不切实际的测量方法。

449. 大众车常用的各个控制单元的编码及匹配方面有哪些技巧?

解答: 控制单元的编码及匹配谈不上什么技巧,主要是知道与不知道的问题,关键是注意收集资料,对号入座即可。

1) 常用控制单元地址如下:发动机控制单元(地址01)、自动变速器控制单元(地址02)、ABS控制单元(地址03)、空调控制单元(地址08)、安全气囊控制单元(地址15)、组合仪表(地址17)、Gate – way系统(地址19)、电子防盗止动器(地址17或25)、有记忆功能的电动座椅(地址36)、舒适系统控制单元(地址46)、收音机(地址56)。

2) 为控制单元编码。使用07功能给控制单元编码,连接好自诊断仪器,打开点火开关,进入相对应的电控系统,用07功能进行编码,进入地址××,选择07功能,输入相对应的控制单元编码×××××后,用Q键确认。

3) 各电控系统控制单元编码。发动机控制单元(地址01,功能07,编码见下页)、自动变速器控制单元(地址02,功能07,编码00000)、ABS控制单元(地址03,功能07,编码01025/21505/13313)、空调控制单元(地址08,功能07,编码01000/01100)、安全气囊控制单元(地址15,编码12622/12874/12875)、组合仪表(地址17,编码05122/05123/01102/05102)、Gate – way系统(地址19,编码00006或00007)、舒适系统(地址46,编码04096/04097/00256/257/258/259)、收音机(地址56,编码00001/00003/00401/00403)。

4) 发动机电控系统(地址01)。

1.6L发动机　手动　控制单元零件号　06A 906 032 EQ 00031

06A 906 032 JB 00033

1.8L发动机　手动　控制单元零件号　06A 906 032 LE 04500

自动　控制单元零件号　06A 906 032 LF 04530

1.8T发动机　手动　控制单元零件号　06A 906 032 EN 04500

自动　控制单元零件号　06A 906 032 LD 04530

柴油机:TDI及SDI控制单元的编码均为00002。

5) 制动系统(地址03)。

控制单元ABS　类型　1.6L/1.8L/1.8T　控制单元零件号　1C0 907 379J或1C0 907 379L　编码均为　01025。

控制单元ABS　类型　ASR/EDS(1.6L/1.8L)　控制单元零件号　1C0 907 379K编码为　13313。

控制单元ABS　类型　ASR/EDS(1.8T)　控制单元零件号　1C0 907 379K　编码为　21505。

控制单元ABS　类型　ESP　控制单元零件号　1C0 907 379K　编码为　20098。

6) 安全气囊(地址15)

控制单元零件号　1C0　909　601　12874。

控制单元零件号　1C0　909　601　2K　12875。

7) 组合仪表(地址17)

1.6L　手动　无多功能显示　控制单元零件号　1J5 920 806 C　编码为　01102。

1.6L　自动　无多功能显示　控制单元零件号　1J5 920 806 B　编码为　01102。

1.8L　手动　无多功能显示　控制单元零件号　1J5 920 806 B1；1J5 920 826 A1；1J5 920 806　编码均为　01102。

1.8L　自动　有多功能显示　控制单元零件号　1J5 920 806 C1；1J5 920 826 A1；1JD 920 826　编码均为　05102。

1.8T　手动　有多功能显示　控制单元零件号　1J5 920 826 A；1JD 920 826　编码为 05122。

1.8T　自动　有多功能显示　控制单元零件号　1J5 920 826 A1；1JD 920 826　编码为 05122。

8）舒适系统（地址 46）。对于舒适系统，目前在 BORA A4 所有车型上编码均相同，即在 1.6L\1.8L\1.8T 车上，舒适系统的编码均为 00259（00256\00257\00258）。

9）音响系统（地址 56）。

控制单元为收音机　控制单元零件号 3BD 035 186　类型无 CD（GAMMA）　编码 00401；类型有 CD（GAMMA）　编码　00403。

控制单元为收音机　控制单元零件号 3BD 035 152　类型无 CD（BATTA）　编码 00001；类型有 CD（BATTA）　编码　00003。

450. 汽车典型电路的最大允许电压降规范是多少？

提问：一辆 2007 款 1.6L 别克赛欧，发动机型号是 F16D3，行驶里程为 50000km。第一次维修时修理工检查到没有高压火，更换一个点火线圈后车辆顺利起动，试车也正常。但第二天早上该车又无法起动，首先检查了蓄电池电压是 12V，起动时为 9V，各主要搭铁点接触良好，起动机运转有力。此外，该车没有高压火也没有供油，油泵和点火熔丝正常，打开电门时油泵继电器不会吸合，起动时也不吸合，但有时在起动结束松开钥匙时会吸合一下，没有故障码。用检测功能促动油泵继电器会吸合，强制让它吸合仍然起动不了。测量继电器 25 号脚有蓄电池电压，但 26 号脚和搭铁之间的电阻有 440Ω。给蓄电池充电后就可以起动。并且这时只要打开电门继电器就会吸合 2s 再断开。有时要起动较长时间，在起动过程中发现继电器断断续续地结合，测量曲轴位置传感器电阻为 880Ω，和新的一样，为什么？

解答：首先定性是电路故障，原因有三个：一是蓄电池硫化，需要更换；二是该车油泵熔丝和发动机 ECU 熔丝共用，要检测电路的电压降；三是检测发电机发电量。汽车典型电路的最大允许电压降规范如下：

1）大部分电路，每个连接处 0.1V（100mV）。

2）起动机电路，每个连接处 0.2V（200mV）。

3）电源或搭铁电路的总电压降不应当超过 0.1V（100mV）。

电压降数值小于最大允许指标，表明组成电路的部件和连接电阻足够低，可以接受。如果遇到高电压降，则要把数字电压 - 欧姆表的一根引线接到蓄电池，另一根引线向蓄电池方向回移（参照相应的电路原理图），直到电压降数值降到可接受的水平。这样就可以确定高电阻存在于电路中最后一次电压降不可接受的测试点和第一次电压降不可接受的测试点之间的某个位置。当测试汽车后部功率负载电路电压降时，可以制作数字电压 - 欧姆表引线延长线。使用鳄鱼夹把数字电压 - 欧姆表的长引线接到汽车蓄电池，就可以把数字电压 - 欧姆表拿到汽车后部进行电压降测试。注意数字电压－欧姆表的高内阻在电压测试过程中不允许大量的电流流过。进行正极端电压降测试时，延长引线应当插入数字电压－欧姆表的正极插孔接到蓄电池正极，而进行负极端电压降测试时，延长引线应当插入数字电压－欧姆表的负极插孔接到蓄电池负极。

如果蓄电池电压是 12.6V，但计算机的正极端电路或负极端电路存在多余电压降，则计算机本身的电压降就小于 9V，ECU 中的逻辑门将不能正确工作。或者在试图起动发动机时，由于起动电动机工作把蓄电池电压拉低，即使没有造成维持计算机正常工作的计算机电源或搭铁电路内大量多余电压降，却可能造成动力控制模块故障，不能控制喷油器或点火线圈工作。总之，任何时候计算机不正常工作（或根本不工作），在决定更换计算机之前都要测试电源和搭铁电路是否有多余电压降。还应当注意电压降测试可以用来识别出现偶发故障症状，即使故障症状偶发性没有表现出来［可能是因为电路条件发生变化（例如冷却），导致故障症状消失］，但多余的电阻并不会完全消失，只是减小到了某一个值，使电路又开始工作了。总之，即使没有明显的故障症状存在，仍然可以用电压降测试来识别出多余的电阻。

根据别克赛欧的电路图可知，30 和 86 号脚是从两个熔丝过来的常电源，87 号脚是给油泵供电，85 号脚接收来自 ECU 的控制信号，是搭铁信号。而描述的测量继电器的 25 和 26 号脚不知道指的是什么，而且所有通用车系里的继电器都是一样的，只有 85、86、30、87 号脚，没有 25、26 号脚。

451. 35 OBD－Ⅱ 的 9 个输出模式中的难点在哪里？

提问：1）OBD－Ⅱ 的 9 个输出模式中，Mode 2：Show freeze frame data（模式 2 显示冻结帧数据）是访问保存在冻结帧中与排放相关的数据，所谓冻结帧指的是故障在首次出现的瞬间保存的参数值还是故障被 OBD－Ⅱ 的自诊断系统确认后保存的参数值？

2）Mode 1 和 Mode 2 中的 PID\$04 发动机计算负荷值和 PID\$43 发动机绝对负荷值的含义及互相之间的关系是什么？

3）Mode 1 和 Mode 2 中的 PID\$44 等效比指令、PID\$4F 等效比的最大值及对应的氧传感器电压的含义及互相之间的关系又是什么？

4）PID\$45 相对节气门位置、PID\$47 绝对节气门位置 B、PID\$48 绝对节气门位置 C 的含义及互相之间是什么关系？

5）燃油/空气指令的当量比的 PID\$号是不是就是 PID\$44 等效比指令？

解答：1）冻结帧指的是故障在首次出现的瞬间保存的参数值。常见强制储存的状态信息有计算的负荷值（负荷率）、转速、短时和长时燃油修正次数、车速、冷却液温度、进气歧管绝对压力、开环/闭环状态、故障码等，也就是在系统点亮故障指示灯时系统记录传感器数据的能力。通用车实际记录的数据帧有三种方式，一是故障开始，二是故障中间，三是故障结尾。

2）发动机计算负荷就是统计的负荷，绝对负荷就是实际的负荷。相对是指有条件的、暂时的、有限的；绝对是指无条件的、永恒的、无限的。两者既相互联系又相互区别，一比较就可以发现两者的关系。

3）等效比指令就是理论混合比与实际混合比的差别。根据加速踏板位置、进气温度、冷却液温度、节气门位置、喷油脉宽、进气流量、进气压力等计算出来的理论混合比为

14.7:1，对应于氧传感器电压的 0.45V，混合比稀的最大值对应氧传感器电压的 0.1V，混合比浓的最大值对应氧传感器电压的 0.9V。

4）相对节气门位置也是根据进气量或进气压力计算出来的节气门位置，绝对节气门位置就是实际的节气门开度位置。平时说的发动机负荷就是发动机做的工作，用无负荷表示空转或怠速，用节气门全开表示全负荷，介于全负荷与无负荷之间的状态为中等负荷。中等负荷计算节气门应该开一半，实际开大或开小，一比较就可以知道。

5）燃油/空气指令的当量比也就是燃料完全燃烧所需要的空气量与实际供给的空气量之比。

452. 为什么只要开前照灯，ABS 故障灯就报警?

提问：一辆汉兰达车，只要开前照灯，ABS 故障灯就报警，怎么修?

解答：检查车身与发动机体之间的搭铁线或 ABS 泵的搭铁线，看是否接触不良或者损坏或者老化。只有搭铁不良，才可能出现这个故障。

453. 汽车电气维修如何保证质量?

解答：汽车电气在汽车上的分量越来越重，为了保证汽车电气的维修质量，建议采用电气故障四步式修理技术，可以明显提高维修速度与维修质量：第一步，检查故障现象是硬故障（永久性）还是软故障（偶发性）；第二步，寻找该车的电气原理图，看供电是直接供电、点火开关供电还是继电器供电，即电路受开关、继电器和 ECU 中的哪个控制，找出故障部位的搭铁点，看搭铁是否良好，看是属于串联电路还是并联电路，同一根电路上的其他部件是否工作；第三步，利用清洁插头、更换故障部件来排除故障；第四步，复查，确认故障已经排除后交车。

454. 如何快速诊断汽车电路故障?

解答：快速诊断的基础就是资料，具备该车的资料很重要。

一是原理图。对于不熟悉的电路，从原理图开始会很有帮助，可以了解电路的整体布置情况。原理图包括电路部件和连接方式，首先看电源连接了哪些负载；然后看搭铁的方式，即怎么搭铁的；最后看每一条电路分别控制哪几个负载，因为同一条线路，一损俱损。

二是关注细节。使用电路图了解更详细的电路布置，重点关注电线颜色、插头号码和继电器布置等各种信息，结合电源、负载和搭铁及电路受开关、继电器、ECM 中的哪个控制，用电路图来指导分离电路进行测试。

三是准确定位。维修手册的线束布置部分给出了车上线束和插头的具体位置，通过使用线束布置图或使用维修手册的电气组件布置等内容来确定实际部件和最方便的测试点的位置。当进行电气测试时记住使用这样的测试点。这样定位和测试最快速，也最容易。注意在检查熔丝前不要拆下仪表板!

四是利用 ECU 的软件程序进行检测，这样可以事半功倍。好比检测冷却风扇不工作，如果风扇是 ECU 控制的，只需要拔掉冷却液温度传感器，制造断路，ECU 就会得到 130℃ 的高温信号，风扇就会自动运转起来，就不必先去检测风扇电动机了。制造短路，ECU 就会得到 -40℃ 的信号，用来进行冷车起动试验及检测。

五是记住电路的颜色。汽车电路的电线是有颜色的，要知道颜色分类及标准色（主色）、辅助色（条纹的颜色）代表什么电路（各国规定不同），主系统是标准色，局部电路是辅助色。如 RWB 单字母符号只代表标准色，而 R/W. G/Y 双字母符号，首个字母代表标准色，第二个字母代表辅助色。国产车只看颜色就知道属于哪个电路，不用大拆大卸就能识别和检测维修。日产车中字母 B 代表黑，W 代表白，R 代表红，G 代表绿，Y 代表黄，L 代表蓝，BR 代表棕，LG 代表浅绿。具体划分如下：

1）起动/点火路主色 B，辅助色 W. Y. R. G。包括点火开关、点火线圈、分电器、起动机、柴油机预热塞等的相关电路。

2）充电电路主色 W（Y），辅助色 B. R. L。包括发电机、电压调节器、电流表或充电警告灯等的相关电路。

3）灯光电路主色 R，辅助色 B. W. G. L. Y。包括前照灯、雾灯、倒车灯、仪表照明灯、室内灯、个人灯等的相关电路。

4）信号电路主色 G（LG，BR），辅助色 B. W. R. L. Y。包括点火、转向信号灯、4 路闪光器、制动灯、尾灯、示宽灯和牌照灯以及表明驾驶人意图的装置（如喇叭）等相关电路。

5）仪表板电路主色 Y，辅助色 B. W. R. G. L。还有其他电路及搭铁电路等。

另外，故障诊断指南流程图使用符号，表示出在插头断开或连接时进行测试以及其他肯定会遇到的测试情况。检查并确认发生的问题，描述的症状是否异常，有时还需要使用用户手册或其他车辆进行确认；检测中是否还有其他部件不工作，哪些部件仍然工作。总之，一般均需要在检修前，确定正在修理的车辆的年款和车型，找到原理图和电路图。这样可以迅速确定同一个并联电路中的其他部件是否工作正常，串联的部件是否工作，知道选择的测试点，知道检测的那条线控制哪些原件，可以方便、迅速地找到故障原因，得出的结论才会符合逻辑。总之，还要记住检查电路的基本要素：电源电压要足够，负载工作要正常，搭铁线要有足够的电流容量。维修中的基本要求包括：固定线束、清洁插头、更换故障部件、排除失效原因。修竣后复查的基本要求包括：确认故障已经排除，确认修理过程没有引起其他问题，清洁车辆，交付客户，告知质量保证期及三天后电话回访等。做到这些，客户就会满意。

455. 高档车为什么分次报故障码？

提问：一辆 2001 款奔驰 S600，220 底盘，发动机加速不良，故障灯点亮，诊断仪显示空气流量传感器数据流为 34kg/h，不知道是否正常。还有加速踏板位置 1 信号断路/短路，换了加速踏板位置传感器后，ECU 又报出气缸 2、3、5、7、8、10 点火缺火，尾气催化净化器损坏，这到底是什么故障？为什么 ECU 要分次报？奔驰 ME 车系是如何命名及配置的？车身与发动机按什么方法分类？该车的车身 ECU 在什么地方？

解答：1）车身命名。1994 年以前：排量 + 字母，如 600SEL。S：高级豪华；E：汽油喷射；L：加长轴距；SL：运动车；SLR：赛车；G：越野；T：旅行；D：柴油。1994 年以后：字母 + 排量，如 S600。

A 系列：1997 年，推出最小轿车，家用。

C 系列：中级，C280 六缸，还有 C200、C220、C230 四缸。

E 系列：中高级，四缸：E200、E220、E230；五缸：E290TD；六缸：E280、E320；八

缸：E420、E500。

S 系列：高级，六缸：S280、S320；八缸：S420、S500；十二缸：S600；六缸柴油：S300TD。

SL、CL 系列：跑车，SL280、SL320、SL500、SL600、CL500、CL600。

SLK、CLK 系列：敞篷跑车，SLK200、SLK230、CLK200、CLK230。

V 系列：厢型车，V220 、V230、V230TD。

G 系列：旅行车。

M 系列：四轮驱动跑车。

2）底盘型式。W140、W168、W170、W201、W202、W203、W210、W129、W220。

3）发动机型式。四缸：111；六缸：104；八缸：119；十二缸：120；新：111、112、113。

4）ECU 型式（控制系统）。

①KE——机电；②PMS——带 MAP 电子多点喷射；③LH——燃油/DK ECU 分开；④HFM——燃油/点火 ECU 一体；⑤ME——燃油/点火/DK ECU 一体。

根据描述，加之该车 ECU 的能力所限，可能在出现加速踏板位置传感器故障后，ECU 只能控制发动机跛行，对其他系统失去检测能力，这从数据流中应该可以看出，也就是会停止信号监测与反馈，一旦更换了加速踏板位置传感器后，发动机可以较正常运行，ECU 才能或才开始监测其他，所以又报出其他故障码来。所以，以后修老车报价就要注意留有余地。奔驰 S600，220 底盘款车先天性的不足，就是左右点火线圈容易损坏，由此产生的失火较为多见，如果燃油、24 个火花塞、进排气道缸内积炭、压缩比、混合比与氧传感器等均正常，一般情况下更换左右两条点火线圈可以排除失火故障。ECU 报尾气催化净化器损坏，是监测到氧传感器信号不正常所致，有可能是氧传感器的问题，也有可能是尾气催化净化器损坏，测温差即可确诊。空气流量传感器的数据流为 34kg/h，正常值应为 22～32kg/h，说明空气流量传感器不良，混合比过浓。车身 ECU 即 SAM ECU，在 W220 车型中分为左前 SAM ECU、右前 SAM ECU、后 SAM ECU（图 7-31）。分别与熔丝继电器盒装于一个整体，用于接收 CAN - BUS 网络信号及车身相关传感器信号。经计算机运算后，控制熔丝继电器盒中各执行元

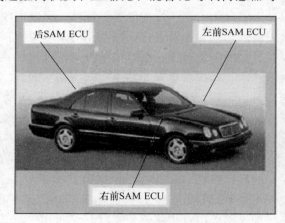

图 7-31　SAM ECU 分布

件的工作。SAM ECU 功能：刮水器控制，电子高度调节，方向柱调整，室内灯控制，压缩机控制，ADS 悬架控制，读取制动油位信号、驻车制动开关信号、转向柱位置信号，后尾灯控制，其他 CAN - BUS 传输。SAM ECU 还有控制前照灯、中央门锁、玻璃窗升降等其他功能。

该车正时重点要注意凸轮轴上各有一个平口，可以用来转动凸轮轴。可以通过直角尺测量正确的位置，左边在 8 缸处，右边在 3 缸处，凸轮轴上的平面与缸盖平面成 90°，如图

7-32所示。

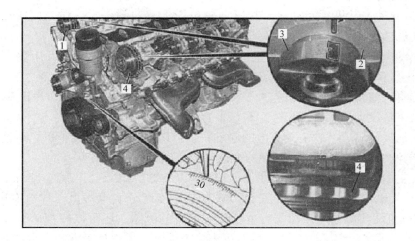

图7-32　正时点
1—右列正时齿轮　2—正时齿轮　3—凸轮轴　4—左列正时齿轮

456. 修好的车电控系统出现故障码如何排除？

提问： 一辆丰田车，正常保养后，电控系统调出一个故障码，横摆率 G 传感器零点消失，故障码清除不掉。试车又没有任何故障现象，是什么原因造成的？如何排除该故障码？

解答： ECB 电子控制制动系统可以根据驾驶人操作状态通过传感器感应制动踏板行程，并在此基础上，对 4 个车轮单独进行制动油压控制，协调控制油压制动系统和再生制动系统所产生的制动力，最大限度发挥再生制动力的作用，提高燃油效率。该系统含有横摆率 G 传感器，当 ECB 断电或维修之后，ECB 失去了横摆率 G 传感器的记忆学习值，所以需要重新学习并记忆。步骤如下：

1）选择 ABS 系统。

2）选择工作支持。

3）选择横摆率 G 传感器零点消失。

4）按开始按钮，注意在指示灯亮，驻车档的状态下实施。

提示学习成功之后关闭钥匙并退出软件即可。

457. 怎样才能成为汽车电器维修高手？

提问： 怎样才能成为汽车电器维修高手？另外，发动机冷却液温度高，什么情况下是属于风扇的问题？

解答： 继承、总结与发展汽车维修电工维修经验，认真做好以下几点，就可以成为电器维修高手。

1）修车。电路方面，一般先看熔丝，再看继电器，然后看相关的电器开关、插接头，可少走弯路。一定要牢记电路故障的三个特点：断路、短路与线路高电阻。断路故障短路诊，短路故障断路排。

2）高压线老化或破损。会干扰电子设备的正常工作，如音响、收音机、传感器与执行器等。起动机、发电机、音响也都可能成为其他电器的干扰源。例如：使用起动机无法起动，人推可以起动，结果是起动机干扰了曲轴位置传感器的正常工作。加速耸车就是修不好，拔掉发电机插头试车就好了，等等。

3）汽车漏电。熄火后可以在蓄电池正极与用电器之间串联一个万用表，检查是否漏电，正常值在 0.02～0.05A 之间。

4）空调夏天修得多，内外温差大于 12℃ 或出风口温度低于 8℃，即为正常。

5）改装采集发动机的转速信号，最好取自点火线圈负极。

6）蓄电池没电可以并联一个有电的起动，装蓄电池一般先连接正极，后连接负极，拆时相反。蓄电池的寿命，有 ECU 管理的充放电的电路，好的可用 7～8 年。

7）电工常用工具主要有数字万用表、12V3W 小试灯与发光二极管小试灯。二极管灯可测量微电流及无电流有电压电路，安全。缺点是不能区分实电虚电，虚电有电压无电流。12V3W 小试灯可测实电电压，即既有电压又有电流的电路。还可以模拟信号发生器，驱动该电路。例如，很多汽车无法起动，用万用表检查供电、搭铁都正常，只有试换零部件，结果传感器、执行器、ECU 全换了，还是修不好。用小试灯检查送给点火线圈上的 12V 供电，灯泡不亮，用万用表检查有 12V，很快确诊故障点就在插接头上，是由接触不良、虚电压引起的。

8）熔丝红色 10A、绿色 30A、蓝色 15A、黄色 20A、白色 25A、褐色 75A。注意熔丝一定要用正品，否则不熔断就会烧整车线路。查熔丝可用排除法，临时可用细铜丝代替。

9）检修电控系统，要充分利用 ECU 中的软件程序修车。例如先拔掉冷却液温度传感器，看风扇转不转，若转，说明风扇是好的，熔丝、继电器都是好的；若冷却液温度高，风扇不转，问题就在冷却液温度传感器自身。

10）冷却液温度高，只有两种原因，一是发热过多，二是散热不足。具体到汽车怠速或低速时温度过高，一般是风扇的问题；如果是冷却液温度一直很高，甚至高速时冷却液温度也很高，散热器表面也不脏，一般是循环方面出了问题。

第八篇

安全防盗篇

458. 奥迪 A7 高级钥匙是如何工作的?

　　解答：奥迪 A7 可以选配高级钥匙功能。无钥匙进入系统是全系标配的无钥匙起动系统的一个很好的补充。无钥匙进入和起动系统需要四根进入和起动许可系统的天线。如图 8-1 所示，同全系标配相比，配置高级钥匙时将额外安装以下两根天线：左侧进入和起动许可系统天线 R200，安装在左后车门内；右侧进入和起动许可系统天线 R201，安装在右后车门内。使用高级钥匙开车门，这里以通过驾驶人车门上的门把手解锁车辆为例进行说明：

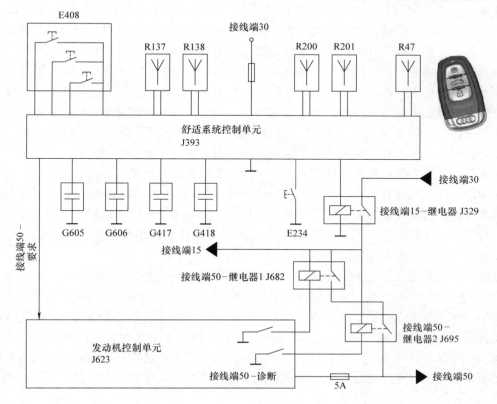

图 8-1　奥迪 A7 高级钥匙工作原理

1）驾驶人握住驾驶人侧车门的门把手。

2）舒适系统控制单元通过左前车门把手接触式传感器 G605 识别出驾驶人的动作。

3）控制单元 J393 交错地触发进入和起动许可系统的四根天线 R137、R138、R200 和 R201。

4）位于车辆内或车辆附近区域的、与该车辆配对的钥匙接收到这四根天线的消息，并测量各自的接收强度。

5）钥匙发出一个消息，带有四个接收强度、钥匙标识信号和钥匙的防盗锁密码信息。

6）舒适系统控制单元通过中央门锁的天线 R47 接收钥匙消息。

7）舒适系统控制单元检测发送消息的车钥匙是否具有正确的防盗锁密码。

8）舒适系统控制单元通过检测所收到的接收强度，确定发送消息的车钥匙是否位于车外的驾驶人车门附近区域。

9）如果解锁车辆的各项条件均满足，则相应的信息将被传送至 CAN 舒适总线并将车辆解锁。

459. 为什么拆卸蓄电池时会出现防盗密码丢失？

提问： 在检修奥迪汽车电路的工作中，最困难的是汽车防盗系统，好比第三代防盗还没有完全驾驭，就有了第四代防盗，而且还遇到 3a 防盗系统。为什么拆卸蓄电池时会出现防盗密码丢失？3a 防盗系统和第四代防盗系统有什么特点？两者有什么区别？

解答： 3a 防盗系统是介于第三代防盗系统与第四代防盗系统之间的一种防盗系统，很特殊，也就是第三代向第四代过渡的产物，防盗信息固化在几个模块里，系统坏了或更换钥匙，需要同时更换相应的几个模块。缺点是维修成本有点高，若丢了钥匙，要换钥匙，还要更换相关的控制单元，执行新身份。因为 3a 防盗密码写入方式与第四代不同，固定码一经匹配，不能再次写入，第四代可重写，密码固化在钥匙中。若更换钥匙，第四代不用换很多模块，所以维修成本低些。现在钥匙名堂很多，车辆信息都写在钥匙里，而且自动更新，比如车辆行驶信息。4S 服务顾问直接通过钥匙，就可以读取车辆信息，制订保养计划，开工单。服务顾问每人桌上有个钥匙信息读取装置，与服务管理系统是联网的。

拆蓄电池丢失密码这种情况比较少见，一般正常拆卸蓄电池是不会丢失密码的，就怕一人在拆卸蓄电池，另外有人在动钥匙或其他与防盗相关的元件。要知道防盗系统有个反扫描，当进行防盗信息交换时，出现断电或异常情况，防盗系统就会永远锁止，需要密码才能解锁。所以，拆卸蓄电池时不要有人在车上进行其他操作，即不要动任何与防盗有关的元件，一般就不会出现丢失密码的情况。

第四代防盗系统不是一个常规的、简单的控制单元，是一个防盗功能系统。它将所有与防盗相关的控制单元的数据，都存储在中央数据库中。中央数据库是第四代防盗系统的重要组成部分，这个数据库存储了控制单元所有与防盗相关的数据，这些控制单元将"防盗器"和"元件保护"功能连成一体。相关控制单元与中央数据库的匹配，只能通过在线连接才能实现。诊断仪不但实现了远距离诊断功能，而且实现了与中央数据库的连接，故障诊断仪和数据库可自动进行直接通信，实现防盗系统部件的匹配，系统的安全性得到了更高程度的保障。

目前，大众/奥迪公司车型选用的防盗止动器都是由西门子公司开发的。第一代防盗止动器：1993 年（固定码）；第二代防盗止动器：1997 年（固定码 + 可变码）；第三代防盗止动器：1998 年（固定码 + 可变码），发动机控制单元参与防盗码的计算；第四代防盗止动器：在线进行匹配；第五代防盗止动器，预测是指纹防盗止动器。

从功能形式上看第四代防盗器与第三代防盗器一致，只是所有与防盗器有关的元件均需在线进行自适应。通过诊断仪"在线查询"，可确保安全、快速并可靠地将数据传送至车辆。通过传真来查询防盗器部件 PIN 码和临时元件释放功能已经不再存在。所有车钥匙（包括补订的）在出厂前均已针对某一辆车编制了代码，因此这些钥匙只能与该车进行适配。不应将第四代防盗器理解成一个控制单元，而应看成一项功能。第四代防盗器最重要的组成部分是位于奥迪公司总部 INGOLSTADT 的中央数据库 FAZIT。FAZIT 是 Fahrzeugauskunft – und zentrales Identifikations – Tool（汽车信息查询和中央识别工具）的缩写，在这个数据库内存有控制单元所有与防盗有关的数据，这些控制单元集成在"防盗器"和"元件保护"内。如果不是处于在线联网状态，那么相关的控制单元就无法与中央数据库 FAZIT 进行自适应。GeKo（Geheimnis and Komponentenschutz，即密码和元件保护）系统的所有用户要想使用检测仪各项功能，如"防盗器自适应""收音机密码查询"和"元件保护"，需单独申请，以便登录用户管理 – 经销商系统。申请中的其中一项是填写开通申请表，进口商和销售中心收到这个表格作为开通凭据。授权后，技工会收到用户名和密码口令。在所有的 FAZIT 存取操作时，都要查询下述内容：车辆底盘号、用户姓名、用户身份证号、用户国籍、技工的用户名。

460. 怎样设置自动落锁与玻璃防夹功能？

提问：一辆 2010 款宝来行驶中不能自动落锁，如何解决？有些车型没有车窗防夹功能，怎样设置？

解答：这两个问题可以找 4S 店或用设备改变一下设置。不过这里提醒一点，虽然有自动落锁功能，但如果门是手动锁上的，那么很有可能拔钥匙是不能自动开锁的。因为通常的自动控制逻辑中，手动操作的权限都是大于自动操作的。比如，行驶过程中车速还没到 15km/h 时，习惯性地把门锁上了，那么到停车的时候，拔钥匙很可能不会自动开锁，因为手动锁门的权限大。用设备进入舒适系统或中央电气控制单元，选择 10 进行设置，选择通道 03，其中开为 1，关为 0，将 0 改为 1，就可实现车速达到 15km/h 时，车门自动上锁的功能。

玻璃升降器的防夹功能失效后的恢复方法是：拉住玻璃升降器的开关，手动将玻璃升到顶端，保持 1s 以上即可。

461. 奥迪 A7 仪表显示钥匙无法识别怎么办？

解答：出现图 8-2 中的显示时，可以通过 LIN 总线触发防盗锁止系统读取线圈 D2，即将车钥匙放置在应急感应线圈的标记上，它将传输其防盗锁密码。注意车钥匙一定要放置在图 8-3 所示的标记位置上，位置偏离则可能导致钥匙信息无法读取。

图 8-2　仪表上显示钥匙无法识别

图 8-3　钥匙放置于所标识的区域内

462. 点火锁不回位怎么办?

提问: 一辆标致 307 点火锁有时出现不回位的故障,即点火锁在起动档 (START 档)有时不能自动回到运行档 (ON 档),这是什么问题? 另外,一辆标致 408 低速过连续的颠簸路面,不进行制动,后轮处有"哐哐"的声音,稍微拉起驻车制动后,声音减弱甚至消失,应该怎么修理?

解答: 第一个问题,首先断开蓄电池电源。将钥匙插入点火锁芯,旋转钥匙至运行档(ON 档)。用垂直于锁孔的力向外拔钥匙,同时转动钥匙至起动档 (STAR 档),松手。按上述动作操作 30 次,如果肉眼观察到点火锁没有回到起动档 (ON 档) 的次数大于或等于 1次,则直接更换点火锁芯。或者连接好蓄电池,按上面讲的方法将钥匙旋转到起动档后松手,按刮水器开关,观察到刮水器能够正常工作,则认为点火锁工作正常,如果不能正常工作,则更换点火锁芯。

第二个问题,需要拆下左、右两侧的后制动块;分别更换左、右后卡钳支架的弹簧,使用维修包中黑色涂层的弹簧,弹簧有方向要求:即弹簧的平面一端靠近制动盘,弹簧有凸起的一端远离制动盘。安装时需用力适当,以保证弹簧完全卡在卡钳支架的沟槽里。然后装复制动块和制动卡钳。注意拆下的销螺栓、弹簧不允许重复使用,应使用新的零件,即维修包。

463. 凯越遥控和中控为什么间歇性不工作?

提问: 凯越遥控和中控间歇性不工作,故障出现时车辆遥控器和中控不能开关门锁,使用遥控器锁门和解锁喇叭会响,转向灯会闪烁,但门锁无动作,已在 4S 店检查更换了中控模块和遥控接收模块,更换后正常使用了几天,再次出现间歇性不工作。检查后发现中控模块和遥控接收模块再次损坏。这是什么原因?应该如何检修?

解答: 根据描述,遥控和中控间歇性不工作,中控模块和遥控接收模块多次损坏,分析只有可能是共用的搭铁线接触不良引起,认真检查遥控和中控所有的搭铁线,处理好共用搭铁线,重新更换新的中控模块和遥控接收模块,应该能彻底排除故障。

464. 带防盗的 ECU 能互换修理吗?

提问: 一辆 1998 年的道奇大捷龙,由于车身 ECU 坏了,所以买一个二手的装上了,车锁上了,一开钥匙喇叭就开始叫,前照灯也闪,危险报警闪光灯也闪,车也打不着,防盗起动了。用手工解除防盗的方法也解除不了。后来把车身 ECU 跟发动机 ECU 都换成原来的,也还是不能起动,断油断火,只是现在喇叭不叫了,前照灯也不闪了,怎么办?

解答: 互换修理法对于没有防盗密码的车,可以这样做。对于有防盗密码的车,换后就是这种结果。现在只能借助 4S 店或汽车数码钥匙大师才能解决。

465. 原车遥控损坏可以加装遥控吗?

提问: 检修 2007 年奇瑞 A516,用 X431 进入发动机系统,发现有 P1614,CAN BUS 硬件故障,P1612 防盗系统故障码。可以删除故障码,过一段时间故障码会再出现,但是不影响汽车的正常行驶。该车原装遥控已损坏,车主另加了一套遥控装置。在网上查了一下,找不到相关的说明,没有资料,该怎么修?

解答: CAN BUS 硬件故障,指的就是节点故障,只有更换模块才能排除。加装一套遥控器不但不能排除这个故障,反而会起干扰作用。建议更换原装遥控器用的 ECU 来解决。当然 CAN 故障特征是"风马牛不相及"或"群死群伤",主要从供电、模块、线束三方面检修。

466. 比亚迪遥控器应该如何进行设定?

解答: 比亚迪 F6 遥控器的设定方法、测试和 F3 一样,在钥匙拔出,确认关好四门、发动机盖和行李箱时,按照以下步骤进行遥控钥匙对码操作:

1) 打开行李箱盖。

2) 打开任一车门。

3) 插入点火开关。

在本步骤完成 5s 内执行下一步骤动作,否则将退出对码模式,如想继续,则需全部重新开始。

4) 点火开关两次〔OFF(起始状态)→ON→ACC→ON(本步骤完成状态)〕。第一步:将点火开关打到 ON 档;第二步:将点火开关由 ON 档打到 ACC 档;第三步:将点火开关由

ACC 档打到 ON 档。

本步骤完成状态：点火开关位于 ON。在本步骤完成 5s 内执行下一步骤动作，否则将退出对码模式，如想继续，则需全部重新开始。

5）车门关开一次［开（原状态）→ 关→开（本步骤完成状态）］。对步骤 2）中打开的车门完成如下动作：原状态：打开；第一步：关闭车门；第二步：打开车门。本步骤完成状态：车门打开。在本步骤完成 5s 内执行下一步骤动作，否则将退出对码模式，如想继续，则需全部重新开始。

6）点火开关关开一次［ON（原状态）→ACC→ON（本步骤完成状态）］。原状态：点火开关位于 ON 档；第一步：将点火开关由 ON 档打到 ACC 档；第二步：将点火开关由 ACC 档打到 ON 档。本步骤完成状态：点火开关位于 ON 档。此时报警喇叭响一声，表示进入对码模式，请继续下一步操作；如不响，则未进入对码模式，如想继续，则需全部重新开始。

7）按遥控器任意键。步骤 6）中报警喇叭响后，按下遥控器任意键，此时报警喇叭会鸣叫指示对码结果。报警喇叭响两次，则对码成功；报警喇叭响四次，则对码失败，如想继续，则需全部重新开始。

467. 中控主锁为什么有五根线？

提问：中控门锁的控制原理是什么？为什么主锁有五根线，其他三个门都只有两根线？

解答：汽车中控门锁系统一般都由门锁主开关、门锁开关、门锁控制器及门锁电动机等组成，原理就是驾驶人可以通过驾驶座车门锁处，对其他几个车门锁进行控制，即中央控制。当驾驶人锁住车门时，其他车门均同时锁住；驾驶人也可通过门锁开关打开所有门锁，主锁因为要控制其他三个车门，所以多出三根线，其他三个车门，都只需要两根线进行正负极转换，达到开锁闭锁即可。

468. 奥迪 A6L 为什么不能起动？钥匙为什么不能拔出？

解答：2005 年 8 月以前生产的奥迪 A6L，一旦车子不能起动，钥匙将无法拔出，不能换档，或车辆仪表板显示不正常，说明电子转向柱处理器存在故障。自 2005 年 8 月 1 日生产的，底盘号为 8 LFV4A24F153004128 后的车辆装配的转向柱已做改进。所以，一旦用户车辆出现此种故障现象，说明电子转向柱已经损坏，必须为其更换新件。在更换新的电子转向柱时要注意，一定要更换 2005 年 6 月 3 日以后生产的备件。控制器的生产日期如图 8-4 所示，

图 8-4　电子转向柱模块

生产日期是 MDW RTH 后面的 6 位数字，图中控制器的生产日期是 2004 年 11 月 12 日。

469. 奥迪 A7 无钥匙起动系统有几根天线?

解答：奥迪 A7 的无钥匙起动系统需要如下两根车内天线：进入和起动许可系统的车内天线 R138（图 8-5），安装在中控台中的 MMI 操作单元下方。

图 8-5　天线 R138 安装位置

进入和起动许可系统的行李箱内天线 R137 安装（图 8-6）在行李箱内的后部端板旁。

图 8-6　天线 R137 安装位置

470. 奥迪 A7 无钥匙起动系统是如何工作的?

解答：奥迪 A7 Sportback 是奥迪首款全系标配无钥匙起动系统（图 8-7）的车型，车辆无须安装点火锁，仅靠起动/停止按钮便可起动。选配的无钥匙进入系统是对无钥匙起动系统的一个很好补充。在其他车型中，这两个系统只能作为高级钥匙（Advanced Yey）共同购买。

考虑到安全性，起动/停止按钮（进入和起动许可开关 E408）由三个微动开关实现。按下该按钮就按下了所有三个微动开关，而这三个微动开关是由舒适系统控制单元单独读的。其中某个微动开关的损坏将不会引起整个系统失灵。当识别到至少两个微动开关按下时，则被理解为驾驶人希望起动，并促使发动机起动或打开点火开关。

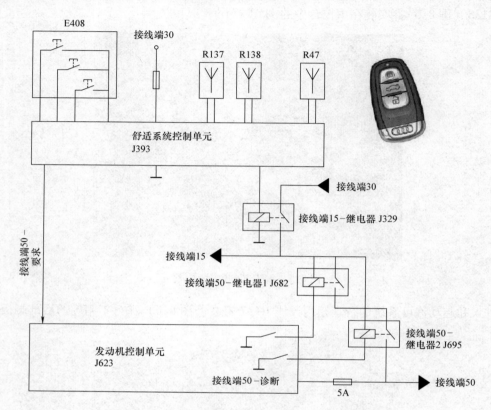

图8-7　A7无钥匙起动系统工作原理

E408—进入和起动许可开关　R47—中央门锁天线　R137—进入和起动许可系统的行李箱内天线
R138—进入和起动许可系统的车内天线

起动的具体步骤：

1）驾驶人按下起动/停止按钮E408。

2）通过读取三个微动开关，舒适系统控制单元J393理解为按下按钮。

3）舒适系统控制单元在时间上交错地触发两根车内天线R137和R138。

4）位于车内的钥匙接收到两根天线的信息并测量其接收强度。

5）钥匙发出一个消息，带有两个接收强度、钥匙标识信号和钥匙的防盗锁密码信息。

6）舒适系统控制单元通过中央门锁的天线R47接收钥匙信息。

7）舒适系统控制单元检查钥匙信息，确认发送信息的车钥匙是否具有正确的防盗锁密码。

8）根据所测得的接收强度，舒适系统控制单元检查发送信息的车钥匙是否位于车内（包括行李箱）。

9）如果满足接线端15的起动条件，将触发接线端15-继电器。

10）发动机控制单元通过CAN总线和一根离散线路获得接线端50-要求。

11）如果满足发动机起动的各项条件，则发动机控制单元将触发两个接线端 50 - 继电器。

12）起动机将被通电、啮合并使汽车发动机转动。

13）一旦发动机转速超过最低值，则开始喷油，发动机控制单元接管发动机管理并停止触发两个接线端 50 - 继电器，发动机开始运转。

471. 更换全车锁有什么注意事项?

提问：在检修奥迪汽车电路的工作中，更换全车锁有哪些注意事项?

解答：密码口令执行"新身份"总是以订购到一套新全车锁（所有钥匙和锁芯）为前提；反之，如果将车辆更换上一套新全车锁，则意味着原有的防盗器必须执行"新身份"。新全车锁与车辆系统匹配前，首先要在铣钥匙机对全车锁（钥匙）进行基本编码，并将钥匙与订购车辆底盘号一起在 FAZIT 系统上登记，否则该套全车锁不能够进行匹配。钥匙在铣钥匙机上写入基本码后，只能同相应底盘号车辆进行匹配。执行"新身份"将使车辆防盗系统获得新的钥匙齿形和新的基本码。只要还没有执行这个新身份识别功能，那么车上的防盗器使用的还是原来的身份识别。即使新锁已经交货了也是这样的。

必须给出底盘号才能订购新全车锁，执行"Neue Identit T"（新身份）时，中央数据库 FAZIT 将得到车辆系统执行新基本码编写请求，请求通过后经 FAZIT 在线匹配释放，车辆第四代防盗系统内集成的所有控制单元上均获得一个新基本码。3a 防盗系统与第四代防盗系统一样，但是在适配时还是在元件之间交换数据（第四代防盗系统在适配时是通过在线方式将所有数据单独写入各个装置）。奥迪新 A4（B7）防盗系统应用状态：装备有 1.8T、3.0 发动机（旧款发动机 B6）采用 3a 防盗系统，装备有 2.0TFSI 发动机（新型发动机 C6）采用第四代防盗系统。3a 防盗系统匹配要求：

1）钥匙需要通过底盘号订购。

2）防盗系统组件需要在线进行匹配。

3）更换全车锁需要执行新身份。

472. 无钥匙车右前车门打不开是什么原因?

提问：一辆宝马无钥匙进入系统失灵，带着钥匙用手拉车门，前左、后左、后右均可以打开，就是前右边车门打不开。应该如何检修?

解答：根据维修经验，更换前右车门把手即可排除故障。宝马无钥匙进入系统功能是在距离车门 2m 范围内，只要拉车门把手，车门中的电容传感器就会将信号通过 CAN 总线传给起动控制单元和便捷进入及起动系统，激活休眠的起动系统和起动控制单元；起动控制单元通过专用唤醒线激活多项择优模块中的 FBD 天线。起动控制单元通过 CAN 总线要求车门把手内的天线向外发出钥匙识别的无线电信号，确认是该车钥匙（主人）后，起动控制单元通过 FBD 天线将验证结果传送给便捷进入及起动系统，由起动系统发出开锁授权，并通过接线盒控制单元执行开锁指令，车门解锁。

473. 遥控钥匙开关门为什么偶尔无反应?

提问：一辆 2009 年款老君越偶尔会出现遥控钥匙开关门无反应，但是 BCM 应该工作，因为继电器有反应，转向灯亮是反馈信号吗？该如何查修？

解答： 作者遇见过多辆类似的故障车，更换遥控器电池和遥控接收器，重新编程，甚至更换了 BCM 也没有修好。仔细检查，发现车内有常开的 MP3，关闭后遥控器恢复正常，所以要检查一下有无外部干扰源。另外，转向灯亮是作为防盗执行器的反馈信号。

474. 无钥匙起动系统为什么突然失效？

提问： 无钥匙起动车辆无法起动（显示屏提示未发现遥控钥匙），实际上遥控钥匙在手里，这是什么故障？

解答： 技术的发展推动了产品的更新，汽车进入系统由原先的机械钥匙已发展为遥控系统。随着无线射频识别技术的广泛运用和汽车市场的需求，遥控进入系统被无钥匙进入系统替代已经成为一种趋势。"无钥匙进入"要求驾驶人在汽车附近即可，而不必将钥匙链或智能卡从口袋或钱包中取出。只要拉动驾驶位的门把手即可激活车内无线射频识别收发器中的唤醒模式。此时无线射频识别收发器会扫描周围区域，以识别、寻找钥匙或智能卡中嵌入的无线射频识别芯片的特定 ID 代码。一旦找到，安全算法会确定该芯片是否合法并决定是否打开车门，便捷功能由此开始。一旦车主身份得到确认，系统会验证钥匙是否在车内，如果在，只需按一下仪表板上的按钮即可起动车辆。用户还可通过嵌入式计算机内存和无线通信的结合，在钥匙或卡中存储服务、维修和客户记录。目前这一功能已经可以使用，中高级轿车的顶级配置也大都采用了无钥匙进入系统，并且市场销售和客户反馈都非常好，它所带来的便利和安全已经被用户接受和认可。一旦 PEPS 模块程序导致 PEPS 模块自动锁死或遥控信号受到干扰而造成无钥匙起动不成功，可以采用应急办法起动。

适用情况：

1) 发射器电池电量不足，包括发射器电池掉落或损坏。

2) 遥控信号受到干扰而造成的无钥匙起动不成功时。干扰源的产生原因多样且复杂，一般在人为因素产生干扰信号的区域发生的情况较多，如个别加油站、医疗单位、保密单位、住宅小区、变电站、紧邻同类无钥匙起动车辆等。

实施步骤：

把发射器放置到中控台的小储物箱里面，注意发射器的钥匙头部（钥匙齿折叠）朝下，钥匙面直立紧靠小储物箱背面，如图 8-8 所示。同时脚踩制动踏板，按下起动按钮就可以起动车辆。由于采用无钥匙起动的方式不可避免会在使用中发生上述情况，所以如发现由于存在干扰而造成无钥匙起动不成功，只需要在按下起动按钮时，将遥控器放置在图 8-8 所

图 8-8 应急起动方法

示位置即可。当发动机起动后，遥控器就可以从这个位置上拿开。

475. 更换电池后为什么遥控器不起作用？

提问：一辆名爵轿车，遥控器在车门边才起作用，于是自己买来电池更换，更换后遥控器不起作用，怎么办？

解答：一般需要重新学习，匹配后即可恢复正常，步骤如下：

1）先用机械钥匙将车门开锁。

2）5s 内连续按遥控器锁止键 5 次。

完成后按遥控开锁键即可。

476. 遥控门锁系统是怎样工作的？

提问：一辆昂科雷 SUV，用遥控器锁门时，能听到门锁振动的声音，但是门不能锁住，检查控制电路没有发现问题，昂科雷 SUV 遥控门锁系统的结构及诊断方法是什么？

解答：遥控门锁系统是一个用于便利控制进入或离开车辆的设备。遥控门锁系统与门锁一起使用，遥控钥匙将锁住或解锁车门或在按下遥控发射器上相应的按钮时控制升降玻璃。原理是由发射器向遥控门锁接收器发射无线电频率，遥控门锁接收器解读信号，并通过串行数据信息向车身控制模块（BCM）请求起动。遥控门锁允许操作下列部件：车门与举升门锁、电动举升门（如装备）、举升门玻璃，遥控车辆起动（如装备），点亮入车照明灯。

遥控门锁系统主要由遥控门锁发射器、遥控门锁天线、车身控制模块和遥控门锁接收器等组成。

遥控门锁发射器（没有遥控起动功能）可以在 20m 的距离内，上锁和解锁车门、行李厢，操作电动举升门（如装备）。如果装备了遥控起动功能，则可在 60m 的距离内，操作车门。一辆车至多可以对 8 个发射器进行编程。

遥控门锁天线（如装备）可接收由遥控门锁发射器发送的无线电频率（RF）通信。遥控门锁天线也可接收每个车轮上的轮胎气压监视（TPM）传感器发射的无线电频率（RF）信号。同轴天线引入线把天线连接到遥控门锁接收器（RCDLR）上。当按下发射器按钮时，由发射器发送的无线电频率信号被天线接收，从而将通信输入遥控门锁接收器（RCDLR）。

遥控门锁接收器（RCDLR）是对遥控门锁系统以及轮胎气压监视（TPM）系统进行操作的多功能模块。当遥控门锁发射器接收无线电频率（RF）信息时，遥控门锁接收器（RCDLR）解读该信号，并通过串行数据要求车身控制模块（BCM）执行特定的功能，即门锁闭、门解锁或电动举升门开启等操作。

一旦发射器电池或车辆蓄电池电量过低，或者售后加装设备（如双声道收音机、功率变换器、计算机等）的无线电频率（RF）干扰，可导致系统故障。无线电频率通信量较大的区域，产生的干扰也可导致故障。

任一个门提开关信号失常、门锁卡滞，都可能引起不能正常落锁或开锁故障。同步控制的门锁故障，包括行李箱，有的还包括发动机盖、杂物箱盖，所以，每个锁块及开关仔细检查到位，即可排除故障，这应该不是难事。

477. 起亚遥控器为什么有时不能锁门，锁门不亮灯？

解答：可以用 GDS 读取相关数据流，检查驾驶侧车门执行器位置开关。如果无论开关门，总是显示打开状态或关闭状态，就说明不正常。

还可以测量左前门锁信号线路，看是否长期处于搭铁状态，分离智能接线盒该线插头进行，检查线路有无搭铁之处，如果检查接线盒后发现该信号线端子长期处于搭铁状态，建议更换新的接线盒，应能排除故障。注意，如果在 ARM WAIT 状态，即使车门 OPEN，也不进行防盗警报，如图 8-9 所示。

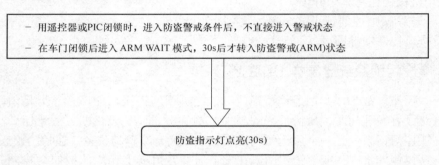

ARM WAIT(防盗警戒待机模式)

- 用遥控器或PIC闭锁时，进入防盗警戒条件后，不直接进入警戒状态
- 在车门闭锁后进入 ARM WAIT 模式，30s后才转入防盗警戒(ARM)状态

防盗指示灯点亮(30s)

图 8-9　防盗警戒待机模式

478. 事故车安全气囊为什么修不好？

提问： 一辆奇骏事故车，车前部受损严重，气囊展开，燃爆式安全带抱死。事故面修复后，更换新的气囊 ECU、碰撞传感器、主副气囊、燃爆式安全带。换好以后，安全气囊灯无法熄灭，调出故障码为前排张紧器电路与电源电路短路，检查后没有发现问题，张紧器都是新的，但故障码无法清除，拔下安全带电源插头也显示开路。这是什么问题？

解答： 燃爆式安全带燃爆后高温容易引起插头变形，由于安全带插座内有一个连接片，插头一旦插不到位，会造成插头不能分离铁片，引起电源短路的故障码。所以，建议检查前后座椅所有的安全带电源插头，更换变形的插头，即可排除故障。

479. 侧气囊引爆后需换全套气囊组件吗？

提问： 过去修车，一旦气囊引爆，维修要求全部换新件，现在一辆宝骏 610 仅侧面的一个小气囊被引爆，在什么情况下侧气囊会引爆？侧气囊引爆后是否需要全套更换气囊组件？

解答： 宝骏 610 侧面碰撞传感器安装在左右两侧的 B 柱饰板内，如图 8-10 所示。碰撞传感器包括一个监测车辆加速度和速度变化的传感装置，其作用是检测汽车侧面发生碰撞时的碰撞强度，把此转化为电信号传递给气囊模块，模块监测到碰撞强度达到一定值，再参考车速信号，以判断是否给侧面通电引爆。侧气囊一旦引爆，需要更换相应位置的碰撞传感器及气囊，并需要更换气囊控制模块及相应线束。如果车辆前部气囊引爆而侧气囊没有引

图 8-10　侧面碰撞传感器

爆，则侧气囊及侧面碰撞传感器不需要更换。

480. 迎宾灯如何检修?

提问：我检修的一辆起亚轿车，迎宾灯有时亮，有时不亮，应该如何检修?

解答：迎宾灯如果有时亮，有时不亮，那么控制部分、线路及灯泡都没有什么实质性的问题。分析除了接触不良，可能就是操作程序方面的问题，首先要弄清楚迎宾灯在驾驶人接近与离开车辆的操作程序，如图 8-11 所示。

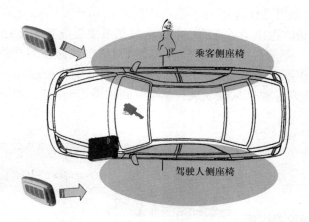

图 8-11　起亚轿车迎宾灯工作示意图

（1）欢迎灯激活顺序（驾驶人接近的基本顺序）

1）每 240ms 智能钥匙 ECU 激活车门把手天线（LF 信号），搜索智能钥匙。

2）拿智能钥匙的用户接近车辆。

3）智能钥匙接受 LF 信号并向车辆发送数据信息至接收器（SRx）。

4）接收器（SRx）发送信息至智能钥匙 ECU。

5）智能钥匙 ECU 发送欢迎灯 ON 和室外后视镜展开命令至仪表板模块 IPM，接收信号的 IPM 向 DDM 发送后视镜展开和欢迎灯亮 15s 的信息。

6）驾驶人按下车门把手按钮，LF 天线发送闭锁/开锁命令（如果认证）。

7）根据闭锁/开锁命令，解除欢迎灯特性。

（2）带有欢迎灯（离开车辆）操作程序

1）拿智能钥匙的用户控制被动闭锁或远距闭锁，使车辆进入警报状态。

2）智能钥匙 ECU 利用解除特性检测车内是否有智能钥匙。

3）以 3s 间隔时间控制外部把手内的 LF 天线时，智能钥匙 ECU 检测配有智能钥匙的驾驶人是否离开车辆。

4）如果驾驶人离开车辆后不能连续找到智能钥匙 3 次，说明驾驶人不在车辆周围。

5）以 3s 间隔时间停止查找智能钥匙，进入欢迎灯准备模式，LF 天线以 240ms 间隔时间发送信号。

481. 大众几代防盗系统有什么区别?

提问：大众这几代防盗系统的控制原理有哪些不同?

解答：汽车防盗功能是打开/锁止发动机控制单元（通过 W 线或 CAN 总线），作用是可以有效防止汽车在未被授权的情况下靠自己本身的动力被开走。防盗系统由防盗器控制单元、仪表板上的故障警告灯、点火开关上的读写线圈（天线）、点火开关（送码器）、发动机控制单元及线束等组成。

目前大众/奥迪车型第三代选用的还是由西门子公司开发的固定码 + 可变码式防盗器，发动机控制单元依旧是防盗止动系统的一部分，只是不接受没有 PIN 的自适应，自适应后应答器（钥匙）被锁止，不能再用于其他车辆。提供对第二代防盗器功能的支持，由 CAN 总线进行数据传递。工作原理是：固定码传输（从钥匙到防盗止动器），可变码传输（从防盗止动器到钥匙），可变码传输（从发动机控制单元到防盗止动器），如图 8-12 所示。

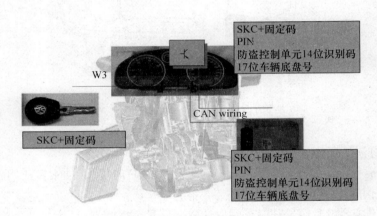

图 8-12 第三代防盗器密码识别过程

点火开关打开，防盗止动器 ECU 通过改变天线磁场能量，向送码器传输数据提出质询。然后，钥匙发送回来它的固定码（首次匹配中这个固定码储存在防盗止动器中）。传送的固定码与储存的码在防盗止动器中进行比较；如果相同，则开始传送可变码。固定码是用来锁定钥匙的。防盗止动器随机产生一变码，这个码是钥匙和防盗止动器用于计算的基础。在钥匙内和防盗止动器内有一套公式列表（密码术公式）和一个相同且不可改写的 SKC（隐秘的钥匙代码）。在钥匙和防盗止动器中分别计算结果。钥匙发送结果给防盗止动器，防盗止动器把这个结果和自己的计算结果进行比较。如果相同，钥匙确认完成。这一步，第二代和第三代相同。发动机控制单元随机产生一变码并传送给防盗止动器。防盗止动器把这个码和存储的码进行比较。如果相同，发动机被允许起动。发动机控制单元每次起动后按照随机选定原则产生一变码，并把这个码储存在发动机控制单元和防盗止动器中，用于下次发动机起动时计算（第二代，由 W 线传输）。接着发动机控制单元随机产生一变码。在发动机控制单元和防盗止动器内有另一套密码术公式列表和一个相同的 SKC（公式指示器）。防盗止动器返回这个计算结果到发动机控制单元内与其计算结果进行比较。这个数据由 CAN 总线进行传递。如果结果相同，发动机被允许起动（第三代，由 CAN 总线传输）。第四代原理与第三代相同，只是厂家为了垄断，改为网上在线匹配。

482. 改装无钥匙进入与起动系统安全吗？

提问：现在卖的新车几乎都有无钥匙进入与起动系统，想把我的车也加装一套无钥匙进入与起动系统。请问安全可靠吗？

解答：智能钥匙除了方便之外，对车辆防盗及安全性有一定的帮助。完备的密码身份识别（电子钥匙），如果采用第四代的射频识别技术芯片，可以达到无法复制的要求。整车防盗可以通过对电路、油路、起动三点进行锁定，也不像普通防盗器经常误报警。锁车后还能自动关闭车窗。但是，使用无钥匙进入与起动系统的车辆，锁车时要防止盗车贼使用干扰器，所以，锁车后一定要检查门是否真正锁上。离开车辆时，防止有人跟踪你身上的电子钥匙信号，放大后远距离给盗车贼进入你的车并盗走。下车时，要注意周围有无可疑人员使用可疑设备，锁车后，最好将智能钥匙（电子钥匙）装在一个小铁盒子中，或者可屏蔽的包包中。离开车辆时要防止有可疑人紧随其后。

483. 宝马740为什么听不到防盗器的叫声？

提问：一辆宝马740停车的地方妨碍其他车通行，找不到车主。想通过振动的方法让车辆防盗叫起来找车主，可是无论怎么冲击振抖，该车就是听不到防盗器的叫声，防盗器是否坏了？

解答：防盗灯闪烁和防盗器鸣叫均是防盗功能的表现。由于宝马车防盗器不属于振动防盗器，所以，采用振动的方法往往不能触发报警。要知道，宝马车是利用倾斜传感器、车内超声波传感器及车门、发动机盖、行李箱盖的触电状态等来检测车辆是否处于被盗状态。如果没有故障，连续按压锁车键两次可以关闭防盗。所以是触发方式不对，导致防盗器不会鸣叫。

484. 被动安全带有几种不同的锁定状态？

提问：通用汽车上安全带为什么称为被动安全装置？另外，安全带有几种不同的锁定状况？

解答：所有汽车上的安全带都称为被动安全装置，由于安全气囊、安全带都是在撞车后才起保护驾乘人员的作用，不能主动起保护作用，所以属于被动安全装置。安全带有四种不同的锁定状态，分别是过度卷收锁定、车辆触发锁定、安全带触发锁定和自动锁定。至于安全带在什么情况下将被锁定，分别叙述如下：

1）过度卷收锁定。车辆安全带可能出现的一种意外锁定状态，称为"过度卷收锁定"。如果安全带能迅速回到卷收位置，卷收器会锁定在完全卷收位置。"过度卷收锁定"可能在乘客手动卷收安全带或在安全带锁闩没有负载、摩擦力和安全带卷收速度放慢的情况下发生。当安全带卷收速度高于正常值时，会突然停在安全带行程末端陷入锁定状况，这时安全带已完全卷紧在轴上，卷收器无法自行卷收或释放锁定装置，用户无法佩戴安全带。此时可按下列方法释放锁定装置：用力拉动锁定的安全带然后释放，因为用力拉安全带能从卷收器中拉出少量安全带，当释放时能少量卷收，这样安全带就可以恢复正常状态。

2）车辆触发锁定。车辆触发锁定产生的条件有：①车辆快速加速、减速或急转弯时；

②在静态条件下，当车辆停在一个大的斜面上时（前后或左右）；③在崎岖的道路上，卷收装置达到锁定条件时；④如果安全带上有持续张紧力，安全带锁闩就继续被锁定，当张紧力释放时，安全带会慢慢回收同时锁闩脱离，安全带恢复正常工作。

3）安全带触发锁定。这种锁定是发生在抽拉安全带时产生的正常响应。当安全带快速抽出时，它进入锁定模式并且在张紧力释放之前保持这种状态，要检查这种情况，可以快速抽拉安全带。用户在使用过程中把安全带拉得太快时，会体会到安全带锁定模式。

4）自动锁定。当安全带一直往外拉，卷收器会转换成自动锁定模式，这种情况常在固定儿童座椅至车辆的情况下发生。如果用户佩戴安全带时一直把安全带拉至行程末端，会无意中激活自动锁定模式，当安全带松开后再卷收（安全带恢复正常的功能），自动锁定运行模式会自动取消。

485. 如何利用安全气囊灯来检测气囊故障？

提问： 大众车如何利用安全气囊灯来检测气囊故障？

解答： 打开点火开关，安全气囊指示灯持续亮4s后熄灭属于正常现象；如果不熄灭，说明安全气囊ECU供电有问题；如果熄灭后再次点亮，说明气囊ECU中有故障存储；如果熄灭后再次点亮12s，表示副驾驶人侧安全气囊关闭；如果安全气囊灯持续闪亮，则提示安全气囊ECU需要程序更新或更换。

486. 安全气囊灯常亮怎么办？

提问： 气囊灯起动后依然长亮是什么原因？应该如何修理？大概需要多少费用？

解答： 汽车上所有具备自诊断功能的控制系统一旦检测到系统自身的故障就会点亮各自的故障灯，来提醒驾驶人需要对该系统进行检测维修。电控系统是由传感器、ECU、执行器及供电线束组成的，其中任何一个原件出现问题都可能点亮故障灯。即使是经验丰富的维修技师也不可能用眼睛直接看出故障原因，必须用汽车故障诊断仪进入出现故障的系统ECU读取故障码或分析数据流来判断故障，所以无法进行报价。

当然，维修经验也很重要。描述的情况一般常见于频繁移动座椅造成座椅下的安全带插接器接触不良，拆卸转向盘拔气囊插头时未断电或者是弄断游丝也会引起灯亮。可以先自己检查一下，不能排除再去调故障码。

487. 气囊灯亮为什么没有故障码？

提问： 一辆宝马X3，安全气囊灯报警，去修理厂检查说没有故障码，应如何修理？

解答： 点火开关打开后，安全气囊电控系统会进行几秒自检，没有问题，就会将灯熄灭。不熄灭只有两种情况：一种是自检发现故障，系统中会记录故障码；另一种是组合仪表根本没有收到气囊ECU传来的信号。所以，描述的情况属于第二种，需要清理安全气囊ECU至组合仪表之间的线路，看是否断路了。

488. 安全带和安全气囊有多大作用？

提问： 在选车或开车时，都面临一个安全带和安全气囊的问题。有的资料介绍，安全气囊把人给打伤了，有的资料介绍撞车后安全气囊根本没有引爆，那么选车时选不选择带有安全气囊的车呢？发生撞车时，安全气囊在多少秒内应该引爆？开车不用安全带有什么危害？修车时个别安全气囊不装可以吗？

　　解答：在100%能撞死人的交通事故中，如果有安全气囊，可以减少20%的死亡率；如果有安全带，可以减少40%的死亡率；换句话讲，同时使用安全带和安全气囊，可以减少60%的死亡率。安全气囊毕竟是一个被动的安全装置，在静态如果发生引爆确实会伤人，在撞车时，安全气囊虽然对人也有一定损伤，但和保命相比，孰轻孰重，可想而知！

　　汽车撞车时，气囊系统被引爆的有效范围如图8-13所示。汽车行驶过程中如果正面相撞或以汽车纵向轴线为基准，从气囊转向盘的位置相对于汽车纵向轴线引出两条左右各成30°的直线，在汽车前方±30°的角度范围内撞车，而撞车后，汽车纵向减速度又达到某一值，气囊就会被引爆。

　　汽车从侧面撞车或绕纵向轴线侧翻，以及在正常或恶劣行驶条件下，甚至是从后面撞车时，气囊系统都不会引爆。

　　假设汽车以30km/h的车速行驶，从正面与障碍物相撞，气囊引爆的时序如图8-14所示。

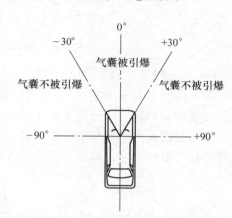

图8-13　撞车时气囊系统的有效范围

　　这个例子表明从撞车起大约过100ms之后，对于车内乘员来说，事故危险期就结束了。100ms = 1/10s，也就是一瞬间的事。

　　在这里，气囊的引爆过程一般可分为四个阶段：

　　第一阶段：汽车撞车10ms之后，如图8-15所示。这时达到气囊系统的引爆极限，引爆器点燃气囊式转向盘里的气体发生器，而驾驶人仍然是直坐着。

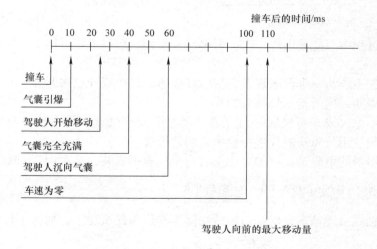

图8-14　气囊引爆时序

　　第二阶段：汽车撞车40ms之后，如图8-16所示。气囊已经完全胀起，驾驶人身体开始向前移动。因为安全带斜系在驾驶人身上，随着驾驶人的前移，安全带会被拉长，撞车时产生的一部分冲击能量由安全带吸收。

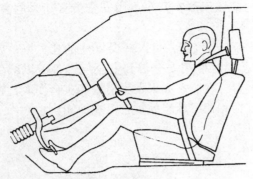

图 8-15　撞车 10ms 之后

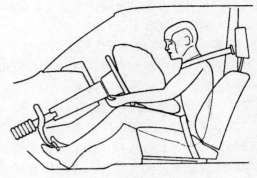

图 8-16　撞车 40ms 之后

第三阶段：汽车撞车 60ms 之后，如图 8-17 所示。驾驶人的头部及身体上部都压向气囊，气囊后面的排气口允许气体在压力作用下匀速地逸出。

第四阶段：汽车撞车 110ms 之后，如图 8-18 所示。驾驶人向后移回到座椅上。大部分气体已从气囊中逸出，前方又恢复了清晰的视野。

图 8-17　撞车 60ms 之后

图 8-18　撞车 110ms 之后

气囊在使用过程中只能被引爆一次，引爆后，气囊一般就不能再用了，所以用后的气囊必须更换。

撞车时，气囊系统与一个仪表板上的指示灯接通。每次打开点火开关，安全气囊系统自动执行一个测试周期，同时指示灯亮大约 6s。

如果指示灯不熄灭或在行驶时一直亮着，就表明安全气囊系统出现了故障。为安全起见，气囊系统必须使用故障诊断仪进行检测，酌情维修。

安全气囊引爆器的电阻是 2~3Ω，如果有一个气囊不安装，就可用 2~3Ω 的电阻代替。

489. 如何进行电动门锁个性化编程？

提问：一辆别克自动档车，电动门锁的功能不知道为什么变了，如何进行电动门锁个性化编程？

解答：可能是操作引起的。可编程电动锁提供四种操作模式，可在下列四种模式中选择一种并编程：

模式 1：无自动锁门或开锁。

模式 2：当变速杆退出驻车档（P）时，自动锁住全部车门，当变速杆推入驻车档（P）时，车门无自动解锁。

模式3：当变速杆退出驻车档（P）时，自动锁住全部车门。当变速杆推入驻车档（P）时，自动解锁全部车门。

模式4：当变速杆退出驻车档（P）时，自动锁住全部车门。当变速杆推入驻车档（P）时，仅驾驶人门自动开锁。当动机没有运转时，将全部车门关上，点火开关放在RUN位置，驾驶人按以下顺序操作，可编程电动门锁的工作模式：

1）使用常规制动。

2）按下并保持住电动车门上锁开关，同时将变速杆退出驻车档（P），然后再返回驻车档（P）。

在每次完成这种顺序之后，工作模式将由当前模式按顺序切换到下一工作模式。在此期间，自动车门锁住和开锁功能将按上述所确定的每一模式工作，并向用户提供现在工作模式的信息反馈。如果循环超过模式4，则汽车又进入模式1。当松开车门上锁开关时，汽车将保留当前工作模式。断开蓄电池一年以内，可编程电动门锁的编程模式也不会改变。

490. 智能钥匙灵敏度降低怎么办?

提问：为什么雷克萨斯智能钥匙，有时必须放在正副驾驶人中间才能起动？中间是接收天线吗？这是什么故障？应该如何检修？

解答：雷克萨斯智能钥匙功能需要增加几块ECU来协调工作，结构比原来复杂很多，所以，对于这种结果的车辆，建议还是首先调取电控系统的故障码，然后根据故障码的提示酌情检修比较快捷有效。除非是无法进入电控系统，那只能根据原来与系统组成零部件来酌情检查修理。该车正副驾驶人中间是智能钥匙系统的室内电子钥匙振荡器，振荡器是需要认证ECU触发的，触发后开始发送认证请求，检测智能钥匙是否在车内。一旦遇到干扰源（如该车的另一把钥匙也在车内），振荡器寻找智能钥匙的信号被屏蔽或干扰，振荡器找不到智能钥匙，驾驶人主动将智能钥匙送到振荡器的旁边，所以就顺利起动了。

雷克萨斯智能钥匙只要在车内，只要不是周围有同类车或另一把钥匙或其他干扰源，一般驾驶人在P档或N档，按下起动与熄火按钮，电源ECU识别到驾驶人准备起动，就会向认证ECU发送认证请求，认证ECU立即触发电子钥匙振荡器发送寻找智能钥匙的信号，智能钥匙收到寻找信号后，将通过玻璃天线向车门控制接收器发送包含回应代码的ID代码，车门控制接收器收到后将其发送到认证ECU，认证ECU再向电源ECU发送通过认证的回应信号，电源ECU才开始将点火开关的附件档打开，点火继电器等接通。接着认证ECU指令电源ECU发送转向柱解锁命令，同时转向锁止ECU通过锁定器代码ECU确认认证ECU已经通过认证，然后转向锁止ECU驱动锁止电动机运转，直到转向柱解锁完成后，转向锁止ECU将解锁完成信号发送给认证ECU和电源ECU，认证ECU最后通过锁定器代码ECU，允许发动机ECU做好喷油与点火的准备，同时电源ECU接通起动继电器，起动机运转，发动机才能正式开始起动。

491. 汽车远程监控系统有什么作用?

解答：互联网时代，汽车上网可以实现自动驾驶，也可以实现远程监控。如新开发的纯电动汽车，厂家可以监控汽车的运行数据，一旦发现异常，可提前介入或召回。如宝马轿车，被盗后可以申请远程控车，熄火发动机，锁死车门，报警捉盗贼。

第九篇

其 他

492. 燃油箱盖打不开怎么办?

提问: 一辆迈腾轿车,添加汽油时,在驾驶室操作,有时不能打开燃油箱盖,有时又可以打开,应从什么地方开始检查修理?

解答: 燃油箱盖锁控制,日系车多采用拉索结构,德系车多采用电控结构。德系车燃油箱盖锁属于中控门锁系统的一部分,当开启燃油箱盖开关时,会有一个信号传递给驾驶人侧车门控制单元,车门控制单元收到该信号后,将信号处理并转换成串行数据信号,通过CAN总线传递给舒适控制单元,由舒适控制单元控制燃油箱盖联动装置电动机工作,使燃油箱盖解锁打开。懂得了这个控制原理,就可以根据原理来排除故障。维修实践多数是由于电动机供电方面出现问题,所以,可以一人在操作开关的同时,另一人检查电动机供电与搭铁,常见搭铁不良。有条件的,可以边操作边观察数据流,快速找到故障点。

493. 车尾门为什么打不开?

提问: 一辆纳智捷大7SUV车尾门打不开,但仪表指示尾门是开启状态,车辆报警指示长鸣。使用故障诊断仪检测无故障码,手动打开尾门打不开,应该如何检修?

解答: 分析应该从下面三个方面查找原因排除故障:一是检查尾门熔丝及接触点是否正常;二是检查闭锁器是否损坏;三是检查PTG模组是否损坏。经验表明,模组损坏的可能性最大。

494. 副驾驶处漏水是什么原因?

提问: 新君威副驾驶处漏水,找不出漏水的地方,怎么办?

解答: 新君威副驾驶处漏水一般有三种可能性:一是雨水经刮水器盖板流入钣金落水槽,在排水不畅并大量雨水积存于落水槽的情况下,水由空调进风口下部密封垫与钣金之间进入成员舱所致,解决办法是打胶处理;二是雨水经刮水器盖板与前风窗玻璃下部固定接合缝隙处流入,从进风口上部滴落进去,解决办法是更换进风格栅;三是空调蒸发箱排水管弯折,造成空调冷凝水排水不畅,导致漏水,将水排入副驾,解决办法是将弯折处消除排水阻碍。

495. 如何正确寻找轿车车身举升的支撑点？

解答：用举升器或千斤顶来举升汽车，可根据图9-1和图9-2来正确地寻找支撑点。图中箭头指示的圆圈处，就是最佳安全举升汽车的位置。

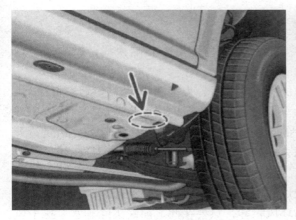 

图9-1　前轮处最佳支撑点　　　　　　　图9-2　后轮处最佳支撑点

496. 汽车起火的原因有哪些？

解答：汽车起火的原因常见的有五种：一是电线老化发热短路或高压线试火漏电引起；二是发动机回火故障引起；三是擅自改装加大负荷引起；四是缺水缺润滑油，超负荷工作引起；五是汽车欠保失修突发事故引起。

对于第一种情况，定里程按需要对车辆进行保养，就可以发现老化或漏电的线路，及时更换。实践中电线老化发热引起火灾、线路固定不良磨破短路引起火灾不少。检测维修时一定要注意确保无漏油的情况下试火，更不能在漏有汽油的地方试火。第二种情况，发现汽车有回火故障时要查清原因及时检修，实践中多数是由于混合比过稀或火花塞热值低引起回火起火。无论是漏汽油还是漏润滑油都不能大意，漏汽油更是要立即停车检修排除后再开车，漏润滑油也要及时去修理厂维修。实践中有润滑油漏到排气管引起起火的，有检修试车中直接供油起火的，要注意避免。第三种情况，汽车改装时，注意一定不能利用原车线路，除非是不增加负荷的改换。改装一定要单独放线，线径一定要满足负荷需要，使用中不得发热。实践中有改装大功率音响、灯光引起的火灾。对油路的改装，用材一定要耐油耐压，防止油管破裂引起火灾。第四种情况，注意勤检查车辆，确保不缺冷却液，不缺润滑油，不超负荷工作，防止高温溢油或缺油自燃。实践中不关电门、不关空调，坏路长时间颠簸振动过大等超负荷用车后，由于过热后立即停车，发动机或增压器热能继续散发，加之冷却系统又停止工作，结果引起停车后自燃。第五种情况，不能以修代保。保养是强制性的技术措施，没有故障也应定里程按需要进行，可以及时发现隐患。可以减少或避免机件事故与交通事故引发火灾。要知道汽车发动机舱是起火最多的地方。

497. 为什么汽车上有些地方会出现油迹？

解答：在发现发动机、变速器、转向机、减振器等处有油迹时，需要区别是真正泄漏还是正常的油蒸气现象，真正的泄漏会形成水滴状油滴，局部的油泥往往只是油蒸气现象。如果泄漏没有形成水滴状油滴，暂时可以不去检修。建议车主例行保养（如换机油）时，找修理师傅进行检查确认，如果是正常的油蒸气现象，清洁即可；如果是真正的泄漏，需酌情检修。

498. 如何防止风窗玻璃起雾？

提问：天气转凉，行车中必须关窗，一关窗风窗玻璃就起雾，影响视线，影响安全驾驶，怎么防止起雾？

解答：秋冬交接或者阴雨天时，关闭汽车的所有玻璃后，人多热量大，呼吸增加二氧化碳，在风窗玻璃上会出现许多雾气，这是因为车外的温度低、车内温度高造成的。物理原理就是车内有大量的水蒸气，这些水蒸气遇到冷的车玻璃时液化成小水滴。去除的办法是：天不太冷时用空调的冷风最快，一两秒就可以除去；如果是特冷的天，可以开空调的暖风，暖风刚开时雾气会更大，但是过几分钟，雾气就会逐渐减少；在不冷不热时，最好打开 A/C 开关，将温度适当调高，既暖和又可除雾，缺点和单开冷气一样，增加油耗。

赶上雨雪天气时，也可不借助冷风或内循环风除雾，只要在此之前购买除雾水涂抹于风窗玻璃上即可。自制除雾水的配制方法也极其简单，只要找个小器皿，挤进少许洗涤灵，按 1∶6 左右的比例兑上水，然后用脱脂棉或软布蘸着它涂抹于前后风窗玻璃内侧（包括后视镜处的车窗玻璃），待晾干后再用麂皮或柔软的干布擦净涂抹时遗留在风窗玻璃上的残留纤维等也可防止玻璃起雾，只是需要提前准备。

499. 汽车玻璃清洗水有哪些功能？如何检查与添加？

解答：汽车玻璃清洗水有如下功能：

1）清洗功能。玻璃水由多种活性剂配制而成，通常具有湿润、渗透、增溶等功能，将液体喷洒在风窗玻璃上能够有效溶解灰尘、泥点和昆虫残骸等顽固污渍，不仅能够用在玻璃上，还能适当用在车身其他部位来起清洁作用。

2）防冻性能。玻璃水当中含有乙二醇，能够降低液体的冰点，快速溶解冰霜，起到防冻的作用。这样在冬季清洁车窗时玻璃水也能保持液态状态，方便清洁。

3）抗静电性能。玻璃水洗净车窗的过程中，吸附玻璃表面带有电荷的物质消除电荷，起到抗静电的作用。

4）防雾性能。由于酒精具有挥发性，在清洗车窗玻璃后形成的单分子保护层不仅可以平衡风窗玻璃内外的温度，还能有效防止形成雾滴，保持风窗玻璃清澈透明。

5）润滑性能。玻璃水中的乙二醇相对黏度较大，可以起到润滑作用，能够有效减少刮水器与玻璃之间的摩擦，防止产生划痕。

6）耐腐蚀性能。玻璃水中含有缓蚀剂，对各种金属都不具有腐蚀性，优质玻璃水用在车表面漆、橡胶等物质上绝对安全。

检查时，只需打开图 9-3 中的箭头所指的盖子即可。如果看不到玻璃水，就需要添加，注意需添加标准的汽车玻璃清洗液，加满即可。

图 9-3　玻璃清洗液罐的位置

500. 柴油机解码器为什么无法开机?

提问：一辆金龙中巴车，江淮底盘，玉柴 YC4F115 – 30 共轨柴油机解码器（金德）无法开机，诊断接口处理器 1/16 脚有 ±12V 电压，2 脚有 7V，怎么办?

解答：先确认接头是否接错，然后采用以下两个办法：一是和诊断仪厂家联系，寻求帮助；二是换用其他诊断仪试验。注意诊断仪电压要与车上蓄电池电压相符，诊断仪的软件一定要支持这个车型。另外，要考虑诊断仪自身、测试主线和测试接头是否正常。

附　　录

修车经验一点通

1. 冬天柴油车不好起动，要注意一正二负三高四热。一正就是喷油正时；二负就是要使用冬天用的负号柴油，负号机油（机油壶上 W 前面的数字越小越好）；三高是起动转速要高，气缸压缩末温度要高，喷油压力要高；四热是冷却水加热，柴油加热，机油加热，进气加热。

2. 混合动力汽车特征是一静二回三模四能。一静就是静音回家功能；二回就是制动能量回收，反拖能量回收；三模是纯电动模式，发动机模式，电机与发动机混合做功模式；四能是电机有起动机功能、发电机功能、电动机功能、制动器功能。

3. 关于轮胎气压的顺口溜：气压过低磨两边，气压过高磨中间，左右误差会跑偏，气压不对易爆胎。

4. 好的电控悬架是：加（速）不后仰，刹（车）不点头，转（弯）不外甩，乘（坐）不晕车。

5. 空调系统：低压高，高压低，请你更换压缩机。低压低，高压高，水堵油堵渣滓飘。压力双低要加氟，压力双高要散热。

6. 汽车燃油消耗量大、机油消耗量大、尾气排放超标（有毒气体排放量大），且抖动加速无力，说明你的车得了"糖尿病"。人得了糖尿病也是三多一少，即多饮、多食、多尿，（体重减少）消瘦无力。现在还有一个二型糖尿病，是三多一增加，就是体重增加。如果你的车刚开始烧机油，也会动力增加，就属于二型糖尿病。

7. 选择轮胎的窍门是：一低二力三性四耐。一低就是低噪声；二力就负载能力，抓地能力；三性就是操控性、稳定性、可靠性；四耐就是耐冲击、耐腐蚀、耐热、耐磨。

8. 普通电喷车与直喷车喷射方式有哪些不同呢？普通电喷车属于进气道喷射，好比人们吃东西，从口中进入，要经过喉咙，汽油要经过进气门进入燃烧室；直喷车属于燃烧室喷射，好比人们插胃管，直接从胃中进食，不经过喉咙，汽油不经过进气门直接进入燃烧室。

9. 10 年的师傅凭手艺吃饭，手艺是看得见、摸得着的东西；20 年的师傅是凭经验吃饭，经验是由感性上升到理性，理论指导实践；30 年的师傅是凭诊断吃饭，诊断是故障码检测加数据流与示波器分析，好比医生看病；40 年的师傅是凭灵感吃饭，灵感是你一身辛勤学习加辛勤劳动的回报，好似神医华佗，望闻问切，察言观色断病。

10. 新车就是我们的初恋情人，新车磨合期要做到四不二减：不当赛车、不做牵引、不爬陡坡、不跑长途；减载 50%，减速 50%。坚持 1500km 后，寿命就长了。如果再坚持底盘磨合 1500km，50km 滑行超过 600m，想不节油都难。

11. 缓加不耸急加耸为稀，急加不耸缓加耸为浓；低速不耸高速耸为稀，高速不耸低速耸为浓；平路不耸上坡耸为稀，上坡不耸平路耸为浓。

12. 从油路讲，是浓游稀抖，混合比浓了就会游车，混合比稀了就会抖动。从电路讲，是阻游漏抖，线路高电阻会游车，漏电就会抖动。从机械讲，是卡游旷抖，节气门卡滞会游车；发动机脚松旷会抖动。

13. 制动片质量的选择分四步：一嗅二看三摸四掂。一嗅就是没有气味的比有气味的好；二看就是看摩擦材料，含铜量高的好；三摸就是摸摩擦面，阻力大的好；四掂就是整片质量重的好。一般 3 万~5 万 km 更换，摩擦片磨损极限是 1mm。

14. 空调消毒有技巧，引擎预热很重要，两头热来中间冷，消毒结束敞开门。

15. 关于自动变速器中的行星轮：行星从动减速档，行星主动超速档，行星不动是倒档，有人结合直接档，个个单干是空档。

16. 汽车故障的 50% 是油路故障，油路故障中的 80% 是积炭、胶质、水分，过去需要拆卸，拆卸带来新的故障。现在一瓶"油路3效"倒进汽油箱就搞定了，避免了拆卸引起的二次伤害。50% 的汽车故障大家都可以自己修理。

17. 汽车空调故障的 80% 是漏氟故障，一天就可以学会检漏加氟，学会检漏加氟就可以修好 80% 的空调。

18. 新车甲醛、乙醛、甲苯、乙苯、二甲苯污染再也不可怕，用无忧光触媒喷射覆盖它，见光转化成二氧化碳与水，一辆小车一瓶就可搞定它。